A Gênese da Vertigem

Coleção Estudos
Dirigida por J. Guinsburg

Equipe de realização – Edição de Texto: Márcia Abreu; Revisão: Marcio Honorio de Godoy; Sobrecapa: Sergio Kon; Produção: Ricardo W. Neves, Sergio Kon, Luiz Henrique Soares e Raquel Fernandes Abranches.

Antonio Araújo

A GÊNESE DA VERTIGEM
O PROCESSO DE CRIAÇÃO
DE O PARAÍSO PERDIDO

Dados Internacionais de Catalogação na Publicação (CIP)
(Câmara Brasileira do Livro, SP, Brasil)

A687g

Araújo, Antonio
A gênese da vertigem : o processo de criação de o paraíso perdido / Antonio Araújo. – São Paulo: Perspectiva: Fapesp, 2011.
(Estudos ; 294)

Inclui bibliografia
ISBN 978-85-273-0931-8

1. Teatro brasileiro. 2. Criação (Literária, artística, etc). I. Título.

11-4708. CDD: 792.0981
CDU: 792(81)

28.07.11 02.08.11 028420

[PPD]

Direitos reservados à
EDITORA PERSPECTIVA LTDA.

Av. Brigadeiro Luís Antônio, 3025
01401-000 São Paulo SP Brasil
Tel.: (011) 3885-8388
www.editoraperspectiva.com.br

2011

*Para os vinte anos de existência
de um coletivo de artistas, que fez da vertigem do
teatro o Teatro da Vertigem, a homenagem
da equipe da editora Perspectiva*

Dedico este trabalho

*ao Teatro da Vertigem e ao seu coletivo
de criadores, de agora e de antes.*

Agradeço,

*ao mestre e orientador prof. Jacó Guinsburg que,
um dia, me fez pensar a teoria no teatro e, agora,
que teatro e teoria são um mesmo fazer-pensar;*

e também

à minha mãe;

ao Eduardo Fragoaz;

*às inspirações de Mariângela Alves de Lima
e Sílvia Fernandes;*

*e ao apoio de José Eduardo Vendramini
e Maria Lúcia de Barros Pupo.*

Sumário

Apresentação – *Cecilia Almeida Salles* XI

GÊNESIS 1
Razões de Origem 1
O Ensaio como Erro e Desobediência 3
Vestígios e Método 8
Cartografias 11

1. EM BUSCA DE UM ARTISTA-PESQUISADOR . . . 17

Observação Ativa 19
Instrumentais do Artista-Pesquisador 20

2. O DIÁLOGO DA ARTE-CIÊNCIA:
   A MECÂNICA CLÁSSICA EM CENA 29

Primeira Fase da Pesquisa da Mecânica Clássica 35

   Primeira Semana de Ensaio 37
   Segunda Semana de Ensaio 44
   Terceira Semana de Ensaio 54

Quarta Semana de Ensaio 64

Quinta Semana de Ensaio 72

Segunda Fase da Pesquisa da Mecânica Clássica. 93

Equilíbrio 94

Quedas 95

Demonstração de Trabalho na 44ª Reunião
Anual da SBPC 103

3. O DEPOIMENTO PESSOAL: AS VISÕES
DO PARAÍSO E MEMÓRIA DA QUEDA 107

Princípios do Depoimento Pessoal. 110

Workshops. 114

Exercícios 117

Jogos 118

Pergunta/Resposta 118

Improvisações Livres e/ou Expressivas 119

Cenas 121

Treinamento com Venda nos Olhos. 121

4. O PROCESSO COLABORATIVO:
DA FÍSICA À METAFÍSICA. 131

5. A RESSIGNIFICAÇÃO DO ESPAÇO:
IGREJA, TEATRO E CIDADE 165

6. ÊXODO. 189

Anexos:

1. Oficina Yashi 193

2. *O Paraíso Perdido*: 1º Roteiro 198

3. *O Paraíso Perdido*: 2º Roteiro 210

4. *O Paraíso Perdido*: Roteiro Final. 211

5. Ficha Técnica do Espetáculo 220

Bibliografia 223

Crédito das Imagens 229

Iaweh Deus disse:
"Não é bom que o homem esteja só".
(Gn 2,18*)*

Apresentação

Em minha leitura de *A Gênese da Vertigem: O Processo de Criação de* O Paraíso Perdido, com o objetivo de fazer esta apresentação, marquei muitos trechos e fiz uma grande quantidade de anotações. Percebi que estava estudando uma obra importante que, certamente, será referência na bibliografia sobre o teatro brasileiro e, de modo mais específico, sobre o processo de criação teatral.

A sensação de que "estamos juntos" foi muito forte. Já na introdução, que recebeu o sugestivo nome de "Razões de Origem", fica explícito que estamos em diálogo, ao se inserir nos estudos sobre a criação. Antonio Araújo se coloca como um crítico genético (que realmente é) de seu próprio trabalho.

Assim como os críticos que se dedicam à compreensão da criação, esse diretor ressalta a relevância da reflexão sobre os percursos construtivos. Ele chega a perguntar: "Se o teatro é a arte do provisório, daquilo que se esvai a cada noite, sem a possibilidade de uma recuperação idêntica e exata à da noite anterior, não seria o processo de ensaio, espaço por excelência da precariedade, um espelho mais fiel da arte teatral?"

Quanto à organização do livro, ele afirma que precisou dividir em capítulos: o que significa "capitular" diante da inexistência de etapas rígidas e estanques, que se sucederiam de forma linear. De modo semelhante ao crítico de processo, ele enfrenta a insatisfação causada pela linearidade que a reflexão verbal escrita exige, pois parece não dar conta da complexidade das redes da criação: "Um processo de ensaio tem a mesma complexidade do mundo que ele quer refletir. É um microcosmo caótico, com imprevisibilidades e determinismos, ordens e desordens".

Ao mesmo tempo, Tó (Antonio Araújo) responde a muitas perguntas que me fazem, como, por exemplo, "o que é o artista olhar para o próprio processo?" Algumas pessoas fazem tal questionamento como se me pedissem uma espécie de autorização: o artista pode estudar seu próprio processo? Ao definir a metodologia de sua pesquisa, ele se coloca de modo bastante cauteloso nessa perspectiva de análise, quanto à organização dos documentos e até mesmo ao desenvolvimento de uma dissertação sob essa perspectiva. Comenta, também, a busca pelo tom da pesquisa que evitasse a glamorização do trabalho do artista.

Observo que, independentemente de poder ou não, o artista *precisa*, em muitos casos, refletir sobre seu fazer. Cabe a mim adicionar esse aspecto às minhas próprias tentativas de compreensão da criação. É mais um dado importante.

Quanto à existência de documentos do processo de teatro marcado pela efemeridade, Tó responde de modo contundente ao descrever os registros estudados:

cadernos de direção e uma grande quantidade de rascunhos, papéis avulsos e outros fragmentos escritos – a maioria deles a mão e a lápis. Completam esse material, alguns folhetos, programas, cartas, roteiros, desenhos, planta baixa da igreja, fotos e matérias de jornal. Além disso, existem alguns trechos de ensaios gravados em vídeo, incluindo aí uma demonstração realizada na 44ª Reunião Anual da sbpc (Sociedade Brasileira para o Progresso da Ciência), em julho de 1992.

Compreendemos, desse modo, como a crítica deve enfrentar os processos coletivos, como nos casos do teatro, da dança, do cinema e da música. Estou usando o termo coletivo aqui só para marcar a diferença de percursos individuais. Na verdade tais processos oferecem diferentes portas de entrada.

Antonio Araújo, aqui, reflete sobre o trabalho do diretor. Já tive acesso, por exemplo, a algumas questões sobre o processo de produção cinematográfica, a partir dos diários que o ator David Carradine manteve enquanto filmava *Kill Bill* de Quentin Tarantino.

Na relação entre diferentes visões, conhecemos a complexidade dos processos coletivos que se dão no entrelaçamento de atos individuais com a ação geral, como Eisenstein explica em suas *Memórias Imorais*. De modo semelhante, Tó constata que, por paradoxal que seja, é preciso que se acirre o olhar individual para que possa emergir a visão panorâmica do conjunto.

REDE DE PESQUISAS

Em uma perspectiva geral, acredito que o leitor de *A Gênese da Vertigem* se encontra com um artista que reflete, profundamente, sobre sua relação com a pesquisa, de modo claro e agradável. São diferentes aspectos de um artista-pesquisador que resultam em uma ampla rede de interações, responsável por sua prática artística.

Temos a pesquisa natural que envolve os processos de criação, que são buscas de obtenção de conhecimento, no sentido que o artista está em permanente processo de experimentação. Hipóteses teatrais, no caso, são testadas, sem haver, necessariamente, consciência ou explicitação de método. Tó nos faz viver os ensaios como espaço e tempo de experimentação. Ele diz que um dos objetivos de seu trabalho é fazer uma reflexão sobre metodologias de ensaio, ou seja, "investigar o ensaio, palavra que, entre outras acepções, significa *exercício, treinamento, tentativa, preparativo, experiência*". O que lhe parece ser o que há de mais genuíno e especificamente teatral. Ele vai além nessas reflexões sobre as afinidades entre ensaio e teatro, e afirma que pareceria difícil imaginar o teatro moderno desvinculado de seus processos construtivos.

O diretor traz à tona outra camada de pesquisa, ao nos explicar, em diversos momentos, que o Teatro da Vertigem, que estava ali nascendo, (sem eles saberem), antes de ser um grupo de teatro, era um grupo de estudos. Enfrentaram muitas dificuldades na árdua tarefa de tentar entender o que era ser um grupo de pesquisa formado por artistas. Tudo isso envolvia o questionamento, que parecia crucial para eles: o que era pesquisa em teatro, anterior ao desenvolvimento da própria pesquisa, cujo objeto de estudo foi a física?

Antonio Araújo percebeu que, no processo de *O Paraíso Perdido*, eles deixaram de vez certa generalidade em relação ao dito *teatro de pesquisa*. Parece ser com certo prazer que ele afirma que, apesar dos obstáculos e imprecisões dentro da vasta quantidade de conceitos e temas que investigaram, avançaram na prática da pesquisa em arte, num radical exercício da investigação teatral. "Não necessariamente com os melhores resultados. Mas não importa. Nunca antes havia tido uma sensação tão plena de diretor-pesquisador."

Esta publicação é, por sua vez, o resultado de um trabalho acadêmico que apresenta uma pesquisa sistematizada sobre o percurso de construção do *Paraíso Perdido*. Trata-se de um olhar retrospectivo que, na maioria dos casos, não capta a incerteza do percurso, os atalhos abandonados e os erros; só relata as escolhas. Talvez o apoio dos documentos o fez reativar, de modo mais complexo, a rede da criação. Como consequência, seus leitores têm em mãos um relato crítico bastante envolvente, com documentação detalhada e comentada.

O diretor afirma que a experiência da reflexão acadêmica foi uma possibilidade de exercício de sua condição de artista-pesquisador e lhe ofereceu algumas chaves para a própria continuidade do trabalho artístico dentro do Teatro da Vertigem. Ele constata, também, que não é comum diretores fazerem isso.

O foco no processo de *O Paraíso Perdido* parece ter sido relevante, pois foi aquele que foi responsável não apenas pela criação de mais um espetáculo de teatro, mas foi a própria origem do grupo. "Foi a gestação de uma poética." Das pesquisas em física, passaram por uma grande diversidade de conceitos como, por exemplo, a queda que gerou, entre tantas outras experimentações teatrais, a vertigem.

Tó afirma que, no início, por mais que quisessem ser apenas pesquisadores, eram também artistas. "Talvez mais artistas do que pesquisadores." Assim, "a recusa inicial da montagem de um espetáculo veio por terra".

E assim entendemos como a rede de pesquisas interage no "exercício da investigação teatral e a discussão sobre o que é e como se pesquisa em arte, para além de todos os clichês do chamado *teatro de pesquisa*". Embora o Teatro da Vertigem tenha ficado caracterizado pela opção pelos espetáculos em espaços inusitados, essa questão não dá conta da complexidade da pesquisa envolvida em suas buscas.

ALGUNS FIOS DA TRAMA

Nesse retrospecto crítico, conhecemos um processo marcado por uma "ambição desmesurada, fáustica", em muitos sentidos, e a necessária criação de limites. Esse parecia ser um campo de desafio constante para o diretor.

Ao mesmo tempo, convivemos com a construção do processo colaborativo, assim como o grupo passou a desenvolver, tendo o *depoimento pessoal* como procedimento significativo. Um modo de ação que acredita em funções artísticas com limites menos rígidos, estanques; porém sem a extinção de papéis. "Praticávamos uma criação a todo tempo integrada, com mútuas contaminações entre os artistas envolvidos" e convidados. Acompanhamos, assim, o encontro, ao longo do tempo, de um método.

A partir do detalhamento das atividades do grupo, temos acesso ao modo como se organizaram. A formação da equipe temática parece ter sido bastante definidora dos rumos tomados. Alguns atores e o diretor ficaram responsáveis pelo levantamento, seleção e organização de todo o material teórico e literário relativo tanto à física como à mitologia sobre o Paraíso e a Queda, que seria a base temática à qual aplicariam, expressiva e artisticamente, a pesquisa sobre a mecânica clássica.

Pesquisa científica e expressiva caminharam lado a lado na tentativa de uma alimentar a outra, com muitos questionamentos quando pareciam se afastar.

Outra questão interessante observada por Tó é que a partir da quarta semana de ensaio, "as anotações deixaram de aparecer de forma contínua e organizada. Vários ensaios não apresentam observação escrita nenhuma, enquanto outros terão registros de forma caótica e desordenada". Esse fato nos faz pensar no aumento da complexidade da rede de criação do grupo, isto é, o momento no qual as interações ganham maior intensidade.

Ocorria, ao mesmo tempo, o encontro de linhas mais consistentes (como define Paul Klee), que passaram a agir como alguns dos princípios direcionadores do grupo de pesquisa, do espetáculo em construção e do futuro Teatro da Vertigem, que dialogam tanto com a tradição teatral como com seus contemporâneos. Tó observa que havia um interesse muito grande pela técnica influenciado pela "visão ou desejo tecnicista, presentes no teatro brasileiro nas últimas décadas do século XX, especialmente nos anos 80 e 90". Ele se pergunta: "Como não se lembrar da profusão de cursos e oficinas, anunciando as técnicas mais mirabolantes, característica da cultura teatral daquele momento?"

Ao olhar para trás, o diretor observa o surgimento de outros critérios de escolha:

Ao lado deste último comentário, encontro a seguinte observação pessoal, que já revela um gosto ou preferência, de minha parte, que irá atravessar os três espetáculos da Trilogia Bíblica: "Prefiro as cenas que trabalham numa zona intermediária: cena realista estranhada por abstrações ou cena abstrata estranhada por momentos realistas". Esse espaço híbrido, vai se constituir em um foco de interesse meu, tanto em relação à cena, quanto à interpretação.

Chegamos, assim, ao potencial que esta publicação oferece para a compreensão de um processo de criação teatral que se dá na coletividade. Conhecemos a especificidade do olhar de Antonio Araújo, que coloca o papel do diretor em constante questionamento. São reflexões, críticas e avaliações de alguém que está descobrindo que diretor gostaria de ser.

Nesse contexto de diretor aprendiz, ele observa que seu processo depende de interações com os outros. Diz ser:

bastante estimulado por leituras e discussões teóricas e, principalmente, pelo material sujo e impreciso que vai surgindo das improvisações dos atores em sala de ensaio. Minha imaginação é como que provocada por elementos fora de mim, e o corpo do ator, nesse

APRESENTAÇÃO XVII

sentido, funciona como uma espécie de gatilho. A experiência e a presença do outro são, desse modo, enzimas para meus mecanismos criativos.

Compreendemos, assim, o que é o ambiente colaborativo, sob o ponto de vista do diretor.

Ele aprofunda essas reflexões ao comentar que se interessa particularmente pelo tensionamento dialético entre a criação particular e a total, na qual todos estão submergidos. Assim ele explica como vê as diferentes funções no grupo:

sem abandonar o estatuto artístico autônomo de um determinado aspecto da criação, a habilidade específica, o talento individualizado ou, mesmo, o gosto por certa área criativa, não reduz o criador a mero especialista ou técnico de função. Pois acima de sua habilidade particular está o artista do *Teatro*, criando uma obra cênica por inteiro e comprometido com ela e com o seu discurso como um todo.

É interessante observar, também, como Antonio Araújo aborda a relação pesquisa e emoção. Ele afirma que a pesquisa, apesar de ter o objetivo de verificar conceitos da física valendo-se de uma pretensa objetividade racional, "os atores acabavam por se estimular criativamente". A emoção é mencionada como uma espécie de desvio de rota em meio à pesquisa científica. No entanto, quanto mais busco a compreensão das especificidades dos processos de criação na ciência e na arte, mais certa estou de que estas não estão localizadas no campo da sensibilidade. São experiências artísticas e científicas, vivenciadas por sujeitos envolvidos sensível e intelectualmente em seus processos.

E assim volto ao começo, quando falei da minha sensação de estar junto com Antonio Araújo ao ler *A Gênese da Vertigem*. Assim como o grupo se estimulava criativamente ao pesquisar a física, eu, ao conviver com o processo de criação de *O Paraíso Perdido*, me senti instigada a pesquisar.

Cecilia Almeida Salles

Gênesis

RAZÕES DE ORIGEM

O objetivo deste trabalho é o estudo de um processo de criação. Estudo esse realizado pela ótica de um criador, com todas as implicações advindas de tal olhar. Estudo ao mesmo tempo descritivo e crítico, mas que, antes de tudo, procura captar o movimento e a transitoriedade de uma obra em gestação. Os fluxos e refluxos de um processo sempre inconcluso, incerto, tateante, processo de experimentações dramatúrgicas, interpretativas e cênicas rumo à criação de um espetáculo, que, nesse caso, recebeu o nome de *O Paraíso Perdido*, e veio a se constituir – ainda que não o tivéssemos planejado – na primeira parte de uma trilogia bíblica.

Tal obra foi a primeira realização do Teatro da Vertigem, grupo surgido na cidade de São Paulo, no começo dos anos de 1990. Ela teve como principais matrizes geradoras o poema homônimo de John Milton e o *Gênesis* bíblico; e o seu processo de elaboração compreendeu o período de um ano, de novembro de 1991 a novembro de 1992. Estreou naquele mês, na igreja Santa Ifigênia, e lá cumpriu temporada até julho de 1993. Esse espetáculo, para além de sua resultante cênica, foi o responsável

2 A GÊNESE DA VERTIGEM

pela criação do grupo Teatro da Vertigem e, especialmente, dos princípios norteadores de sua poética.

Não se pretende, contudo, fazer uma apreciação estética do referido espetáculo. Ao contrário, interessa a trajetória de sua construção, os problemas de percurso, as cartografias sempre provisórias e mutantes, os erros de trilha, o desejo de atalhos, mais do que o seu ponto de chegada. Busca-se uma arqueologia da criação e, especialmente, do processo de direção.

Porém, desde o início, uma dúvida se apresentou: o trabalho árduo e diário dentro de uma sala de ensaio valeria uma investigação em si por parte de seus criadores? Porque o que interessa, via de regra, tanto para os críticos como para os espectadores, é o resultado final. A crítica teatral, especialmente, tenta analisar aquilo que funciona ou não, seja na articulação dos diferentes elementos, seja na materialização de um conceito da dramaturgia ou da encenação. Analisa-se o enunciado cênico, o discurso, a ideologia, o sentido geral, sempre a partir da perspectiva da obra acabada.

Contudo, se o teatro é a arte do provisório, daquilo que se esvai a cada noite, sem a possibilidade de recuperação idêntica e exata à da noite anterior, não seria o processo de ensaio, espaço por excelência da precariedade, um espelho mais fiel da arte teatral? O próprio espetáculo é sempre um devir, uma experiência que, à revelia de nós mesmos, nunca se completa inteiramente. E, por mais exigentes que sejamos, será sempre inacabado. O desejo do ponto final parece não passar de uma utopia – duramente buscada, mas nunca atingida – já que ele vai contra a própria natureza do teatro.

Este livro, ao realizar uma cartografia dos ensaios e uma crítica do processo, ao investigar os elementos e as dinâmicas que compuseram o processo de construção cênica do espetáculo *O Paraíso Perdido*, problematizou um território intervalar: o que vai da criação da cena à cena da Criação. Oriundo de minha dissertação de mestrado, optei por mantê-la quase na íntegra, apenas com uma ou outra modificação em relação ao texto original. A tentação de reescrevê-la foi grande, porém tal iniciativa acabaria produzindo outra obra, o que talvez desfigurasse certo frescor e ímpeto presentes na dissertação. Ao pesar as perdas e ganhos de tal decisão, preferi manter a escrita original. As limitações a ela inerentes também revelam o processo de esforço e tentativa de uma primeira reflexão escrita do artista em relação à construção de sua obra.

Parceiro fundamental deste trabalho, gostaria de agradecer ao meu orientador professor Jacó Guinsburg. Sem seu auxílio e encorajamento, não teria conseguido optar pelo presente recorte e nem mesmo desenvolvê-lo criticamente a contento. Pelo fato de ter sido o diretor do espetáculo *O Paraíso Perdido*, hesitei e resisti bastante à perspectiva de falar de minha própria obra. Convenceram-me os precisos argumentos do prof. Jacó, ao me fazer reconhecer que o trabalho investigativo que realizo, dentro e fora da universidade, se relaciona diretamente ao meu fazer artístico. Além do que, a minha própria obra/pesquisa cênica poderia encontrar, por meio da escrita verbal em primeira pessoa, outra via de análise e reflexão.

O ENSAIO COMO ERRO E DESOBEDIÊNCIA

Investigar o ensaio, palavra que, entre outras acepções, significa *exercício, treinamento, tentativa, preparativo, experiência*, parece nos confrontar com o que há de mais genuíno e especificamente teatral[1]. O ensaio é o lugar do erro, da crise, da pergunta sem resposta, do lixo da criação – que mesmo não tendo valor qualitativo em si, nos faz perceber, pela via negativa, aquilo que não desejamos. O ensaio é o lugar da frustração, do fracasso, do mau gosto, da ignorância e dos clichês. Mas é também o espaço do mergulho, do aprofundamento, do vislumbre de horizontes possíveis, da descoberta de ilhas incomunicáveis, de países sem continente, de territórios sem fronteiras e, por outro lado, de territórios demarcados demais, conhecidos demais, explorados à exaustão. Terra de ninguém, terra de litígio, terra à vista, terra submersa.

Porém, o ensaio, como o próprio teatro, não é apenas lugar, mas é também tempo. Tempo de amadurecimento, de rememoração, de escolhas e de sínteses. Tempo interno e anterior.

---

1 Ver, a esse respeito, o belo ensaio introdutório de G. Banu em *Les Répétitions*, p. 6-14.

4 A GÊNESE DA VERTIGEM

Tempo fechado e de reclusão. Umbilical e uterino. O ensaio é ainda tempo perdido, gasto à toa em intermináveis discussões ou em infrutíferas improvisações. Tempo morto e tempo-quente. Tempo de plantio, lento, barrigudo, mas sempre insuficiente. Ensaio é contra-tempo.

E, não bastasse a afinidade entre o fenômeno teatral e o fenômeno do ensaio, pareceria difícil imaginar o teatro moderno desvinculado de seus processos construtivos. O século xx operará uma verdadeira revolução no papel do ensaio, tanto em suas abordagens como em suas metodologias. George Banu, por exemplo, ao referir-se ao século passado como o "século da encenação", o vincula, quase numa relação de causa e efeito, à "renovação dos ensaios": "O advento da encenação permanece indissociável da renovação dos ensaios, que é pré-requisito da superação do teatro como lazer para se atingir o teatro como arte"[2].

É claro que processos com dinâmicas inovadoras e arrojadas, alguns deles com longa maturação, não garantem encenações de igual teor. Muitas vezes, ao contrário, ensaios realizados dentro de padrões mais convencionais produzem obras de grande impacto e radicalidade. Porém a relação obra/processo, com todas as interdependências entre essas duas instâncias, não pode ser menosprezada ou analisada com descuido. Michael Kirby, ao realizar a apresentação de um dossiê sobre procedimentos de ensaio – que inclui, entre outros, o trabalho de grupos e artistas da vanguarda norte-americana tais como, Living Theatre, Bob Wilson, Richard Foreman e Charles Ludlam – afirma que:

> Seria difícil sustentar que um trabalho inovador não pudesse ser produzido segundo procedimentos tradicionais de ensaio. Contudo, o processo criativo afeta o resultado artístico e, pode-se prever que qualquer trabalho desenvolvido segundo padrões tradicionais, seja tradicional em certos aspectos básicos. Por outro lado, pode-se supor que qualquer trabalho que seja significativamente novo deveria envolver inovação nos seus procedimentos de criação[3].

Tal perspectiva se radicaliza ainda mais quando pensamos nas experiências cênicas das últimas décadas. Além da *perfor-*

---

2 Idem, p. 6.
3 Rehearsal Procedure Issue, *The Drama Review*, v. 18, n. 2.

mance e do *happening*, várias companhias teatrais passam a advogar o fim da obra enquanto produto, propondo, em seu lugar, a noção de obra enquanto processo. É o que se denomina *work in progress* (ou *work in process*), conceito e práxis indissociáveis da teatralidade contemporânea. Renato Cohen, no seu estudo sobre essa mudança de paradigma da cena atual, assim o define:

> Conceitualmente a expressão *work in process* carrega a noção de trabalho e de processo:
> * Como trabalho, tanto no termo original quanto na tradução acumulam-se dois momentos: um, de obra acabada, como resultado, produto; e, outro, do percurso, processo, obra em feitura.
> * Como processo implica iteratividade, permeação; risco, este último próprio de o processo não se fechar enquanto produto final.
> Estabelece-se, portanto, uma linguagem que se concretiza enquanto percurso/processo e, enquanto produto, obra gestada nesta trajetória[4].

A partir dessa ótica, podemos pensar na experiência dos ensaios abertos, que, antes da estreia, compartilham com o público o estágio final de construção da peça ou, ainda, em trabalhos que vão sendo apresentados em cada etapa de sua criação. *O Convidado de Pedra* e *A Ilíada*, ambos do diretor russo Anatoli Vassiliev, ou *Doctor Faustus Lights the Lights*, da companhia americana Wooster Group, podem servir de exemplo desse tipo de prática.

Contudo, ainda existem propostas que negam a ideia de qualquer conclusão ou fechamento do espetáculo. Nesses casos, no limite, os ensaios nunca chegam a um fim e, mais do que isso, constituem o próprio material a ser apresentado ao público. A obra não apenas expõe seu processo, mas se transforma nele. Ou seja, o processo é a obra. Nomes como os do artista cênico americano John Jesurun ou do grupo inglês Forced Entertainment podem ser evocados como exemplos desse tipo de experimento.

---

4 *"Work in Progress" na Cena Contemporânea*, p. 20.

Tais abordagens contemporâneas, com forte acento no aspecto processual, vão, sintomaticamente, exigindo um novo tipo de crítica. Uma crítica que consiga estabelecer um diálogo com percursos criativos, sendo capaz de apreciar as conformações cênicas de uma obra em movimento a cada etapa de sua construção. Uma "crítica de processo" ou até, quem sabe, uma crítica *in progress*, ela também. Experiências próximas a essa vêm sendo feitas no campo da crítica genética. Como aponta Cecilia Almeida Salles, destacada pesquisadora na área:

> A crítica genética é uma investigação que vê a obra de arte a partir de sua construção. Acompanhando seu planejamento, execução e crescimento, o crítico genético preocupa-se com a melhor compreensão do processo de criação. [...] Não é uma interpretação do produto considerado final pelo artista, mas do processo responsável pela geração da obra[5].

E por fim, mudando de viés – porém ainda em defesa dos estudos de processo – poder-se-ia argumentar que faltam mais análises sobre a metodologia dos encenadores brasileiros. Até mesmo a bibliografia sobre a prática da direção teatral, em língua portuguesa, é escassa. Em geral, as publicações nessa área privilegiam a análise de espetáculos ou o estudo do pensamento de um determinado diretor, às vezes sem ultrapassar o aspecto eminentemente biográfico. Porém, investigam-se pouco seus processos criativos e poucos também são os relatos pormenorizados sobre seus procedimentos de trabalho.

Amparado por essas breves considerações teóricas, parece ter sentido ou validade a investigação das metodologias de ensaio e do processo de construção de uma obra cênica. Contudo, elas não solucionam a questão inicial: seria o próprio artista a pessoa mais indicada para fazer uma análise crítica do seu percurso criativo? Quanto de distanciamento ele conseguiria ter? Ou ainda, como não se tornar um refém da obra ou do ego, aproveitando-se da reflexão escrita como mais um canal da vaidade pessoal ou de legitimação da própria obra? Como não se justificar ou justificar as falhas do processo por meio de teorizações encantatórias? Como não dourar a pílula nem manipular os fatos?

---

5   *Gesto Inacabado*, p.12-13.

Tal dilema me acompanhou durante toda a escritura deste trabalho. Porém, por mais limitadora, pouco ambiciosa ou excessivamente autocentrada que tal opção possa parecer, ela, de fato, ofereceu-me outra possibilidade de exercitar a minha condição de artista-pesquisador. Significou, também, a oportunidade de afastar-me do objeto-em-construção, para reexaminá-lo e colocá-lo em xeque, à luz do objeto-construído. O que acarretou, inevitavelmente, uma autocrítica "a frio" do meu trabalho de diretor. E se, ao procurar evitar a autoindulgência, incorri em impiedade ou excessivo rigor em relação ao processo, tanto melhor. Prefiro assim.

Não há dúvida de que esse exercício dissertativo foi uma experiência difícil. Tanto pelo desafio da escrita como pelo esforço de distanciamento da obra – melhor dizendo, processo. Porém, por outro lado, essa reflexão *a posteriori* revelou-se uma tarefa estimulante e transformadora. Revi posições, reencontrei premissas, revisitei procedimentos.

Do ponto de vista pessoal, essa possibilidade de recolhimento, de balanço, de pensar e repensar as escolhas feitas, de avaliação dos erros e acertos, constituiu um momento privilegiado. Não é comum aos diretores uma "prática" dessa natureza. Além disso, tal exame forneceu-me algumas chaves para a própria continuidade do trabalho artístico no Teatro da Vertigem. Vislumbrei perspectivas que foram úteis aos processos posteriores.

Contudo, espero que a atual reflexão também possa servir a outras pessoas. No mínimo, aos colegas diretores ou aos artistas que tenham interesse pelo teatro de grupo. Pois pretendi radiografar os mecanismos de construção de um espetáculo, tanto no sentido da descrição metodológica detalhada como na reflexão crítica sobre seus procedimentos. Quis, também, fornecer alguns subsídios para o trabalho prático do diretor em sala de ensaio. Sem o propósito, é claro, de chegar a algum modelo, padrão ou receituário, mas, sim, de mapear as diferentes abordagens práticas e a experiência específica que elas produzem. A ideia foi expandir o conhecimento sobre o processo de ensaio, e não reduzi-lo a alguma fórmula ou manual.

Também é importante dizer que a utilização desse trabalho para o meu exercício reflexivo não diminui ou subvaloriza a pesquisa realizada na prática. Ela pode ser tão crítica quanto um trabalho acadêmico. A bem da verdade, o processo de criação é um processo crítico em si. E compreende, ainda, um movimento prático-teórico constante. Leituras de texto que provocam improvisações, que provocam discussões, que, por sua vez, provocam novas sugestões cênicas. E assim por diante. Daí por que teoria e prática se retroalimentam continuamente durante a criação de uma obra. Podemos, inclusive, olhar o processo de ensaio como um meio de pensar em si mesmo e no outro. Como uma forma de conhecimento do mundo. Ou, se quisermos, de sua transformação.

Portanto, não foi apenas agora, por meio deste trabalho escrito, que a reflexão sobre a construção da cena ou a crítica dos procedimentos metodológicos ocorreu. Isso já havia sido feito durante os próprios ensaios. Talvez o que difira aquela experiência da atual sejam os meios (reflexão escrita e sistematizada), o momento (o fato de o processo já se encontrar concluído) e a aprendizagem acumulada nos anos que se passaram desde a estreia de *O Paraíso Perdido*.

VESTÍGIOS E MÉTODO

Na medida em que os percursos criativos são analisados a partir da ótica da encenação, as fontes deste trabalho são eminentemente primárias. A pesquisa documental teve como referências-chave as anotações esparsas e os cadernos de direção do espetáculo *O Paraíso Perdido*. Tais documentos compreendem dois cadernos de direção e uma grande quantidade de rascunhos, papéis avulsos e outros fragmentos escritos – a maioria deles a mão e a lápis. Completam esse material, alguns folhetos, programas, cartas, roteiros, desenhos, planta baixa da igreja, fotos e matérias de jornal. Além disso, existem alguns trechos de ensaio gravados em vídeo, incluindo aí a demonstração realizada na 44ª Reunião Anual da SBPC (Sociedade Brasileira para o Progresso da Ciência), em julho de 1992.

Como o foco da investigação concentrava-se no aspecto processual, buscou-se separar os documentos relativos ao período de preparação e ensaios, daqueles associados à estreia do espetáculo. Por se tratar, no primeiro caso, de fontes não organizadas – ou que começam organizadas, mas que se desorganizam à medida que os ensaios progridem – a pesquisa se propôs a fazer uma ordenação *a posteriori* desse material. Não no sentido de "melhorá-lo", mas no de que ele pudesse ser melhor compreendido por um não participante do processo.

Contudo, a análise dos cadernos de direção e dos rascunhos avulsos – base mais importante para a pesquisa – apresentou várias dificuldades, a saber:

- registros de difícil leitura, por estarem escritos a lápis – alguns deles já se apagando – e terem sido realizados de forma apressada – na tentativa de capturar ideias, fragmentos de improvisação, propostas cênicas, comentários ou críticas no calor do ensaio;
- registros confusos, enquanto enunciação, mal redigidos ou ambíguos;
- registros incompletos, como se algo tivesse interrompido a anotação ou como se o autor, no meio dela, houvesse perdido o interesse ou o fio da meada;
- registros cifrados, conhecidos apenas pelos participantes, criando quase como que um "vocabulário do processo" (jargões; palavras-chave; expressões sintéticas; piadas internas etc.);
- registros desorganizados e desarticulados, colocando juntas, numa mesma página, anotações de momentos diferentes do processo. Ou, ainda, anotações fragmentárias e caóticas, escritas nas margens das folhas;
- registros sobrepostos, com anotações escritas umas sobre as outras;
- rasuras de reescrita, borrões e manchas.

Consegui decifrar muitos desses casos problemáticos, seja pelo fato de ter sido o autor das anotações, seja pela minha participação e conhecimento endógeno do processo. Outros, contudo, permaneceram obscuros. Fui me adaptando a essas limitações, tentando buscar, na memória, "preenchimentos" para eventuais ausências de dados, ou solicitando a ajuda dos atores que fizeram o espetáculo. Porém esse tipo de problema parece inerente a uma pesquisa de tal natureza. Cecilia Almeida Salles, por exemplo, avalia que:

As fronteiras materiais desses registros, no entanto, não implicam delimitações do processo. O crítico genético trabalha com a dialética entre os limites materiais dos documentos e ausência de limites do processo; conexões entre aquilo que é registrado e tudo o que acontece, porém não é documentado[6].

Procurei, também, organizar e articular aqueles registros, numa dinâmica muita próxima à da montagem de um quebra-cabeça. Tanto as anotações do período que antecedeu os trabalhos práticos como aquelas relativas ao primeiro mês de ensaio – passadas a limpo, no caderno de direção, ainda naquela época – encontram-se bem organizadas e legíveis. Porém, depois disso, os registros se tornam caóticos.

Além da referida ordenação dos elementos e dinâmicas propostas em ensaio, suprimi repetições de informação (anotações de rascunho, idênticas àquelas que, depois, foram passadas a limpo); redigi de maneira mais clara enunciados de exercícios e improvisações (a fim de que um eventual leitor pudesse melhor compreendê-los); descartei registros incompletos ou confusos (sempre que, apesar das tentativas de decifração, eles permaneciam sem sentido); e, por fim, reescrevi algumas anotações colhidas nos ensaios, para que sua leitura se tornasse um pouco mais fluente.

Esse último procedimento – talvez a intervenção mais incisiva que tenha cometido – não interferia ou modificava os conteúdos. Eram apenas acréscimo de preposições ou conjunções, ajustes de concordância verbal e nominal, ou substituições de vocábulos repetidos por sinônimos. Como, a meu ver, o mais importante era o conteúdo daquilo que foi dito – fosse uma crítica, sugestão ou avaliação – e não a fidelidade absoluta à forma como apareceu registrado, não julguei imprópria a realização das referidas modificações. Que sentido faria, por exemplo, apresentar o depoimento de um ator faltando conjunções ou artigos? Ainda mais se levarmos em conta que tal depoimento foi anotado por mim, apressadamente, na tentativa de que ele não se perdesse.

6 Idem, p. 17.

GÊNESIS   11

O fato de não ter formação como crítico genético, e sim ser um artista tentando recuperar os rastros do seu próprio processo, pode, talvez, completar as razões dessa opção.

Mesmo no recorte efetuado e na seleção final dos dados, jamais censurei críticas negativas a mim e ao processo, nem escondi dificuldades que enfrentamos. Seria uma contradição com os propósitos deste trabalho não revelar as dúvidas, crises, desentendimentos e problemas ocorridos em ensaio. Se cometi alguma falha nesse sentido, foi por descuido, não por deliberação. Como já disse, tentei evitar a autopreservação e a glamorização do processo – ou do diretor. Espero, minimamente, tê-lo conseguido.

Por fim, definimos que a abordagem dos vestígios processuais deveria apresentar três aspectos fundamentais:

+ *descritivo*, mapeando e organizando todos os procedimentos de construção;
+ *integrativo* ou *relacional*, estabelecendo conexões, diálogos e contrastes entre as diferentes etapas de elaboração do espetáculo;
+ *crítico*, realizando uma avaliação e um juízo *a posteriori* das escolhas e dos encaminhamentos realizados, e de como foram – ou não – se refletindo na consumação da obra.

CARTOGRAFIAS

Como já mencionado, o objeto do presente trabalho é o estudo do processo de criação de *O Paraíso Perdido*. Essa foi a primeira parte do que viria a se tornar, dez anos mais tarde, a Trilogia Bíblica[7] do Teatro da Vertigem. Tal trilogia compreende, além da referida peça, os espetáculos *O Livro de Jó* (1995) e *Apocalipse 1,11* (2000), todos eles com um ponto de partida em textos bíblicos do *Antigo* e *Novo Testamento*.

Porém o processo de construção dessa primeira obra tem, em si, uma importância seminal. Foi ele que trouxe à luz não

---

7   Denominação surgida *a posteriori*. É importante frisar que tal trilogia se configurou dessa forma, enquanto um tríptico, como consequência natural das montagens, e não por uma deliberação prévia.

apenas mais um espetáculo de teatro, mas a própria origem do grupo Teatro da Vertigem. Do nome da companhia ao perfil artístico de seus integrantes, tudo será engendrado aqui.

Além disso, os princípios norteadores do trabalho do grupo também tiveram, nesse processo, o seu início, ainda que de forma pouco consciente. Vários dos procedimentos metodológicos que serão aprofundados ou reelaborados nas montagens posteriores, vão ser experimentados aqui, pela primeira vez. Eles representam a gestação de uma poética.

O próprio germe desse futuro tríptico bíblico, aparece, embrionariamente, nesse momento. Arrisco em supor que não haveria Trilogia Bíblica caso não houvesse ocorrido *O Paraíso Perdido*. O interesse pela temática sagrada e o reencontro com a *Bíblia*, ou sua descoberta, foi fruto e decorrência dessa experiência.

Por tudo isso, elegeu-se essa peça, dentre aquelas realizadas pelo Teatro da Vertigem, para objeto preferencial de estudo. O fato de ela ter sido a primeira, em termos cronológicos, teve um peso inicial nessa decisão, mas não foi o mais determinante. Pois tal obra parecia amplificar – ou quadruplicar, melhor dizendo – a questão do processo de criação: criação de um grupo; criação de uma poética; criação de um espetáculo; criação de um projeto de trilogia. Além, é claro, da própria temática ao redor da qual ela orbitava: Gênese e Queda.

Ao mapearmos o extenso território do processo de ensaio de *O Paraíso Perdido*, pudemos perceber alguns pontos nodais. Primeiramente, o exercício da investigação teatral e a discussão sobre o que é e como se pesquisa em arte, para além de todos os clichês do chamado "teatro de pesquisa".

Nosso ponto de partida, inclusive, esteve muito mais próximo da ideia de um grupo de estudos do que de uma companhia produtora de espetáculos. Houve de fato, no início, uma recusa a se montar uma peça. Estabelecemos um pacto de que estávamos ali comprometidos apenas com um único objetivo: a investigação dos princípios da mecânica clássica aplicados ao movimento expressivo do ator.

É inegável que tal compromisso trazia contradições em si, e acredito que, sub-repticiamente, aspirávamos a uma concretização cênica daquele material. Porém, ainda que a negação do espetáculo fosse apenas um subterfúgio, uma manipulação inconsciente ou um autoengano artístico, ela nos obrigava a um posicionamento radical enquanto artistas-pesquisadores, o que marcou a todos nós, ao processo e à própria continuidade do grupo.

Aliás, esse aspecto inconsciente ou semiconsciente de várias das escolhas que, mais tarde, se constituiriam em nosso perfil teatral, é uma tônica nesse primeiro processo. O que revela, de certa forma, uma contradição com o rigor, o estudo e o exame exaustivo das questões que tratávamos. É curioso perceber esse pêndulo entre casualidade e predeterminação, e de como a visão que temos de nós mesmos – e das escolhas dentro de uma sala de ensaio – é imprecisa, infiel e traiçoeira. Existe um jogo paradoxal de tensões que, ao mesmo tempo em que somos detentores da criação, tais criações se manifestam à nossa revelia. Assim parece ser a dialética do processo criativo.

Outro interesse inaugural dessa montagem foi a aproximação com o universo da ciência, e de como ele poderia, além de nos instrumentar e aprofundar nossa percepção da realidade, ser um substrato em si para a criação cênica. O campo escolhido foi o da física teórica, mais especificamente os estudos de Galileu e de Newton sobre o movimento dos corpos. Como transformar leis físicas, equações e teoremas em movimento expressivo e teatral? Para nossa surpresa o então gélido e sisudo cientificismo se mostrou estimulante, provocativo, gerador não só de conhecimento e experiência, mas também de arte.

Incorremos aí, porém, numa ambição desmesurada, fáustica. Quisemos abraçar um universo amplo demais e, vários meses após iniciada a pesquisa, o grupo já apresentava sinais de cansaço e desalento em face de uma mecânica clássica que parecia inesgotável. Elegemos conceitos em demasia para ser investigados e tivemos, forçosamente, de rever tais opções.

Além disso, por mais que quiséssemos ser apenas pesquisadores, éramos também artistas. Talvez mais artistas do que pesquisadores. E, aí, aquela recusa inicial da montagem de um espetáculo veio por terra. Ou, quem sabe, esse desejo da obra cênica emergiu exatamente de tal recusa, pois, como apontado, parece-me que ele esteve sempre ali, adormecido, latente. Quiçá esperasse apenas que nossas defesas se fragilizassem, que nosso sonho cientificista enfraquecesse, para poder, então, se manifestar.

O processo de *O Paraíso Perdido* também nos levou a uma questão nevrálgica que iria perpassar todos os espetáculos do grupo: a temática religiosa. Talvez pela iminência de um fim de século e milênio ou talvez por nossas próprias histórias pessoais, fato é que nos aproximamos do problema do sagrado, único assunto, então, de interesse comum a todos. Possivelmente o esgotamento do niilismo da década de 1980 e o desejo de voltar a acreditar – seja em Deus, na arte ou no homem – tenham nos impelido a esse universo. Como já disse, sabemos e não sabemos nossas motivações. Mas, com certeza, a gênese delas se encontra aqui, nesse *Paraíso*.

Tratávamos tais questões a partir da visão pessoal de cada ator. Lançávamos mão de sua história de vida, especialmente de episódios da infância. Paralelamente a esse recurso da memória, estimulávamos o exercício da imaginação e a busca de um posicionamento crítico frente ao tema escolhido. Tal perspectiva será por nós denominada como *depoimento pessoal*.

O processo também nos trouxe uma maneira de trabalhar. Criar coletivamente, sem hierarquias rígidas e desnecessárias, com todos os integrantes podendo ter vez e voz, apesar da manutenção de funções artísticas definidas. Esse viés democrático foi se tornando nossa práxis, ainda que não o tivéssemos estabelecido a princípio. Porém, como o projeto de criação veio após o período inicial de investigação da física clássica – em que todos éramos pesquisadores, com igual estatuto e importância – aquele parece ter se contaminado pelo espírito desse.

Muito mais tarde, rumo à terceira peça da trilogia, essa dinâmica foi denominada *processo colaborativo*. Apesar de certa desconfiança e preconceito, naquele momento, com o termo *criação coletiva*, é incontestável nossa filiação a esse *modus operandi* – ainda que tenhamos nos apropriado dele de uma maneira particular. Pois, apesar de não comungarmos da filosofia de extinção dos papéis dentro de uma criação, acreditávamos em funções artísticas com limites menos estreitos e estanques. Daí praticarmos uma criação a todo tempo integrada, com mútuas contaminações entre os artistas envolvidos.

Outra casual sugestão, entre inúmeras que trazíamos diariamente para os ensaios, foi a de utilizarmos um espaço arquitetônico religioso para a apresentação do espetáculo. Se sentíamos que o edifício teatral convencional tinha perdido a sua sacralidade, isso não foi por nós verbalizado. A justificativa estava em fazer um jogo às avessas com o espectador: falar da perda do sagrado por meio de um retorno e um reencontro com o lugar sagrado. O curioso é que, apesar da ideia ter tido uma ressonância moderada nos integrantes do grupo naquele momento, ela acabaria por provocar uma experiência transformadora em nossas trajetórias artísticas.

Para tratar de cada um desses tópicos detidamente, apesar de eles se encontrarem intimamente imbricados, resolvemos dividir o presente trabalho em cinco partes. É importante lembrar que, apesar dessa segmentação e ordenamento, um percurso criativo não tem etapas rígidas e estanques, nem sucede de forma linear. Um processo de ensaio tem a mesma complexidade do mundo que ele quer refletir. É um microcosmo caótico, com imprevisibilidades e determinismos, ordens e desordens. Dividir em capítulos é, dessa feita, capitular. Não percamos isso de vista.

De certa forma – ou melhor, em outra forma – a pesquisa que empreendo há vários anos enquanto artista pôde encontrar, neste trabalho, uma nova via de materialização. Daí que essa aventura dissertativa é, também ela, gênese, vertigem, processo e criação.

1. Em Busca de um Artista-Pesquisador

Nós não desistimos de investigar
E o fim de toda nossa investigação
Será chegar ao ponto de onde partimos
E conhecer o lugar pela primeira vez[1].

T. S. ELIOT, *Complete Poems and Plays*

No princípio, existia apenas uma vaga vontade de trabalharmos juntos. Não tínhamos texto nem peça, não tínhamos projeto nem ideologia, não tínhamos consciência nem culpa. Havia somente afinidade. E como não podíamos ficar juntos apenas por ficarmos juntos, resolvemos criar algo. Éramos determinados, mas ingênuos. Éramos dedicados, mas pouco flexíveis. Éramos jovens.

No princípio, havia apenas um grupo de estudos. Acabávamos de sair da universidade e a carregávamos conosco nesse desejo de continuar estudando. Parece-me antecipatório de muitos de nossos caminhos futuros o fato de que, antes de sermos um grupo de teatro, éramos um grupo de estudos. A aprendizagem à frente da conquista do mercado ou da lógica produtivista.

A criação do Teatro da Vertigem se confunde com o processo de ensaio de *O Paraíso Perdido*. Uma coisa é indissociável da outra. Isso fica ainda mais imbricado na fase de preparação dos ensaios práticos. Preparação para o quê? Para a formação de um grupo? Para o desenvolvimento de uma investigação teatral?

---

1 "We shall not cease from exploration / And the end of all our exploring / Will be to arrive where we started / And know the place for the first time."

Para a criação de um espetáculo? Era tudo isso junto, embora algumas de nossas motivações estivessem menos claras que outras – ou menos assumidas.

Entre todas elas, a que despontava com mais força era a vontade de realizar uma pesquisa. Em nossos valores artísticos, fruto indiscutível da recente formação universitária e da influência crítica de muitos de nossos mestres, o teatro experimental ou de pesquisa ocupava o posto principal. Queríamos, portanto, ir em direção a ele, realizá-lo. Mas, ao mesmo tempo, nos soava obscuro, desgastado e até vazio de conteúdo, o termo *teatro de pesquisa*. O nosso objetivo, por mais alto e elevado que fosse, tinha certo sabor de clichê. Contudo, não podíamos dar o braço a torcer.

O que fazer então? Em nosso caso, tudo parecia conduzir ao princípio. Primeiramente, precisávamos entender o que era de fato uma pesquisa e como realizá-la. Depois, compreender a natureza de uma investigação em arte e, ainda mais especificamente, em teatro. Para tanto, foi criada uma equipe de pesquisa que iria se debruçar sobre o tema, levantar a bibliografia disponível, fazer fichamento e discussões, e preparar alguns encaminhamentos teórico-práticos para o início dos ensaios. Essa equipe também iria coordenar todo o desenvolvimento da investigação sobre a mecânica clássica na medida em que era justamente esse o nosso objeto central.

Antes de continuarmos, parece-me oportuno responder a uma pergunta: quem éramos "nós" naquele momento inicial? Daniella Nefussi, Johana Albuquerque e Lúcia Romano como atrizes, Sérgio de Carvalho como dramaturgo e eu como diretor. Um pouco mais tarde, mas ainda antes do início dos ensaios práticos, integrar-se-iam mais alguns atores: Evandro Amorim, Lucienne Guedes, Marcos Lobo, Mônica Guimarães e Vanderlei Bernardino. Foi esse, portanto, o grupo de artistas que empreendeu o processo que culminou no espetáculo *O Paraíso Perdido*. Com exceção de Mônica Guimarães, que deixou o trabalho seis meses depois de iniciado, todos foram até o fim. Motivado por essa saída, o processo ainda incorporaria mais dois atores: Cristina Lozano e Matheus Nachtergaele, que acompanharam a outra parte dos ensaios[2].

2 Com o objetivo de simplificar as referências, vou me referir aos atores e demais colaboradores, da primeira vez, pelo nome completo, depois apenas por seus primeiros nomes.

EM BUSCA DE UM ARTISTA-PESQUISADOR   19

Voltando à discussão anterior, definimos que a equipe de pesquisa, portanto, seria composta por mim, Daniella e Lúcia. Escolhemos uma bibliografia básica a ser estudada, senão por todos, ao menos pela equipe que estaria coordenando as investigações práticas. Os títulos inicialmente selecionados foram:

* *Método Experimental* – Galileu Galilei;
* *Discurso sobre o Método* – René Descartes;
* *Os Fundamentos da Física* – Ramalho; Ivan; Nicolau; Toledo;
* Apostilas sobre metodologia científica;
* Apostilas sobre física (ensino médio; cursos preparatórios de vestibular etc.)

Contudo, antes da própria física vinha a necessidade de investigar a natureza, o sentido e as metodologias de uma pesquisa. Mesmo sendo um material com o qual tínhamos pouca familiaridade, chegamos, após várias discussões, a alguns elementos ou conceitos que poderiam nos orientar em tal empreitada.

Uma pesquisa, em geral, implica em *observação* e *experimentação*. O método é, em si, um processo técnico de experimentação. Também aprendemos que, dentro do universo da ciência, a observação não consiste em mera visão do fato. Ela é ativa. Portanto, o método científico implica a *observação ativa*. É importante comentar aqui o quanto esse último conceito nos chamou a atenção. Se queríamos pesquisar, precisávamos desenvolver essa maneira específica de observar. Emprestando definições de livros diferentes e associando referências, chegamos a uma lista de traços e procedimentos característicos desse método:

OBSERVAÇÃO ATIVA[3]

* abrir-se à percepção através dos cinco sentidos;
* dirigir a *atenção* e o *pensamento* para o movimento (= consciência, estar presente);
* objetividade;

---

3 Os elementos grifados eram considerados os mais importantes para a equipe de pesquisa, e por isso foram mantidos nesta edição, sempre que relevantes.

- *penetrar* atentamente nos *detalhes*;
- descobrir as causas, percebendo o que há por detrás das coisas, a fim de apreender suas possíveis leis (que revelassem uma relação constante ou necessária entre os fatos);
- imparcialidade (o não julgar previamente, libertando-se das ideias preconcebidas, o neutro);
- procurar e/ou estabelecer as *relações internas* dos fatos;
- *dialogar* com os fatos;
- usar a máxima suspeita sobre si mesmo.

Tais elementos nos pareciam apontar um caminho de como deveríamos iniciar nossa pesquisa, além de que poderiam converter-se num treino em si. Da mesma forma que nos aquecíamos corporalmente antes de iniciar um ensaio, também deveríamos efetuar um aquecimento diário de observação ativa. Se não durante todo o processo, ao menos em sua fase inicial.

Descobrimos também que a verdadeira experiência científica consiste na ativação dos fatos a serem observados. Os cuidados e os processos usados em tais experiências constituem propriamente o método experimental. Experimentar era sinônimo de ensaiar, de pôr à prova. A experiência seria, portanto, um exercício das faculdades psíquicas e físicas do homem, além de ser fonte de conhecimentos – que, por sua vez, forneceriam material para a atividade intelectual e criadora.

Estudando melhor o material sobre metodologia científica, encontramos ainda outros pontos que nos pareceram merecedores de destaque. Ainda que não fôssemos treiná-los concretamente, deveriam estar presentes em nosso horizonte de trabalho. A equipe de pesquisa chegou mesmo a compor uma lista com todos esses pontos, incluindo a observação ativa, para ser distribuída aos atores no primeiro dia de ensaio. Discutiríamos cada um deles, mas exercitaríamos apenas a referida observação ativa. A lista final foi assim definida:

INSTRUMENTAIS DO ARTISTA-PESQUISADOR

- observação;
- investigação (como *são* as coisas);

EM BUSCA DE UM ARTISTA-PESQUISADOR   21

- *experimentação intensiva*;
- raciocínio;
- objetividade;
- *repetição*;
- *interferir nos fatos*;
- alterar os processos;
- *produzir novos fatos* (revoluções);
- comparar;
- inferir o que há por detrás dos fatos (identificar as causas);
- clareza;
- *precisão*;
- planejamento;
- ir da análise à síntese;
- formular os problemas com clareza (o que gera a investigação é a existência de um problema);
- qualquer observação é uma atividade com objetivo;
- *aproveitar a interferência do acaso*;
- contínua seleção de conhecimentos;
- estar aberto aos novos conhecimentos e às suas situações, condições ou realidades;
- além de perguntar *como* são as coisas, responder o *por que delas*;
- procurar as relações internas;
- *dialogar com o fato*;
- deixar que o trabalho das forças internas aconteça (autodinamismo);
- percepção (*trabalhar com os cinco sentidos*);
- imparcialidade (o não julgar);
- *estar presente*;
- penetrar atentamente nos detalhes;
- *nunca aceitar coisa alguma como verdadeira*;
- usar a máxima suspeita sobre si mesmo.

Todos esses itens, considerados à luz da metodologia científica, significaram uma aproximação ainda maior com o universo da ciência, o que nos levou à tentativa de apropriação de seus métodos para serem aplicados no campo artístico. O nosso encontro com a ciência estava indo além da investigação da física clássica.

Por outro lado, parece-me que houve aí certo privilégio do científico em detrimento do artístico. É evidente que o nosso recorte de elementos do método experimental tinha a ver com procedimentos que julgávamos factíveis pelos atores dentro de uma sala de ensaio. Houve uma seleção de tópicos por um filtro que era artístico – e não científico. Mas, nesse momento inicial do trabalho, o método voltado para a ciência ainda falava mais alto. Existiam problemas específicos da pesquisa em arte, com os quais só nos depararíamos mais tarde, quando já estávamos em pleno ensaio. As questões da subjetividade, por exemplo, não estão muito presentes nesses instrumentos de pesquisa, mas, naquele momento, não tínhamos condições de antever ou perceber isso.

Outra crítica que poderia ser feita é a falta de maior aprofundamento no assunto, antes da escolha de possíveis elementos para o trabalho prático. Vejo, agora, o quanto fomos econômicos em relação à bibliografia específica. Deveríamos ter incluído um número maior de obras sobre metodologia científica, debatido pontos de vista contraditórios ou mesmo ampliado o horizonte dessa discussão antes da seleção final dos itens. Talvez a aridez do material e certa imaturidade intelectual tenham contribuído para isso.

E também incorremos, aqui, no mesmo problema que se nos apresentaria um pouco mais à frente, em relação à mecânica clássica: abrangência excessiva. Escolhemos instrumentos demais para serem desenvolvidos pelos atores, da mesma forma como a seleção de itens da cinemática e da dinâmica foi demasiado ampla.

Contudo, parecia que começávamos, concretamente, a tratar do problema da pesquisa em teatro, ainda que com as limitações acima levantadas. Tínhamos a impressão de que mais que *falar* de teatro de pesquisa, estávamos, agora, *realizando*-o de fato. O passo seguinte seria definir o nosso problema ou as nossas perguntas relativas àquele material.

Porém, uma questão fundamental ainda não foi tratada: por que escolhemos a física clássica? Sinto-me, a um só tempo, bem e pouco à vontade para responder essa pergunta. Bem à vontade na medida em que foi uma proposta minha para aquele grupo de pessoas. Pouco à vontade porque não existia, a princípio, nenhuma razão grande ou heroica por detrás disso.

EM BUSCA DE UM ARTISTA-PESQUISADOR

O que havia era uma curiosidade e intuição de que o estudo da física newtoniana poderia nos trazer alguns elementos para pensar o trabalho corporal.

Como pessoalmente nutria um grande interesse pela área, tendo estudado com Maria Duschness, Klauss Viana e Denise Stoklos, sem falar, é claro, dos ecos que o teatro da "expressão corporal" dos anos de 1960 e 70 ainda impingiam à minha geração, sempre desejei realizar um estudo mais sistemático e teórico sobre o tema. Naquele momento, porém, o que se configurava como uma das primeiras abordagens científicas para se estudar a questão do movimento dos corpos era justamente os tratados da mecânica clássica. Parecia-me que deveríamos retomar essas teorias, não de maneira desconectada da realidade, em que tudo é transformado em fórmulas a serem memorizadas, tal como tínhamos aprendido no ensino médio, mas experimentadas na prática, estudadas em nossos próprios corpos.

Quando lancei essa ideia, ainda sem uma segura fundamentação ou lógica de defesa, ela encontrou ressonância nas atrizes Daniella e Lúcia, que também tinham grande interesse em pesquisa de movimento. E foi justamente delas que recebi o apoio mais entusiástico. Discutindo melhor tal proposta, nos demos conta de que muitas das teorias de Rudolf Laban[4] e de outros teóricos como Delsarte[5] ou Decroux[6] dialogavam com aquelas leis da física. Portanto, nada melhor do que ir às origens e refazer o percurso à luz de nossa própria experimentação. Não queríamos com isso "reinventar a roda", mas acreditávamos que antes de um mergulho nas teorias labanianas ou da mímica contemporânea – iniciativa que vislumbrávamos para um futuro próximo – deveríamos ir às fontes primeiras e fazer o *nosso* estudo delas.

Portanto, depois de repetidas discussões no âmbito da equipe de pesquisa, levantamos pelo menos duas indagações fundamentais: como o estudo da física poderia nos fornecer material para um melhor entendimento do movimento do ator e de que maneira seria possível transformar leis físicas e equações matemáticas em material expressivo e artístico? Suspeitávamos, apesar

4   *Domínio do Movimento.*
5   T. Shawn, *Every Little Movement.*
6   J. Dorcy, *A la rencontre da la mime et des mimes.*

de um enorme receio, que essa investigação poderia nos levar a descobertas estimulantes e a conclusões inesperadas.

Com a definição do problema e do questionamento adequado, sentimos que o ponto de partida em relação a uma pesquisa *de fato* estava estabelecido. Tínhamos consciência de que surgiriam muitas questões pela frente, mas parecia que estávamos minimamente instrumentados para o início de uma fase laboratorial e prática.

Outro ponto importante debatido pela equipe dizia respeito aos aquecimentos. Como iniciaríamos os trabalhos diariamente? Com quais técnicas, com que tipo de dinâmica? Parecia-nos que os aquecimentos deveriam trazer outros elementos à nossa investigação da física, além de nos ajudar na melhoria da condição corporal dos atores e no desenvolvimento de sua concentração e precisão. Após levantarmos e analisarmos várias possibilidades nos decidimos por três técnicas específicas:

- *Método Laban* – a mais pertinente das opções na medida em que vislumbrávamos uma pesquisa aprofundada das teorias de Rudolf Laban como passo seguinte à investigação da mecânica clássica. Além disso, o estudo analítico do movimento (a partir dos fatores *tempo*, *peso*, *espaço* e *fluência*) realizado por ele, tanto nos ajudaria a apurar nossa percepção corporal como nos confrontaria com uma fundamentação e uma nomenclatura mais atuais que a de Galileu e Newton. Para a coordenação desse trabalho convidamos Cibele Cavalcanti, estudiosa de Laban.

- *Improvisação de Contato (Contact Improvisation)* – técnica desenvolvida pelo americano Steve Paxton na década de 1970, que concretiza princípios de comunicação corporal por meio do toque. Ela trabalha, a partir da gravidade, as questões de quantidade de movimento (*momentum*), equilíbrio e desequilíbrio, gravidade e peso, em que, em geral, duas pessoas se movem ao mesmo tempo sem perder o contato uma com a outra. Pela relação direta que essa técnica estabelece com alguns princípios da física, além de seu enorme estímulo à consciência corporal, resolvemos considerar a sua adoção. Para tanto, decidimos assistir a uma aula de uma dançarina recém-chegada ao Brasil, após vários anos no exterior estudando *contact improvisation*. Seu nome é Tica Lemos, hoje uma referência nacional nessa técnica, e uma das fundadoras do Estúdio Nova Dança, em São Paulo. Ao final de sua aula, certos de que aquilo que vimos poderia ser muito útil à pesquisa que empreenderíamos, a convidamos para desenvolver o trabalho conosco.

◆ *Acrobacia* – técnica corporal de origem remota, surgida nos primórdios da civilização, requer um grau elevado de concentração, coordenação motora e precisão de movimento. Acreditávamos que tal treinamento poderia fomentar o desenvolvimento de um rigor e de uma disciplina corporais. Convidamos Maria Thaís para a coordenação do trabalho acrobático, pois, além de sua larga experiência nessa técnica, ela poderia também nos ajudar com alguns outros treinamentos corporais, cuja necessidade fosse surgindo ao longo dos ensaios (isso de fato aconteceu, Maria Thaís trabalhou ginástica egípcia, bioenergética e biomecânica meierholdiana, em determinadas fases de nossa pesquisa, ajudando-nos em pontos que precisávamos). Nela também poderíamos ter uma interlocutora de plantão, sempre que dúvidas mais graves em relação à pesquisa de movimento surgissem. Mais tarde, dentro do processo, quando ela não pôde continuar o trabalho, o treino de acrobacia foi desenvolvido por Marcelo Milan.

Além da equipe de pesquisa, que se responsabilizou por todos os itens apresentados até agora, foi criada também uma equipe temática, que cuidaria do levantamento, seleção e organização de todo o material teórico e literário relativo à mitologia sobre o Paraíso e a Queda. Pretendíamos, inicialmente, usar tais mitos como base temática à qual aplicaríamos, expressiva e artisticamente, a nossa pesquisa sobre a mecânica clássica.

Definimos que tal equipe seria composta por mim, Sérgio e Johana. Após as primeiras consultas em bibliotecas, leituras e discussões, chegamos a uma bibliografia básica inicial que todos os envolvidos deveriam ler durante os primeiros meses de ensaios práticos. Os títulos definidos foram:

◆ *Paraíso Perdido* – John Milton;
◆ *Paraíso Reconquistado* – John Milton;
◆ *Gênesis* – Bíblia;
◆ *Cântico dos Cânticos* – Bíblia;
◆ *O Trabalho e os Dias* – Hesíodo;

26   A GÊNESE DA VERTIGEM

- *Prometeu Acorrentado* – Ésquilo;
- *A Divina Comédia* – Dante;
- *A Humanidade e a Mãe-Terra* – Toynbee;
- *Mistério e Surgimento do Mundo* – Eudoro de Souza.

Evidentemente, não acreditávamos que todas as pessoas leriam o material inteiro, tanto pela quantidade de itens como pelo grau de dificuldade inerente a eles. Mas nossa pretensão fundamental era apenas definir algumas obras básicas para orientar a atenção do grupo. Apostávamos, ainda, num cruzamento de informações em sala de ensaio, a partir das opções de leitura feitas por cada um. E, no sentido de ampliação do horizonte teórico, decidimos também por uma bibliografia de apoio, de caráter suplementar e não obrigatório, que poderia servir como fonte de consulta esporádica durante os trabalhos. Os títulos definidos foram:

- *A Razão* – Gilles-Gaston Granger;
- *A Unidade Transcendente das Religiões* – Frithjof Schion;
- *A Filosofia de Aristóteles* – D. J. Allan;
- *Introdução à Psicologia do Destino* – Leopold Szondi;
- *Do Espiritual na Arte* – Kandinsky;
- *Esoterismo* – Luc Benoist.

A equipe temática também pretendia fazer oportunamente um levantamento e estudo das referências míticas existentes sobre as seguintes figuras ou conceitos: Satanás, Anjos, Céu/Inferno, Pecado e Morte. Mas, primeiro, deveríamos nos concentrar nas mitologias paradisíacas.

A função básica de tal equipe era, como no caso da equipe de pesquisa, coordenar todos os estudos teóricos, seminários, convites a palestrantes etc., relativos à Criação do Mundo e à Queda do Homem. Isso pode parecer, é claro, uma contradição em face daquele objetivo inicial, que era o da recusa à montagem de um espetáculo. E, de fato, era.

Pois, diante da extensão e do grau de profundidade do estudo proposto pela equipe temática, parece se tornar pouco convincente que usaríamos um tema mitológico *apenas* para aplicar nele os conceitos da física. Se fosse somente isso, por

EM BUSCA DE UM ARTISTA-PESQUISADOR 27

que razão criar uma equipe devotada a questões de conteúdo, com uma estatura semelhante à da equipe da mecânica clássica? A impressão que tenho hoje é que vislumbrávamos, sim, um futuro espetáculo, mas não queríamos falar a seu respeito, nem sermos pressionados por ele. A existência dessa equipe temática, com o rigor e a amplitude de sua ação, me comprova isso. Se quiséssemos apenas realizar uma pesquisa de movimento ou desenvolver um treinamento físico, poderíamos ter nos concentrado, única ou prioritariamente, nos conceitos de Galileu e Newton. Tal opção, sintomaticamente, não aconteceu.

Ainda durante o período de preparação dos ensaios práticos realizamos algumas atividades conjuntas, envolvendo todos os participantes, indistintamente da divisão em equipes. O trabalho efetuado dizia respeito ao fechamento do elenco e da equipe de eventuais colaboradores (escolha dos profissionais que prestariam algum tipo de apoio à pesquisa) e à organização de produção (conseguir uma sala de ensaio; adquirir equipamentos – cordas, colchões etc. – para as investigações da física; realizar fotocópia de textos e negociar com os profissionais selecionados).

Essa fase preparatória inicial foi realizada entre 18 de novembro de 1991 e 26 de janeiro de 1992, sempre às terças (10h00 às 13h00), quintas (14h00 às 18h00) e sábados (15h30 às 19h00). O início das atividades práticas se deu em 27 de janeiro de 1992.

Ao fim dessa primeira fase, nos sentíamos minimamente preparados para iniciar o momento mais aguardado: a experimentação dentro da sala de ensaio. Havíamos, para tanto, nos munido com um arsenal de princípios metodológicos de pesquisa. Parecia estarmos mais próximos daquele ideal do artista-pesquisador. Ao nos movermos nessa direção, uma frase de Heráclito funcionou como um guia ou um alerta:

"Se não esperar o inesperado não se descobrirá, sendo indescobrível e inacessível"[7].

---

7   *Os Pré-Socráticos*, fragmento 18, p. 81.

2. O Diálogo da Arte-Ciência

a mecânica clássica em cena

> *De toda a mecânica de Newton, as pessoas retêm que*
> *ela é o estudo da atração, ao passo que, para o próprio*
> *Newton, a atração é uma metáfora e não um fato.*
>
> GASTON BACHELARD, *A Formação*
> *do Espírito Científico*, p. 303

Pretendíamos, por meio do estudo teórico-prático dos conceitos da mecânica clássica, aprofundar nossos conhecimentos sobre o movimento do corpo humano e investigar os possíveis desdobramentos daqueles princípios no movimento expressivo do ator. Tanto nos interessava a análise mais científica do movimento em si como o diálogo das teorizações de Galileu e Newton com o campo da arte e, mais especificamente, do teatro. A pesquisa tinha, portanto, dois objetivos distintos.

Em função disso, resolvemos dividir ao meio cada jornada de ensaio: uma parte era dedicada ao estudo prático dos conceitos, de um ponto de vista mais analítico, parte essa que denominávamos *pesquisa científica*, e outra parte, em que lidaríamos com aquele material de forma menos restrita, utilizando-o como estímulo para improvisações e criações de cenas, a qual chamávamos de *pesquisa expressiva*.

Tal bipartição, após algum tempo de processo, revelou-se incapaz de traduzir o fenômeno que de fato sucedeu. Durante a pesquisa científica, por maior que fosse o desejo de verificar o conceito da física valendo-se de uma pretensa objetividade racional, os atores acabavam por se estimular criativamente. Eu mesmo, como diretor, várias vezes recolhi sequências coreográficas ou frases-de-movimento, além de inúmeros *insights* de cena, dessas investigações. Por outro lado, durante a chamada pesquisa expressiva, não foram poucos os depoimentos dos atores atestando uma melhor compreensão racional do conceito estudado, quando ele era colocado dentro de uma improvisação livre ou de uma situação de jogo. O estímulo da criação e a experiência lúdica eram também instrumentais para o conhecimento, o que relativizou o nosso didatismo dualista.

Porém antes de projetarmos as dinâmicas e exercícios específicos para cada um desses dois focos da pesquisa, era necessário relembrar os nossos estudos de física do ensino médio e aprofundarmo-nos neles. Depois disso, selecionaríamos os conceitos da cinemática e da dinâmica que julgássemos os mais fundamentais ou os mais potencialmente teatrais, esboçando, então, o mapa de nossas futuras investigações.

A mecânica é uma ciência que investiga o movimento e as forças que o provocam, criando, a partir disso, um conjunto de leis do movimento. Também é definida como a ciência das leis do equilíbrio e do movimento, pois opera tanto com sistemas estáticos – por exemplo, uma ponte – como com sistemas dinâmicos – como, por exemplo, um foguete. A mecânica clássica é tida como sinônimo da mecânica newtoniana, constituindo-se na aplicação das leis formuladas pelo cientista inglês Isaac Newton para os sistemas físicos em que seja possível desprezar os efeitos quânticos.

Aliás, talvez possa ser perguntado o porquê do nosso desinteresse pela física quântica naquele momento. Nesse período, por exemplo, Antunes Filho já falava de um ator ou de uma cena quântica, chegando mesmo a desenvolver uma prática de trabalho no seu Centro de Pesquisas Teatrais (CPT), a partir desses princípios da física moderna ou contemporânea. Confesso que tínhamos certa desconfiança de tais apropriações, não do próprio Antunes, mas de alguns egressos do CPT que faziam determinadas associações ou teorizações que nos pareciam imprecisas.

Por outro lado, nos parecia insatisfatório querer explorar os conceitos mais recentes da física sem ter realizado um estudo consistente dos princípios que os antecederam, os quais, dentro de uma determinada esfera da realidade, ainda continua-

O DIÁLOGO DA ARTE-CIÊNCIA

vam válidos. Em nosso horizonte de possibilidades constava o projeto de um estudo fundamentado da mecânica quântica, mas julgávamos que isso deveria se constituir numa segunda etapa da pesquisa, a ser efetivada a médio ou longo prazo. No entanto, esperávamos, no decorrer de nossa investigação, estabelecer conexões ou comparações entre as duas mecânicas.

É importante ressaltar que os interesses do grupo também abarcavam os escritos de Galileu Galilei, tão importantes para nós, em termos de leitura, discussão e experimentação, quanto aqueles de Newton. Além disso, definimos ainda que estudaríamos, mesmo que de forma menos sistemática, as noções e conceitos de movimento oriundos dos pré-socráticos e de Aristóteles.

Contudo, retornando à mecânica clássica, por ora o nosso foco central de investigação, decidimos que tentaríamos abarcar os conceitos de suas duas divisões principais, sem privilegiar uma ou outra. Tanto nos interessava o estudo descritivo do movimento, sem a remissão às suas causas (cinemática), como o estudo do movimento dos corpos a partir das forças que o produzem (dinâmica). Após um período de leitura e discussões, ainda durante a etapa de preparação dos ensaios práticos, chegamos a uma lista de tópicos a serem explorados em nossa pesquisa. São eles:

Cinemática:

ponto material	movimento circular uniformemente variado
espaço *versus* posição *versus* lugar	movimento pendular
espaço absoluto *versus* espaço relativo	movimento de translação *versus* movimento de rotação
tempo absoluto *versus* tempo relativo	
referencial e mudança de referencial (aproximação *versus* afastamento)	intensidade de movimento
	queda livre
movimento *versus* repouso	lançamento (vertical, horizontal e oblíquo)
trajetória	gravidade
sentido *versus* direção	resistência do ar
deslocamento	grandezas vetoriais
aceleração (média e instantânea)	vetores de movimento
movimento uniforme *versus* movimento variado	vetor posição
	deslocamento vetorial
movimento acelerado *versus* movimento retardado	velocidade vetorial
	aceleração vetorial
movimento uniformemente variado	deslocamento angular

movimento retilíneo *versus* movimento não retilíneo	velocidade angular
	aceleração angular
movimento no plano	período e frequência
movimento circular *versus* movimento curvo	rotações
movimento circular uniforme	eixo de rotação
movimento circular variado	aceleração centrípeta
	aceleração centrífuga
	aceleração tangencial

Dinâmica:

massa	densidade e pressão
peso	empuxo de Arquimedes
força	volume
equilíbrio estático *versus* equilíbrio dinâmico	energia
equilíbrio do ponto material *versus* equilíbrio dos corpos extensos	energia cinética *versus* energia potencial (gravitacional e elástica)
inércia	conservação da energia
interação de forças	trabalho
força elástica (força centrípeta *versus* força centrífuga)	quantidade de trabalho
	trabalho de uma força constante *versus* trabalho de uma força variável
deformações elásticas	
força de contato *versus* força de campo	trabalho motor
massa gravitacional e inercial	trabalho resistente
força-peso	trabalho do peso
força de compressão *versus* força de tração	estática de corpos rígidos
tensão de tração	potência (média e instantânea)
tração motora	rendimento
força normal	dinâmica impulsiva
forças de resistência (força viscosa; força de arrasto; resistências passivas)	impulso
	quantidade de movimento ("momentum")
atrito	conservação da quantidade de movimento
força de atrito de escorregamento	interações rápidas
leis do atrito de escorregamento	choques mecânicos e colisões
forças em trajetórias curvilíneas	choque com mudança de direção *versus* choque sem mudança de direção
força em referencial não inercial	
movimento combinado	choque frontal *versus* choque oblíquo
1ª lei de Newton (lei da inércia)	quantidade de movimento no choque
2ª lei de Newton (princípio fundamental)	energia no choque
3ª lei de Newton (lei da ação e reação)	tipos de choque
iminência de movimento	

Como se pode perceber, o número de pontos selecionados foi excessivo. Não dimensionávamos o tempo que cada um deles iria nos solicitar, nem que alguns tópicos demandariam uma investigação mais exaustiva e demorada do que outros. E nem

O DIÁLOGO DA ARTE-CIÊNCIA

mesmo ainda que os atores necessitariam de um tempo para a retomada de conceitos que lhes trouxessem mais dificuldade.

Além disso, não levávamos em conta que uma pesquisa em teatro, pela própria dinâmica coletiva que a caracteriza, requer uma delimitação em sua duração. Éramos jovens e, parafraseando Büchner, até podíamos perder algum tempo, sem, com isso, termos perdido a vida inteira. Porém, com certeza, não tínhamos a vida inteira para nos dedicar à mecânica clássica.

Nesse sentido, deveríamos ter sido mais seletivos na escolha dos conceitos a serem investigados. Infelizmente, só nos demos conta desse fato muitos meses depois de iniciado os ensaios práticos, com o cansaço já rondando e se instalando sorrateiramente na sala de trabalho. Acabamos, então, por suprimir pontos ou deixar de investigar vários outros, não porque fossem menos importantes ou teatralmente menos potentes, mas pela falta de fôlego de toda a equipe.

Contudo, em termos comparativos, houve um aspecto positivo em relação aos tópicos de metodologia científica apresentados no capítulo anterior – também eles numericamente excessivos – que foi, justamente, um aprofundamento conceitual maior. Lemos textos de fontes diversas, debatemos mais e, principalmente, convidamos uma física teórica para nos auxiliar no entendimento e na apropriação dos conceitos da mecânica. Seu nome é Andréia Bindel, e sua participação foi fundamental não só para nossa compreensão do jargão da física, como também para o estabelecimento de pontes com noções científicas mais contemporâneas. Por intermédio dela, por exemplo, entramos em contato com a crítica às limitações do universo newtoniano e à visão mecânica do mundo.

Quanto à metodologia da pesquisa, ela foi estruturada a partir das duas vertentes principais já apresentadas e por nós definidas como pesquisa científica e pesquisa expressiva. Cada parte foi contemplada com procedimentos metodológicos diferenciados, a saber:

Pesquisa Científica

- leitura do conceito;
- discussão e/ou esclarecimentos (se necessário);

- exploração individual do conceito no corpo, a partir dos princípios da *observação ativa*[1];
- exploração em dupla do conceito (se necessário);
- ampliação dessa exploração, utilizando materiais;
- realização de exercícios físicos, preexistentes ou adaptados, que pudessem materializar o conceito em questão, promovendo o aprofundamento de seu estudo;
- discussão, levantamento de dúvidas e posterior retomada do conceito (em geral, no dia seguinte);
- seminários teóricos realizados esporadicamente, preparando a todos para os conceitos seguintes, ou aprofundando outros, já vistos.

Pesquisa Expressiva

- *Jogos*: dinâmicas que pudessem trazer em si algum diálogo com o conceito científico estudado, permitindo uma relação mais lúdica com ele.
- *Improvisações livres*: momento em que os atores teriam mais liberdade para improvisar a partir do estímulo do conceito, procurando dialogar com ele pelo viés sensorial, emocional, imaginativo etc. Tais improvisações funcionariam também como ponte ou passagem entre a pesquisa científica e a expressiva (poderiam ser individuais, em dupla ou coletivas).
- *Pergunta/Resposta*: tipo de improvisação cuja matriz era Pina Bausch, realizada a partir de uma indagação relativa ao conceito estudado, à qual os atores tinham de responder cenicamente, à queima-roupa (em geral, feitas individualmente).
- *Improvisações expressivas*: visavam à criação de movimento expressivo, situações dramáticas ou fragmentos de cena a partir dos conceitos estudados (poderiam ser individuais, em dupla ou coletiva).
- *Elaboração de sequências de movimento*, partituras de ação ou cena, a partir do conceito científico estudado (poderiam ser individuais, em dupla ou coletiva).

---

1 Conforme descritos no capítulo anterior, p. 19-20.

O DIÁLOGO DA ARTE-CIÊNCIA

* *Workshops*: improvisações mais elaboradas (uma "quase--cena"), com um ou mais dias de preparação, e que estimulavam a visão individual de cada ator em relação ao conceito estudado, mesmo que incorporando outros atores no momento das apresentações.

Como pode ser visto, a ideia era realizar um percurso que fosse do polo mais abstrato ao mais concreto, partindo do estudo dos conceitos presentes nos tratados científicos até chegar ao movimento expressivo do corpo e à cena teatral propriamente dita. É importante lembrar também que pretendíamos utilizar, em todas as etapas da pesquisa, mesmo nas de cunho expressivas, os instrumentais do artista-pesquisador, vistos anteriormente. O objetivo era que esse instrumental nos desse o preparo técnico mínimo para o desenvolvimento de uma investigação científico--expressiva, ou para a instauração de um "estado de pesquisa". Assim, seria possível dispormos de alguns princípios básicos que nos orientariam durante o processo, constituindo-se numa referência comum à qual sempre nos remeteríamos.

Acreditávamos também que tais recursos metodológicos poderiam ajudar no apuro e no rigor de uma pesquisa corporal empreendida por um grupo de não bailarinos. Apesar do perfil do elenco se caracterizar por atores com bastante experiência – ou grande interesse – em trabalho de corpo, nenhum deles, com exceção de Lucienne, tinha tido uma formação profissional em dança. Não que isso fosse necessário, já que estávamos interessados no movimento expressivo do ator, mas, ao mesmo tempo, nos propúnhamos uma pesquisa cujos pré-requisitos de disciplina e rigor corporal eram mais comuns a bailarinos. Daí a suposição de que o treino da observação ativa e de outros procedimentos metodológicos afins pudesse auxiliar os atores naquele trabalho de investigação científica do movimento.

PRIMEIRA FASE DA PESQUISA
DA MECÂNICA CLÁSSICA

Essa etapa da pesquisa ocorreu por meio de ensaios diários de cinco horas de duração, cinco vezes por semana, de segunda a sexta-feira. O espaço físico deveria conter um piso de madeira, fundamental ao tipo de experimentação que realizaríamos, e também alguns equipamentos básicos, como tatames e colchonetes. Supúnhamos ainda que, para o estudo de alguns daqueles princípios, seriam necessários elementos específicos tais como cordas de diferentes tamanhos e espessuras (algumas delas penduradas no teto); trampolins; camas elásticas; estilingues; bolas etc. Além disso, vislumbrávamos a possibilidade de, eventualmente, desenvolver a pesquisa em um centro esportivo com piscina, uma academia de ginástica olímpica e um circo.

O local que conseguimos para dar início aos trabalhos práticos foi o Teatro-Escola Macunaíma[2]. Porém, o acordo foi de que ensaiássemos durante o período matutino, quando não havia aulas nem quaisquer outras atividades na escola. Como única opção disponível, aceitamos essa condição. Porém, sabíamos que além das outras dificuldades inerentes à pesquisa, agregaríamos mais uma: o acordar cedo. Os ensaios ocorreriam das 8h00 às 13h00, horário não muito comum e bem-vindo às pessoas de teatro. A nossa disciplina – e o desejo real de fazer o trabalho – ia definitivamente ser posta à prova.

Posteriormente, ainda durante o processo inicial, fomos desalojados de forma autoritária e arbitrária desse espaço, tendo que, em caráter emergencial, ensaiar na Oficina Cultural Mazzaroppi. Após esse período de turbulência, fomos acolhidos pelo Espaço Colmeia, onde levamos a cabo a segunda etapa da pesquisa da física.

Quanto ao planejamento dos ensaios, seria realizado tanto por mim, individualmente, como em reuniões semanais da equipe de pesquisa. A partir de breves avaliações diárias e de uma avaliação geral semanal, ambas efetuadas com a presença de todos os atores, pretendíamos, no foro menor da equipe de pesquisa, ir encaminhando e projetando os próximos passos de nossa investigação.

A fim de tornar mais compreensível o que foi exposto até agora, será apresentado um relato crítico do dia a dia dos ensaios. Tal relato, conforme já apontado, apresentou um problema

---

2 Em 1992, o Teatro-Escola Macunaíma situava-se na rua Barão de Limeira, em frente ao jornal *Folha de S. Paulo*.

O DIÁLOGO DA ARTE-CIÊNCIA

inicial: as anotações descritivas foram registradas de maneira mais organizada apenas durante o primeiro mês do processo. À medida que avançávamos na pesquisa, elas se tornaram menos rigorosas e mais esquemáticas. Acredito, no entanto, que será fácil perceber tais diferenças qualitativas no conjunto dos documentos.

Primeira Semana de Ensaio
(27 a 31/1 de 1992)

27/1/92 (segunda-feira)

- 8h00 – 10h00
  aquecimento: improvisação de contato (Tica Lemos);
- 10h00 – 10h40
  treino de observação ativa;
- 10h40 – 11h00
  jogo: cada dupla oferece um "presente" para o restante do grupo;
- 11h00 – 11h30
improvisação livre: criação de cinco situações em que você utiliza a física no seu cotidiano/apresentação das situações/explicação dos fenômenos;
- 11h30 – 12h00
pergunta/resposta: "o que ou que coisas você associa à mecânica?"
- 12h00 – 13h00
leitura e discussão sobre método e instrumentos de pesquisa (apostila).
(a ser preparado: trazer outras cinco situações da utilização da física no cotidiano, a partir de uma observação concreta a ser realizada por dois dias consecutivos, do momento em que você deixar a sala até o ensaio de quarta-feira)

Destacaria algumas anotações feitas no caderno de direção, pois elas podem ajudar na compreensão das atividades acima expostas.

Primeiramente, o trabalho de improvisação de contato, cujo desenvolvimento ocorreu da seguinte forma: apresentação da técnica; aquecimento a partir de elementos do *Ai Ki Do* (luta marcial oriental); rolamentos (côncavos e convexos); massagem (um rolando sobre o outro).

No *jogo*, em que cada dupla oferecia um "presente" ao restante do grupo, destaquei o trabalho da dupla Vanderlei/Lúcia. A proposta deles foi: levavam, a cada vez, duas pessoas para dentro da sala, com os olhos fechados e descreviam o ambiente para elas; depois, apresentavam os dois "cegos" um ao outro, eles se tocavam, se reconheciam e só então abriam os olhos.

Durante a improvisação livre das cinco situações da física no cotidiano, anotei as seguintes ações: fricção das mãos (calor); pente atraindo o cabelo (estática); a gota que escorre no braço (força gravitacional); uma pessoa levando empurrões no ônibus (choques); um homem tentando alcançar um fruto na árvore (gravidade).

28/1/92 (terça-feira)

* 8h00 – 10h00
aquecimento: improvisação de contato (Tica Lemos);
* 10h00 – 10h30
treino de observação ativa;
* 10h30 – 11h00
improvisação livre: a partir do tema "a essência do movimento";
* 11h00 – 11h30
i. pesquisa de movimento: o movimento natural *versus* o movimento violento (conceitos da física de Aristóteles);
* 11h30 – 12h00
ii. pesquisa de movimento: o movimento cômico e o movimento dramático;
* 12h00 – 13h00
discussão sobre métodos pessoais de pesquisa.

Chamaria a atenção para alguns pontos do planejamento desse dia. Primeiramente, o quanto o aquecimento ocupava do tempo geral de ensaio (duas horas em um total de cinco). É claro que estávamos na primeira semana de trabalho, tomando contato com uma técnica nova, porém, tal situação não ocorreu apenas nesse período. Após algumas semanas de ensaio nos demos conta do problema e tentamos diminuir a duração dos aquecimentos, além de nos tornarmos mais rigorosos quanto ao seu início e término.

Afora isso, as improvisações ainda não estavam divididas segundo a abordagem de *pesquisa científica* e *pesquisa expressiva*. No entanto, iniciávamos uma investigação sobre o movimento

O DIÁLOGO DA ARTE-CIÊNCIA

a partir de uma perspectiva eminentemente *subjetiva*: o que era a "essência do movimento" para cada um. Essa prática de recorrer à experiência pessoal, à visão particular, à memória (muscular, sensorial e emocional) e à história de cada ator, partindo-se da subjetividade para se chegar à conceituação de algo mais amplo e geral, iria converter-se numa característica do trabalho de criação no Teatro da Vertigem. Denominamos essa perspectiva ou princípio de *depoimento pessoal*. É curioso vê-la surgir aqui, embrionariamente, já no segundo dia de ensaio.

Pode-se perceber ainda que as primeiras noções de movimento que começávamos a pesquisar vinham dos filósofos pré-socráticos e de Aristóteles, cujas formulações são de caráter menos matemático, se comparadas às de Galileu e Newton. Por isso, não fazia sentido, diante de conceitos às vezes quase poéticos, cobrar rigor científico e analítico em sua exploração.

Na *física* de Aristóteles, por exemplo, no capítulo "Da Geração e da Corrupção das Coisas", o filósofo parte da afirmação de que o fundamento do mundo é o movimento, para então classificá-lo em *movimentos naturais* (os que acontecem sem a intervenção dos seres humanos) e *movimentos violentos* (os que são produzidos pela ação do homem). No confronto dessa definição com a perspectiva pessoal de cada ator, demos início à nossa discussão sobre a natureza do movimento.

A ideia de remetermo-nos à filosofia grega vinha do desejo de estudarmos conceituações ainda mais antigas sobre a questão do movimento. Era como se quiséssemos recuperar os primeiros pensamentos formulados a esse respeito. Em consonância com nossa temática mitológica, buscávamos a origem da reflexão sobre o movimento. Por outro lado, tais fundamentos filosóficos poderiam funcionar como uma espécie de "aquecimento intelectual" do grupo às fórmulas e equações do método científico newtoniano.

Fomos também a dicionários e enciclopédias no intuito de expandir aquelas primeiras noções com as quais nos deparamos. Entre os conceitos por nós selecionados estavam:

mover [do lat. movere] = fazer sair do lugar, deslocar, mexer, agitar-se; mobilizar; dar movimento, vida, animação, desenvolvimento a; animar; revolver (no espírito); perturbar, inspirar, transportar,

40 A GÊNESE DA VERTIGEM

encolerizar; abalar, transgredir, infringir; impressionar, causar impressão (no corpo ou no espírito); comover; excitar, provocar[3].

O vocábulo *motus* também apresentava várias acepções, todas elas muito potentes de significado:

- movimento físico;
- movimento de alma; sentimento; comoção; paixão; perturbação;
- desvario;
- entusiasmo, inspiração divina;
- motim, perturbação, sedição.

E quando, finalmente, nos defrontamos com a pequena "fórmula matemática", de que *emoção = ato de mover*, percebemos que as chances daquele estudo, que então iniciávamos, nos levar de volta ao teatro eram grandes. Pois, segundo tal definição, o movimento não trazia em si apenas um componente físico ou anatômico, mas também emocional. E mais do que isso, já que, segundo ela, emoção *é* movimento. A conjugação desses dois polos apontava, para nós, a possibilidade de uma futura conformação teatral.

Relato, a seguir, algumas observações das primeiras impressões dos atores sobre o *movimento*, realizadas a partir das improvisações iniciais:

"A necessidade gera o movimento" (Evandro); "A vontade gera o movimento" (Lúcia); "A necessidade gera o movimento, sim, mas a decisão coloca energia no movimento" (Daniella). Existem ainda outras observações, mas sem a discriminação de seus autores. São elas: "Os sentidos, os cinco sentidos, geram o movimento"; "Os movimentos geram prazer"; "Para se movimentar você estabelece pontos de referência"; "O movimento gera a necessidade de criar relações, e vice-versa"; "Tive a impressão de que o movimento puro é aquele em que você reage imediatamente ao estímulo, sem passar pela cabeça"; "O movimento cíclico, repetitivo te leva a outro estado"; "Tive a sensação do movimento como um meio de subir, ascender, chegar ao céu". Houve ainda a sugestão de que pesquisássemos o "movimento irracional", e a diferenciação entre movimento voluntário e movimento involuntário.

---

3 Não aparecem especificadas, no caderno de direção, as diferentes fontes bibliográficas consultadas.

O DIÁLOGO DA ARTE-CIÊNCIA

Também tenho anotado as primeiras observações dos atores em relação a seus "métodos" pessoais de pesquisa[4]:

- Vanderlei: parte em geral de uma ideia, buscando depois uma transgressão dela, mas ainda sem descartá-la de todo;
- Evandro: parte de um fato; sente que a observação leva a uma imagem que, por sua vez, leva ao movimento;
- Lucienne: parte do estereótipo, depois inverte a experiência, experimenta, e aí, conclui; gosta também de trabalhar com a transformação dos opostos;
- Johana: parte de uma ideia para chegar à experiência; tende a se observar de fora, e não se permite, racionalmente, realizar todas as experiências que gostaria;
- Marcos: parte de uma ideia, de uma forma. Aí, abandona o tema da pesquisa, dá vazão ao seu eu, aos seus sentimentos, e só então classifica. O ouvir o seu "eu interno" gera a movimentação; só depois vem a classificação. Acredita que a repetição ou a manutenção da experiência pode modificar a própria experiência;
- Lúcia: parte de uma ideia ou de uma imagem e só então se coloca em situação de experiência. Vivencia primeiro, depois classifica. Aproveita também os movimentos dos outros como estímulo. O movimento leva à sensação e a sensação prova – ou não – aquela ideia ou imagem inicial;
- Daniella: evita a ideia, nega a ideia; trabalha com a experiência e, a partir dela, chega às definições. Precisa de muito tempo de improvisação para pesquisar. Busca a espontaneidade.

Também comecei, nesse dia, a fazer as primeiras observações sobre o trabalho dos atores, no sentido de determinar pontos que precisariam ser mais desenvolvidos com e por eles. Identifiquei algumas de suas dificuldades e "muletas", procurando perceber os limites de cada um, a fim de tentar expandi-los. As anotações foram assim registradas:

"O Marcos está muito racional. Tem de trabalhar mais com fluxo contínuo nas improvisações (está muito *stacatto*)"; "A Johana está sempre trabalhando o pesado, o desequilibrado, o curvo. Precisa investir em outras dinâmicas".

---

4   Os grifos são meus, de 1992, conforme estão registrados no próprio caderno de direção. Assim sucederá, a partir de agora, em relação a todos os grifos de *material documental e descritivo*, presentes neste capítulo.

42 A GÊNESE DA VERTIGEM

29/1/92 (quarta-feira)

◆ 8h30 – 11h30
aquecimento: método laban (Cibele);
◆ 11h30 – 12h30
apresentação das cinco situações sobre a utilização da física no cotidiano, trazidas "de casa";
◆ 12h30 – 13h30
discussão.
(A ser preparado: cada ator deve trazer um "presente" pessoal em forma cênica para todo o grupo, na sexta-feira, dia de encerramento da primeira semana de trabalho)

Como Cibele não poderia nos acompanhar durante muito tempo nesse processo, ela propôs concentrar o seu trabalho apenas na fase inicial da pesquisa, o que implicou que o método laban tivesse duração maior que o dos outros aquecimentos, por dia de ensaio. Nesse primeiro encontro ela desenvolveu conosco os seguintes itens:

◆ movimento ativo e passivo;
◆ força–peso;
◆ movimentos fortes e fracos;
◆ tempo e ritmo (tempo ≠ ritmo).

Quanto às cinco situações da física no cotidiano, destaquei:

◆ as pálpebras se fecham pela ação da gravidade;
◆ o cochilo (com a cabeça caindo, pendendo) é determinado também pela ação da gravidade;
◆ esfregar o rosto provoca deformação elástica.

Na discussão surgiram algumas dúvidas conceituais que necessitariam ser esclarecidas, tais como a diferenciação entre estar em *repouso* e estar *parado*; o significado de energia potencial; e um entendimento melhor sobre o que caracteriza a queda livre.

30/1/92 (quinta-feira)

◆ 8h00 – 11h30
aquecimento: método laban (Cibele);

O DIÁLOGO DA ARTE-CIÊNCIA

- 11h30 – 12h30

seminário: as primeiras concepções ou noções sobre o movimento (Marcos);

- 12h30 – 13h00

discussão.

O trabalho com Cibele continuou intensivamente, através da prática de alguns dos conceitos-chave da teoria labaniana:

- movimentos lentos e rápidos;
- combinação de movimentos: forte–lento/forte–rápido/fraco–lento/fraco–rápido (percebendo que tais combinações levam à criação de clima);
- os fatores do movimento: 1. força-peso; 2. tempo; 3. espaço; 4. fluência;
- as relações força/intenção; tempo/decisão; espaço/atenção; fluência/controlada ou liberada (também chamada de livre);
- as dinâmicas do movimento: socar; chicotear; flutuar; sacudir; pressionar; torcer; deslizar; pontuar (ou brilhar); [na terminologia americana, o *flutuar* e o *deslizar* referem-se à *suspensão*, enquanto o *pontuar* e o *sacudir* relacionam-se à *vibração*];
- quando se trabalha com o fator espaço, deve-se perceber que o movimento pode ser flexível (curvo) ou direto.

31/1/92 (sexta-feira)

- 8h00 – 10h00

aquecimento: ginástica egípcia (Maria Thaís);

- 10h00 – 11h00

workshops: apresentação dos "presentes" pessoais pedidos na 4ª feira;

- 11h00 – 12h00

seminário: a história da física (Vanderlei e Mônica);

- 12h00 – 13h00

avaliação geral da semana.

A avaliação feita por todo o grupo se concentrou, sintomaticamente, no trabalho de aquecimento, travando-se uma longa discussão sobre as técnicas que haviam sido aprendidas naquela semana e de quão estimulantes elas eram; além, é claro, de apontar a qualidade das profissionais que vieram trabalhar com o grupo e de como os aquecimentos poderiam, de fato, contribuir para a pesquisa da física. De maneira geral, as impressões foram bastante positivas.

Como se pode perceber, essa semana teve um caráter introdutório, possibilitando a pessoas que nunca trabalharam juntas começarem a se conhecer. Como já mencionado, os aquecimentos ocuparam uma parte bastante extensa dos ensaios, e a pesquisa da física apenas esboçou os seus primeiros passos. Talvez os ensaios devessem ter sido conduzidos de forma a aproximá-los mais do nosso foco central de pesquisa. Às vezes, temos o péssimo hábito de dar voltas e rodear um assunto, em vez de ir ao cerne da questão. Por outro lado, seria apropriado forçar em demasia o ritmo de trabalho numa primeira semana de ensaio, tendo em vista a dificuldade e aridez do tema de investigação? Parece-me que a equipe de pesquisa se decidiu por uma introdução mais branda e suave, ainda que um pouco distanciada de nosso problema principal.

Aliás, na reunião de coordenação efetuada após o ensaio, houve uma avaliação igualmente positiva da semana inicial. Fizemos a divisão de leituras para o fim de semana (textos de Bacon, Heráclito e Aristóteles) e preparamos o cronograma da semana seguinte (levantamento e estudo dos conceitos a serem explorados; preparação dos exercícios práticos; e incorporação de sugestões da avaliação dos atores). Tínhamos dado o passo inicial e, qual Adão, começávamos a nomear as coisas à nossa volta.

Segunda Semana de Ensaio
(3 a 7/2 de 1992)

3/2/92 (segunda-feira)

♦ 8h00 – 11h00
aquecimento: método laban (Cibele);
♦ 11h00 – 12h30
leitura e discussão sobre mecânica clássica – cinemática e dinâmica
    (apostila);
♦ 12h30 – 13h00
reunião de produção.

O estudo das teorias labanianas teve continuidade a partir da prática dos seguintes princípios:

Fluência: controlada e liberada (esta pressupõe atitude mais passiva em relação à gravidade).
Movimentos leves (levam para cima) e movimentos pesados (levam para baixo).
Trabalho com as dinâmicas do movimento, associando um som a cada uma delas.

Um dos exercícios realizados e que viria a ser retomado algumas vezes durante o processo, mesmo fora do contexto labaniano, visando ao estudo de determinados pontos da física foi:

- A empurra B; B vai (na direção em que foi empurrado por A);
- A empurra B; A e B vão (na direção empurrada por A);
- A puxa B; B vai (na direção em que foi puxado por A);
- A puxa B; A e B vão (na direção puxada por A);
- A puxa B numa direção e, quase que imediatamente, A empurra B para outra direção; B vai;
- A vai empurrando o corpo de B de um lado para o outro junto às paredes da sala;
- Inversão dos papéis entre A e B.

4/2/92 (terça-feira)

- 8h00 – 10h00
  aquecimento: improvisação de contato (Tica Lemos);
- 10h00 – 11h00
  treino de observação ativa;
- 11h00 – 11h30
  discussão e divisão dos seminários;
- 11h30 – 13h00
  seminário: A física de Aristóteles – parte I (Sérgio).

O trabalho de improvisação de contato deu continuidade ao estudo dos rolamentos côncavos e convexos e dos rolamentos em duplas.

O treino de observação ativa teve como ponto de partida os seguintes direcionamentos: colocar-se em estado de movimento e movimentar-se a partir das necessidades.

46 A GÊNESE DA VERTIGEM

Na discussão foi apresentado o problema da "dificuldade do ator ser, nesse trabalho, ao mesmo tempo, o pesquisador e o objeto da pesquisa". Foram feitas também sugestões de temas para um possível estudo prático ao longo do processo:

Tensão/relaxamento; dilatação/contração; movimentos prazerosos e desagradáveis (ou movimentos confortáveis e desconfortáveis); movimentos habituais e não habituais; movimentos do passado e do presente; movimentos harmônicos e desarmônicos; movimentos côncavos e convexos; movimentos mecânicos e espontâneos.

A equipe de pesquisa apresentou a proposta do conjunto de seminários a serem efetuados ao longo do processo de ensaio, deixando a cargo de cada ator a escolha do(s) tema(s) que mais lhes aprouvessem. Após a apresentação e discussão dos tópicos, o quadro final ficou assim estabelecido:

- As primeiras concepções ou noções sobre o movimento (Marcos).
- A história da física (Vanderlei e Mônica).
- *Física*, de Aristóteles (Sérgio).
- A mecânica clássica (Johana e Mônica).
- Galileu Galilei: vida e obra (Evandro e Marcos).
- *O Ensaiador*, de Galileu Galilei (Vanderlei).
- Diálogo sobre os dois máximos sistemas do mundo, de Galileu Galilei (Evandro e Mônica).
- *As Duas Novas Ciências*, de Galileu Galilei (Johana e Marcos).
- *Ciência e Fé*, de Galileu Galilei (Vanderlei e Lucienne).
- Leitura e discussão de *A Vida de Galileu*, de B. Brecht.
- Texto "Galileu e a Nova Concepção da Natureza"[5] (Marcos).
- Isaac Newton: vida e obra (Johana e Evandro).
- Princípios matemáticos da filosofia natural, de Isaac Newton (Daniella).
- *Óptica*, de Isaac Newton (Lucienne e Mônica).
- O peso e o equilíbrio dos fluidos, de Isaac Newton (Vanderlei).
- Textos religiosos de Isaac Newton (Antônio e Lucienne).
- Texto "Isaac Newton e a Criação da Mecânica"[6] (Mônica).
- A mecânica quântica (Johana).
- A teoria da relatividade (Daniella).

5 J. T. Desanti, Galileu e a Nova Concepção da Natureza, em F. Châtelet (org.), *História da Filosofia*.
6 M. Schenberg, Isaac Newton e a Criação da Mecânica, *Pensando a Física*.

O DIÁLOGO DA ARTE-CIÊNCIA

A equipe de pesquisa se propôs também a tentar encontrar e ler quatro outras obras que julgava pudessem trazer subsídios teóricos importantes ao trabalho:

Do Movimento, de Galileu Galilei;
A Linguagem do Espaço e do Tempo, de H. M. Lacey;
Méditations sur le movement, de Louis Jacot;
Evolucción Histórica del Concepto de Movimiento, de L. Lange.

Ficou decidido ainda que faríamos o levantamento de filmes e vídeos que pudessem eventualmente contribuir para a pesquisa.

Analisando a lista acima percebe-se que, também aqui, nos seminários e estudos teóricos, apareceu aquela ambição desmesurada já citada anteriormente. Da mesma forma que sucedeu na escolha dos conceitos da mecânica clássica a serem investigados, de novo incorremos no excesso de tópicos e leituras.

Contudo, do que é possível aferir dos registros encontrados nos cadernos de direção, pode-se afirmar que quase todos os seminários se realizaram de fato. Alguns, no entanto, denotaram enorme superficialidade. É óbvio que lidávamos com textos de difícil leitura – o que por si só já exigiria um estudo mais atencioso –, mas a realização de uma quantidade tão numerosa de seminários contribuiu muito para a ineficácia ou a falta de aprofundamento notada.

5/2/92 (quarta-feira)

- 8h00 – 10h00
aquecimento: ginástica egípcia (Maria Thaís);
- 10h00 – 10h40
pesquisa de movimento (retomada): movimento natural *versus* movimento violento;
- 10h40 – 11h00
apresentação de frases-de-movimento a partir da pesquisa realizada;
- 11h00 – 11h30
discussão;
- 11h30 – 12h00
leitura de trechos de textos sobre método e instrumentais do pesquisador;

◆ 12h00 – 13h00
seminário: A física de Aristóteles - parte 2 (Sérgio).

O trabalho realizado por Maria Thaís agregou elementos de ginástica egípcia com exercícios de bioenergética e acrobacia (sequência de paradas de mão). Desenvolveu também a seguinte dinâmica de ritmo e sonoridade: com os atores em pé, num círculo, vai-se "lançando" batidas de palmas ora num sentido do círculo, ora noutro, de uma pessoa a outra que estivesse num ponto diferente do círculo. Depois, a cada palma emite-se um som.

A retomada dos conceitos aristotélicos de movimento natural e movimento violento foi de grande importância. Pudemos extrair algumas conclusões ou impressões, tanto da pesquisa de movimento em si quanto da posterior discussão: o movimento natural pôde ser observado nos movimentos largados, no movimento residual (por nós definido como aquele presente na epilepsia, no soltar brusco das articulações, no tensionar ao máximo uma parte do corpo para depois soltá-la), na posição de perna levantada até ela começar a tremer, nas quedas "entregues" ao chão (quedas sem resistência) e, por fim, nas pálpebras que se fecham pelo sono. Portanto, o movimento natural estaria presente no:

◆ abandono à gravidade;
◆ na respiração e na batida do coração;
◆ no resíduo de movimento;
◆ na tensão máxima e posterior relaxamento (ex.: puxar os dedos da mão para trás ao máximo e, então, largá-los);
◆ na vibração muscular provocada pelo cansaço físico.

Foi ponderado também que o movimento natural pode surgir ou ser provocado por um movimento violento, como no caso dos movimentos residuais. Essa discussão se desdobrou numa polêmica sobre a diferenciação entre "movimento natural e movimento violento" *versus* "movimento voluntário e movimento involuntário". Percebemos que tal distinção ainda se encontrava confusa e resolvemos investigar melhor também a questão do ato reflexo.

O DIÁLOGO DA ARTE-CIÊNCIA

Levantou-se ainda qual seria o tônus mínimo ou o nível mínimo de energia necessário para a realização de uma pesquisa de movimento. Essa foi uma discussão que seria retomada ainda várias vezes durante o processo de ensaio. Debateu-se também o problema da quantidade ideal de tempo para a realização de uma investigação dessa natureza. Pois a pesquisa em si parecia realizar-se como uma curva (observação/experimentação/descobertas/conclusão/esgotamento), fato esse que abriu o questionamento se, por exemplo, quarenta minutos seria o tempo recomendável para a efetivação dessa curva de pesquisa.

6/2/92 (quinta-feira)

◆ 8h00 – 11h00
aquecimento: método laban (Cibele);
◆ 11h00 – 11h40
pesquisa científica: massa específica ou volumar;
◆ 11h40 – 12h00
discussão;
◆ 12h00 – 13h00
seminário: A mecânica clássica - parte 1 (Johana e Mônica).

Cibele deu continuidade ao seu trabalho da seguinte maneira:

◆ trabalho de consciência corporal focado no quadril e bacia;
◆ realização de sequência de saltos, explorando as dinâmicas de movimento vistas anteriormente;
◆ aprofundamento de duas dinâmicas escolhidas: deslizar e chicotear (individual e em dupla). Propôs o seguinte exercício: A encontra-se em movimento de deslizar; B está parado. A, por meio de um chicotear, "passa a bola" do movimento para B. A para e B, então, começa o movimento de deslizar. E assim, sucessivamente, eles vão se revezando.

A pesquisa científica de *massa* realizou-se na seguinte sequência:

◆ leitura do conceito (massa = quantidade de matéria);
◆ identificação individual da própria massa, percebendo o seu volume e densidade (= consistência);

50 A GÊNESE DA VERTIGEM

- exploração individual do conceito: cada ator deveria "esculpir" um outro corpo a partir do seu próprio (importante: "esculpir" com todas as partes do corpo e não apenas com as mãos; tentar ampliar ou reduzir o seu volume e modificar a sua densidade);
- identificação ou mapeamento da massa do outro;
- exploração em dupla do conceito: cada ator deveria "esculpir" um outro corpo no corpo de seu parceiro. A permanece parado; B esculpe. Depois, invertem-se os papéis (importante: não cair na tentação de fazer formas, mas sim agir sobre a matéria do outro e modificá-la);
- exploração coletiva do conceito (I): todos os atores se dirigem ao centro da sala e formam um grande bloco de matéria ou massa. Duas pessoas, por vez, saem e esculpem esse bloco;
- exploração coletiva do conceito (II): todos juntos fazem com que esse bloco de pessoas se concentre ao máximo (densidade máxima, volume mínimo), e depois se expanda ao máximo (densidade mínima, volume máximo).

A discussão travada após a realização desse trabalho investigatório, o primeiro realizado na perspectiva por nós denominada de pesquisa científica, levantou os seguintes problemas:

- dificuldade em separar as percepções de peso e massa;
- dificuldade em trabalhar com o foco na ação sobre a matéria do outro e não na criação de formas a partir do corpo do outro;
- dificuldade na percepção diferenciada dos conceitos de *área* e *volume* (dificuldade em perceber o que é realmente o conceito de volume);
- dificuldade em identificar ou entender o que é de fato a noção de *densidade*;
- necessidade de estabelecer uma relação entre densidade e volume.

7/2/92 (sexta-feira)

- 8h00 – 10h00
aquecimento: ginástica egípcia (Maria Thaís);
- 10h00 – 11h30
pesquisa científica: massa específica ou volumar (continuação);
- 11h30 – 12h15
discussão;
- 12h15 – 13h00
avaliação geral da semana.

O DIÁLOGO DA ARTE-CIÊNCIA

No âmbito do trabalho desenvolvido por Maria Thaís, foi destacado um exercício que poderia ser útil mais à frente em nossas pesquisas. Ele se constituía de uma improvisação livre de movimento, trabalhando as seguintes oposições:

♦ máxima energia com o mínimo de movimento;
♦ mínima energia com o máximo de movimento.

A continuação da pesquisa sobre *massa* deu-se numa perspectiva bastante associada ao trabalho de consciência corporal. As dinâmicas propostas, sempre que possível realizadas com os olhos fechados, foram as seguintes:

♦ exercício de percepção de *volume*: associar formas geométricas (cilindros, esferas, cones etc.) às partes do corpo (importante: em pesquisa de volume, a pele é o limite);
♦ procurar aumentar os volumes do corpo;
♦ exercício de percepção de *densidade*: verificar as áreas mais duras e mais moles do corpo;
♦ verificar a(s) densidade(s) da pele (textura);
♦ verificar a densidade das partes sob a pele (músculos, órgãos, ossos etc.);
♦ procurar modificar essas densidades (por exemplo, "jogando", "enviando" *ar* até elas);
♦ perceber a relação entre *volume* e *densidade*: aumento de volume implica diminuição de densidade e diminuição de volume implica aumento de densidade;
♦ (em dupla) A parado; B pesquisa, depois se invertem os papéis: a pessoa deve comparar o seu volume com o volume do outro; depois, comparar as suas densidades com as densidades do outro (importante: onde a densidade do outro é diferente da sua?);
♦ (em dupla) tentar modificar os volumes e as densidades do outro;
♦ (ainda em dupla, mas com troca de parceiro) realizar um trabalho de associação de massas: a pessoa deve perceber a ampliação da sua massa em função da massa do outro que se soma à sua (palavras-chave de comando do exercício: aderir ao outro!; penetrar no outro!).

Na discussão que se seguiu após o trabalho, foram trazidas algumas percepções ou impressões: o aumento do volume pode ser conseguido, por exemplo, abrindo-se as narinas ou aumentando o pescoço, através de um bocejo que "abra a garganta";

foi percebida também uma relação entre capacidade de movimento (elasticidade) e densidade, na medida em que as partes do corpo com maior mobilidade são aquelas que têm a menor densidade (e vice-versa); foi observado ainda que, no corpo, as partes para dentro (côncavas) são menos densas do que as partes para fora (convexas), aparentemente por uma razão de proteção. Por fim, falou-se da diferença de qualidade entre tato (mais periférico e superficial) e contato (mais profundo e relacional). Por esse último comentário, pode-se perceber o quanto a técnica de Tica Lemos se relacionava com a pesquisa que empreendíamos.

Na avaliação geral da semana, os atores deram os seguintes depoimentos:

"Existência de temas mais difíceis e mais fáceis"; "trabalho muito difícil"; "sensação de estar deixando um repertório antigo, se esvaziando, para receber um novo"; "não consigo ainda integrar todos os trabalhos que vêm sendo feitos"; "a pesquisa da física é muito árdua"; "impressão de que o trabalho está desintegrado, faltando relação entre: corpo/pesquisa/seminários"; "falta usar sons, falta trabalhar em outros ambientes"; "tenho dúvidas de como será a expressão teatral desse material".

Houve também a discussão sobre como o *comando* (indicação vocal por parte do diretor) poderia ser dado durante a pesquisa em andamento. Os atores também levantaram o problema de como estimular mais rapidamente a investigação prática, pois tinham a impressão de que o tônus começava muito baixo no início das improvisações, só melhorando após transcorridos alguns minutos. Discutimos ainda o problema dos atrasos e a definição da equipe de limpeza do espaço. Ao final, foi sugerido que deveríamos usar outros estímulos (música, objetos etc.).

Tínhamos finalmente começado a investigação da mecânica clássica. Tal início, além de concretizar alguns de nossos temores, já apontava uma das maiores fragilidades do processo como um todo: a integração das diferentes partes do trabalho. Pelo depoimento dos atores é perceptível a aridez do material estudado e parece-me que a discussão sobre o baixo tônus no início das improvisações, claro sinal de dificuldade de entrega,

O DIÁLOGO DA ARTE-CIÊNCIA

estabelece uma relação direta com isso. Recordo-me, contudo, que a equipe de pesquisa estava muito atenta a tais dificuldades e reclamações, característica que se manteve ao longo do processo. Tentava-se, no limite, sempre acatar as sugestões dos atores de como encontrar maneiras de "facilitar" a exploração dos conceitos da física.

Porém, o que nos escapava naquele momento – e devo creditar isso, principalmente, à minha pouca maturidade enquanto diretor – era a preocupação constante em ligar todas as vertentes que estavam sendo pesquisadas. Por exemplo, teria sido necessário integrar melhor os aquecimentos com a pesquisa da mecânica clássica, explicitando as conexões ou estimulando-as. É claro que percebíamos muitas pontes, e o diálogo acabou se estabelecendo ainda que de forma inconsciente ou sub-reptícia.

Contudo, essa integração poderia ter se dado de forma mais efetiva. Muitas vezes, por exemplo, parecia que os aquecimentos funcionavam mais como curso de reciclagem ou como complementação da formação dos atores. Era como se aquelas técnicas não se constituíssem em instrumento indispensável à realização da pesquisa. Também elas – como em outras escolhas do grupo já apontadas – pareciam numericamente excessivas: três técnicas distintas para o aquecimento, coordenadas por três profissionais especialmente convidados.

Talvez essa opção fosse influenciada por uma visão ou desejo tecnicista, presentes no teatro brasileiro nas últimas décadas do século xx, especialmente nos anos 80 e 90. Como não se lembrar da profusão de cursos e oficinas anunciando as técnicas mais mirabolantes, característica da cultura teatral daquele momento? O bom ator era visto como aquele capaz de dominar uma série múltipla de habilidades e métodos, da *Commedia dell'Arte* ao Butô, passando pelo *Clown* e pelo *Kathakali*, ainda que o que ele fosse fazer com aquilo, nem ele mesmo soubesse. Esse ator-executor, virtuose, multitécnico foi o modelo que abandonaríamos em prol de um ator-autor, criador, pensador. Contudo, naquele momento inicial do processo, ainda ecoávamos a influência da época.

Outro sinal da pouca articulação dos elementos durante os ensaios aparecia na relação teoria/prática. É óbvio que nossas leituras e seminários apresentavam uma relação direta com o objeto da pesquisa. Mas a existência de períodos bem demarcados ao longo do dia de ensaio, um destinado à experimentação e outro à reflexão ou estudo, parecia apontar para um esquema segmentado demais. Talvez as intercomunicações entre pensamento e práxis, entre seminários e improvisações, pudessem ter ocorrido de forma mais fluida.

Ao longo do processo outras manifestações de desintegração ocorreram, mas trataremos delas na ordem em que foram surgindo. Por ora, é perceptível que aquele estado paradisíaco da semana anterior começava a apresentar algumas pequenas fraturas. Tínhamos dado a primeira mordida no fruto e, desde então, já vislumbrávamos a nossa Queda.

Terceira Semana de Ensaio
(10 a 14/2 de 1992)

A partir dessa semana não aparecem mais registros de horário no período de ensaio. Talvez por ser pouco eficiente a delimitação de marcadores rígidos para o início e fim de determinada improvisação ou discussão, talvez por tais horários já se encontrarem minimamente internalizados, o fato é que não há mais anotações nos cadernos de direção desse mapeamento das durações.

De maneira geral, os aquecimentos duravam duas horas (mas à medida que o trabalho foi transcorrendo, eles diminuíram para uma hora e meia, chegando a uma hora de duração), a pesquisa científica e a pesquisa expressiva dispunham de uma hora cada, e os seminários e discussões duravam, em média, uma hora também.

10/2/92 (segunda-feira)

- ◆ aquecimento: improvisação de contato (Tica Lemos);
- ◆ pesquisa científica: massa inercial (parte 1);
- ◆ discussão;
- ◆ seminário: A mecânica clássica (conclusão).

O trabalho de Tica Lemos teve o seguinte desenvolvimento:

- ◆ rolamentos;

O DIÁLOGO DA ARTE-CIÊNCIA

- ◆ contato com o chão: encostar, pressionar no chão todas as partes do corpo, como se você estivesse massageando o chão;
- ◆ exercício básico em cinco fases para a improvisação de contato (em dupla):
- ◆ posição inicial: A fica parado numa pose fixa durante quatro fases enquanto B realiza o trabalho (depois invertem-se os papéis)
  - 1ª B experimenta cinco colocações de seu corpo próximas a A (importante: sentir o calor do outro, mas sem tocá-lo);
  - 2ª B faz cinco colocações de corpo ("poses") em A, agora com toque;
  - 3ª B faz cinco novas colocações de corpo em A, mas agora deixando o peso de seu corpo recair sobre A (importante: é como se você estivesse penetrando no outro);
  - 4ª B faz mais cinco novas colocações de corpo em A, só que agora em movimento contínuo, sem parar entre uma "pose" e outra;
  - 5ª A e B dançam juntos, agora descobrindo novas colocações de corpo entre eles.

A pesquisa científica do conceito de *massa inercial* foi realizada a partir da seguinte dinâmica:

- ◆ leitura e discussão do conceito de massa inercial;
- ◆ exploração individual do conceito de massa inercial a partir de sua própria massa;
- ◆ exploração individual do conceito de massa inercial a partir do aumento de sua própria massa, realizado a partir de objetos e apliques externos (objetos utilizados: almofadas, bexigas, panos e jornais amassados).

No âmbito da discussão, foi levantado um problema pelos atores ("é difícil imprimir exatamente a mesma força"), que revelava a dificuldade de precisão ou de quantificação, desafio comum nas ciências exatas, mas de difícil realização aqui, nesse contexto. Começávamos a lidar com a diferença de parâmetros entre a pesquisa científica e a pesquisa em arte. No âmbito das conclusões tiradas coletivamente foram anotadas as seguintes observações:

- ◆ para a pesquisa acontecer bem, é necessário que se parta do repouso ou do movimento retilíneo;

56 A GÊNESE DA VERTIGEM

- é possível pesquisar tanto a partir das forças externas (ex.: o braço que empurra o pé ou a perna), como das forças internas (ex.: as cadeias musculares que movimentam o pé ou a perna, sem você tocá-los).

Ao fim do seminário foi feita a sugestão de que aprofundássemos o estudo da visão mecânica do mundo, onde tudo se explica pela lógica da causa e efeito. Como tarefa de casa, a equipe de pesquisa pediu a todos que lessem o "Prefácio" e "A Autoimagem", do livro *Consciência pelo Movimento*, de Moshe Feldenkrais, a fim de ampliarmos a discussão sobre percepção corporal. Em tais trechos, o autor discute a questão da autoeducação como fator ativo no estabelecimento da autoimagem, além de analisar os componentes da ação (movimento, sensação, sentimento e pensamento), o que acreditávamos poderia trazer mais subsídios à pesquisa.

11/2/92 (terça-feira)

- aquecimento: método laban (Cibele);
- pesquisa científica: massa inercial (parte 2);
- discussão;
- seminário: Galileu Galilei: vida e obra (parte 1).

A aula de Cibele focou-se inteiramente na exploração da dinâmica do flutuar. Descobrimos que essa dinâmica surge a partir da coluna vertebral. Além disso, também trabalhamos com a noção de tempo métrico e não métrico.

A continuação da pesquisa científica de *massa inercial* ocorreu de acordo com a seguinte estrutura:

- retomada da exploração individual do conceito, a partir das conclusões tiradas no dia anterior;
- utilização de "deslizadores" (ex.: luvas, meias-calças, meias comuns, blusas de lã etc.);
- exploração em dupla do conceito: A parado; B realiza o trabalho (depois, invertem-se os papéis);
- exploração do conceito com uma nova dupla: continuação e aprofundamento da pesquisa (caso se desejasse, seria possível aumentar a massa do parceiro);

O DIÁLOGO DA ARTE-CIÊNCIA

• exploração do conceito em quartetos (importante: não perder de vista que a associação de massas tem como objetivo verificar a *massa inercial*).

É curioso notar que durante a dinâmica dos quartetos foram criadas verdadeiras "máquinas de movimento", com forte apelo teatral, dada a plasticidade e a "engrenagem" de relações estabelecidas pelos atores. Em função disso, pensamos em retomar tal trabalho posteriormente. Também destaquei, provavelmente por sua qualidade cênica, a seguinte proposição: "Lucienne fez um movimento interessante de giro no chão com as pernas levantadas".

Durante a discussão surgiram as duas seguintes observações: "a massa inercial é um componente de resistência" e "a percepção do corpo como um conjunto com vários 'pedaços de massa' intercalados". A equipe de pesquisa chamou a atenção para o fato de que ainda não havíamos trabalhado com o conceito de *centro de massa*.

12/2/92 (quarta-feira)

• aquecimento: acrobacia (Maria Thaís);
• pesquisa científica: massa gravitacional;
• improvisação livre 1: compressão *versus* expansão (foco: volume)
• improvisação livre 2: retesar *versus* afrouxar (foco: densidade);
• improvisação expressiva (em dupla): a partir do tema "namoro", buscando "tatos e contatos" entre diferentes "massas" (foco: massa – volume e densidade);
• discussão;
• seminário: Galileu Galilei – vida e obra (parte 2).

Iniciamos o trabalho de acrobacia com Maria Thaís, tomando contato com alguns dos princípios básicos da técnica. Fizemos sequências de rolamentos (para frente e para trás); paradas de mão na parede e um tipo de "ponte" em que se vai para trás descendo pela parede.

A condução da pesquisa científica a partir do conceito de *massa gravitacional* ocorreu da seguinte maneira:

• leitura e discussão do conceito de massa gravitacional;
• exploração individual do referido conceito;

58   A GÊNESE DA VERTIGEM

◆ exploração em dupla do conceito: A parado, B realiza o trabalho; depois, invertem-se os papéis (importante: é fundamental para quem faz a pesquisa no outro ser um "aparador" da massa que cai. Só aí é que se vai perceber realmente a *massa* e não o *peso*. Quem realiza a pesquisa funciona como uma espécie de "sensor", de "balança" da massa do outro).

Durante tal investigação ficou claro que seria importante para os trabalhos futuros com o conceito de peso a utilização de "suavizadores para queda", como, por exemplo, colchões, tatames etc.

Na improvisação livre, baseada no "retesar" e "afrouxar", existe uma indicação de condução registrada no caderno de direção, de que tal improvisação deveria trabalhar também a oposição flacidez ("o velho") *versus* rijeza ("o jovem").

Iniciamos aqui também aquilo que tínhamos denominado improvisação expressiva, utilizando, para tanto, a investigação já realizada com o conceito de massa volumar. Só que agora a perspectiva era de explorá-lo teatralmente, percebendo as suas possibilidades cênicas. O tema que orientaria tal improvisação era "namoro". A título de curiosidade, descrevo aqui as anotações da direção, tomadas no "calor da hora", a partir da observação do trabalho dos atores:

◆ dupla 1 (Lúcia e Marcos) – cena muito interessante. Eram realmente duas massas se atraindo, "namorando", o que dava uma sensação de estranhamento, de perda de humanidade (improvisação abstrata);
◆ dupla 2 (Mônica e Evandro) – improvisação um pouco presa. Faltou um aprofundamento teatral;
◆ dupla 3 (Daniella e Johana) – "As duas lésbicas na praia". Trabalharam mais dentro de uma perspectiva realista. Começaram a cena correndo, freneticamente, de uma parede a outra da sala. Cena variada que incorporou e, ao mesmo tempo, fez uma retrospectiva de toda a pesquisa sobre massa (improvisação teatral);
◆ dupla 4 (Vanderlei e Lucienne) – improvisação "forte". Intensidade de relação. Foi interessante no início – apesar de não desenvolvida – o passar a mão pelo rosto, deformando-o e criando expressões.

Durante a discussão foram levantadas várias impressões e descobertas, a saber:

O DIÁLOGO DA ARTE-CIÊNCIA

- é possível realizar o trabalho de pesquisa sobre *massa gravitacional* a partir do movimento de ir contra a gravidade, de sair do chão, o que implica perceber a força que você tem de fazer para tirar o seu corpo, isto é, a sua massa do chão;
- quase todos os alongamento são efetuados por entrega ou resistência ao peso, portanto, a partir da *massa gravitacional*;
- sensação de que é possível se movimentar ou realizar qualquer movimento só a partir de "compressão/expansão" (volume), e de "retesar/afrouxar" (densidade);
- sensação de que "densidade" tem mais a ver com musculatura, e que "volume" tem mais a ver com articulação, respiração, elasticidade da pele;
- impressão de que, quando você modifica a densidade e o volume, aparece uma *intenção* no movimento;
- sugestões: criar "dramaticidades" ou "climas psicológicos" só a partir dos diferentes tipos de contato; fazer com Maria Thaís um trabalho de desconstrução de movimento segundo Alwin Nikolas.

13/2/92 (quinta-feira)

- aquecimento: improvisação de contato (Tica Lemos);
- pesquisa científica: peso;
- jogo (desafio): "quem consegue ficar cinco segundos fora do chão, sem auxílios externos?";
- improvisação livre: trabalho corporal a partir da perda de mobilidade de algumas partes do corpo;
- improvisação expressiva: "a dança dos enterrados-vivos" (exploração de movimento na horizontal);
- discussão;
- seminário: Galileu Galilei – vida e obra (conclusão).

O trabalho de improvisação de contato teve o seguinte desenvolvimento:

- sequência básica de rolamentos;
- rolamentos de frente no colchão;
- contato em dupla: A de quatro; B deita-se, senta-se, movimenta-se sobre A (invertem-se os papéis);
- trabalho de toque em dupla: A e B de olhos fechados, parados e em pé; as mãos de A e B se tocam (apenas uma mão de cada participante); começam a se movimentar, todo o trabalho é feito a partir desse único contato.

A pesquisa científica de *peso* começou, segundo as minhas anotações, "muito mole, muito sem energia, com os atores esperando para se aquecerem durante a pesquisa". Também há a observação de que tal problema precisava ser levado para a avaliação e, acrescento ainda, que "tem de haver outro nível energético, outro grau de disposição para o início da pesquisa". Contudo, passado esse momento inicial, a investigação desenvolveu-se de forma efetiva. A condução ocorreu da seguinte forma:

- exploração individual do conceito;
- percepção da *ação* da gravidade sobre o corpo, identificando a atração da Terra;
- logo após, começar a duvidar da *força da gravidade*;
- percepção da *ação* do corpo atraindo a Terra;
- começar a rebelar-se contra a *força da gravidade*, que puxa a pessoa para baixo.

No desafio proposto pelo jogo, obviamente ninguém conseguiu ficar os cinco segundos fora do chão. O recorde ficou com Marcos Lobo: 90 centésimos de segundo no ar.

A condução da improvisação livre ia discriminando as partes do corpo que, momentaneamente, perdiam a mobilidade. Quando uma nova parte era anunciada, a anterior recuperava a capacidade de movimento. A sequência proposta foi: perna esquerda; cabeça; os dois pés; ombros; perna direita; quadril; os dois joelhos; os olhos; tronco; os dois braços. Na proposição do exercício, e mesmo durante a sua execução, não foi pedido para se evitar o movimento residual (aquele que acontece sem a nossa deliberação), o que provocou uma duplicidade de registro no encaminhamento da improvisação.

Durante a discussão foi levantada uma série de percepções e sugestões, a saber:

- carregamos a nossa *massa* (e não o nosso *peso*);
- é mais fácil perceber a ação da força-peso quando fazemos uma força contrária a ela;
- é possível realizar essa pesquisa apenas pensando em termos de vetores;
- a preguiça é um estado em que se cede à gravidade;

O DIÁLOGO DA ARTE-CIÊNCIA

- você pode entregar-se à força-peso experimentando duas emoções ou vivências diferentes: "a angústia de sempre cair no chão, de nunca conseguir subir às nuvens, ou a volúpia de entregar-se prazerosamente à terra-mãe";
- "A força da gravidade é o grande, talvez o maior, castigo divino. Nós realmente somos seres 'inferiores'. Você, na verdade, luta o dia inteiro contra a força da gravidade, e no momento em que, tarde da noite, vai dormir, perde essa luta"[7];
- quanto mais você se rebela contra a força da gravidade, mais forte ela te puxa para baixo;
- quanto menor a força contrária à gravidade mais forte você sente a ação dela. Quanto maior – em grau de intensidade – a força contrária à gravidade, menos forte você sente a sua ação;
- ampliando o que foi percebido no dia anterior, é possível fazer alongamento usando uma força contrária à gravidade;
- uma experiência pessoal interessante foi primeiramente ficar deitado, e sentir-se colado ao chão; depois, ir para a parede, encostar-se nela, e então tentar reproduzir a mesma sensação de quando estava deitado;
- "lembrei-me do mito de Ícaro e de sua vontade de ser pássaro";
- sugestão 1: pode ser uma experiência interessante fazer essa pesquisa imaginando a força da gravidade vindo do teto, ou até mesmo das paredes laterais da sala;
- sugestão 2: conseguir materiais que aumentem (ex.: pesos de aeróbica etc.) ou diminuam (ex.: cordas ou elásticos fixados no teto etc.) o peso; tentar encontrar outros instrumentais "pesificadores", "massificadores" e "deslizadores" para a pesquisa em geral.

14/2/92 (sexta-feira)

- aquecimento: eutonia (Lúcia);
- encontro com a física teórica Andréia;
- pesquisa científica (individual e em dupla): peso;
- discussão;
- avaliação geral da semana.

Em função da investigação de *massa volumar* e, ainda mais especificamente, de *densidade* ter trazido à tona questões

---

7 Provavelmente uma citação trazida por alguns dos atores para esse momento da discussão, cuja procedência ou autoria não consegui localizar. Em menor grau, esse também parece ser o caso da afirmação entre aspas, do item imediatamente anterior.

referentes à estrutura óssea e muscular, a equipe de pesquisa, por sugestão de Lúcia, julgou pertinente termos um encontro, durante o aquecimento, sobre eutonia. Tal técnica, criada por Gerda Alexander, realiza um trabalho sobre o tônus muscular, orientando o praticante a ampliar o seu conhecimento de anatomia e funcionamento do corpo. Para tanto estimula o desenvolvimento da percepção da pele, dos músculos, das articulações e da estrutura esquelética. Nesse encontro, Lúcia focalizou o trabalho nos tendões, ossos e pele, além de alguns exercícios centrados na questão do equilíbrio.

A continuidade da pesquisa científica sobre *peso*, realizada em dupla, revelou algumas sequências de movimento que me pareceram teatralmente potentes, ainda que não fosse esse o foco do trabalho naquele momento. Apresento aqui a sua descrição:

- A e B deitados; A carrega B pela sala, no meio das suas pernas;
- A, com quatro apoios no chão (mãos e pés), e com a barriga virada para cima, se desloca pela sala carregando B, que está atravessado sobre sua barriga;
- A deitado no chão, com barriga para cima, e com os joelhos dobrados e apoiados na parede; B em pé se equilibra sobre as pernas de A;
- A em pé com as pernas abertas, bastante firmes no chão; B sobe e desce pelo corpo de A.

Na discussão que sucedeu foram recolhidos os seguintes depoimentos dos atores:

- quando se carrega alguém, a distribuição do peso se dá através do contato;
- manter os olhos fechados ajuda muito na percepção da força--peso (os olhos abertos já dão uma espécie de suporte);
- a "sensação de peso" é diferente do "peso real";
- durante o trabalho, tem-se a impressão, às vezes, de que a Terra está viva;
- sugestão: trabalhar com forças de gravidade diferentes (ex.: gravidade da Lua; gravidade de Júpiter) e, em algum momento da pesquisa sobre peso, utilizar-se de cordas como instrumental de investigação.

O DIÁLOGO DA ARTE-CIÊNCIA 63

Na avaliação geral da semana, destaquei as seguintes impressões dos atores:

"O ir caminhando nos conceitos da pesquisa vai dando uma melhor compreensão dos conceitos anteriores (ou já vistos)"; "nesta semana tive a sensação de menor aridez e de que as atividades estavam mais integradas"; "a retomada e repetição de um conceito da física é fundamental para o aprofundamento da pesquisa"; "as improvisações expressivas ajudam a consolidar melhor os tópicos da pesquisa que foram vistos só 'cientificamente'".

Pelos comentários acima expostos é possível perceber que o choque ou trauma da semana anterior, quando do início do estudo da mecânica clássica, tinham já se atenuado. Contribuiu para isso, além da própria continuidade da pesquisa, a prática de retomar e repetir os conceitos da física ao longo dos ensaios. Outro fator que auxiliou foi o início das improvisações expressivas, campo específico do trabalho interpretativo, e que funcionou como um contraponto à rigidez e à disciplina da investigação científica. Começávamos a "respirar" e a "brincar" com aqueles conceitos científicos, encerrando o ciclo de nossa meta inicial que pressupunha, além do estudo minucioso sobre o movimento, a transformação das teorizações de Galileu e Newton em material cênico e expressivo.

Outra observação importante é que a pretendida divisão entre pesquisa científica e pesquisa expressiva não se apresentava de forma tão estanque assim. Como pode ser percebido no último dia de ensaio da semana, a pesquisa científica sobre *peso* já suscitou, por si só, uma série de possibilidades teatrais. Por outro lado, as improvisações expressivas traziam, elas também, uma ampliação do conhecimento sobre determinado conceito da mecânica clássica. As contaminações entre um polo e outro eram inevitáveis, embora só viéssemos a tomar consciência efetiva disso um pouco mais tarde.

É claro que o nosso ponto de partida e os nossos pressupostos básicos auxiliavam nessa imbricação, já que não éramos cientistas realizando uma investigação, mas, sim, artistas desenvolvendo uma pesquisa científica sobre o movimento. Por mais que quiséssemos separar o *artístico* do *científico* – movidos talvez por uma preocupação excessivamente didática –, o choque e a colisão entre esses dois universos aconteciam todo o tempo, ainda que à nossa revelia. E, já antecipando uma conclusão posterior, a grande revelação foi não percebê-los como campos necessariamente distintos, mas híbridos, inter-relacionados, com inúmeras correspondências e imbricações. Havia mais semelhanças entre a maçã de Newton e as maçãs de Cézanne, do que poderia supor o nosso vão didatismo.

Quarta Semana de Ensaio
(17 a 21/2 de 1992)

A partir dessa semana, com exceção do dia 17 de fevereiro, as anotações sobre cada dia de ensaio deixarão de aparecer de forma contínua e organizada. Vários ensaios não apresentarão nenhuma observação escrita, enquanto outros terão registros de forma caótica e desordenada. Nesse sentido, o trabalho de mapeamento do processo torna-se, a partir daqui, ainda mais difícil e complexo, perdendo em detalhamento e, quiçá, em precisão, se comparado aos dias anteriores.

Existem algumas possíveis explicações para isso. Além de não haver a preocupação de que um caderno de direção seja claro e didático – na verdade, ele é o espaço por excelência das impressões recolhidas à queima-roupa no ensaio, das informações contraditórias, dos rabiscos, das ideias pela metade, dos registros caóticos da criação, das angústias e insatisfações pessoais do diretor, das críticas ao trabalho dos atores etc. – ocorreu o fato de que, a partir desse momento, os ensaios começaram verdadeiramente a "esquentar". O mergulho no universo da física, o perigo de não se chegar a lugar nenhum, a profusão de impressões, imagens e sequências de movimento, tudo isso parecia avesso a uma descrição diária e detalhada de minha parte. Talvez devesse ter sido mais disciplinado, a mesma disciplina que eu cobrava dos atores, contudo, o movimento transbordante do processo parecia não me levar a isso, à necessidade de rigor e detalhamento nas anotações.

Além disso, à medida que os ensaios solicitavam mais trabalho em termos de leituras, reuniões extras de planejamento, produção etc., e se iniciavam as atividades didáticas do semestre (eu era

O DIÁLOGO DA ARTE-CIÊNCIA

professor de teatro em duas escolas) quase não sobrava tempo para a escritura de um diário de bordo detalhado. Lamento a ausência desses registros, mas, por outro lado, tal omissão também traduz a dinâmica em que os ensaios ocorreram, além de revelar elementos de subjetividade da direção: temperamento, processo interno de criação, primeiros mecanismos de seleção do material, entre outros.

17/2/92 (segunda-feira)

- aquecimento: improvisação de contato (Tica Lemos);
- pesquisa científica (em dupla e em trio): peso;
- improvisação expressiva (retomada) sobre o tema "namoro", em duas perspectivas: a. mais abstrata e b. mais realista;
- gravação em vídeo das improvisações acima descritas;
- discussão.

O aquecimento de Tica Lemos se deu da seguinte maneira:

- introdução de um novo tipo de rolamento;
- improvisação livre de movimento buscando mais intimidade com o chão;
- em pé, se movimentando como se o corpo estivesse cheio de espaços, cheio de ar;
- exercício de levantar o outro: um grupo de quatro pessoas tira uma quinta pessoa do chão e a coloca acima de suas cabeças;
- todas as pessoas do grupo carregam uma única pessoa, deixando-a relaxar, ficar completamente pesada; depois, fazem ondulações com o corpo dela, movimentam-na suavemente etc.

A pesquisa científica sobre *peso* trouxe novamente várias sugestões de movimentos expressivos e teatrais. Descrevo a seguir alguns deles:

- mulheres carregando no colo outras mulheres;
- uma pessoa de quatro (A), próxima à parede, com suas costas servindo de base para outra pessoa (B); B, então, anda pela parede, apoiado nas costas de A;
- uma pessoa deitada no chão com as pernas levantadas em direção ao teto; uma outra vem e senta-se normalmente, muito simplesmente, sobre os pés da primeira;

66 A GÊNESE DA VERTIGEM

- giros com puxões (Daniella e Lucienne);
- giro em duplas, com aumento de velocidade, até um conseguir levantar o outro do chão (Vanderlei e Evandro).

Durante a discussão, os atores teceram as seguintes considerações:

- o trabalho em trio produz conjuntos interessantes. Essa é uma dinâmica que deveria ser mais explorada;
- sensação de que a pesquisa ficou mais na realização de formas do que na investigação sobre o peso;
- impressão de que o trabalho, pelo excesso de energia ou ansiedade por parte de quem o executava, ficou apenas nas dinâmicas fortes e rápidas;
- a expressão neutra do rosto faz a cena realizada, a partir do conceito da física, ficar mais abstrata.

Ao lado desse último comentário, registro a seguinte observação pessoal, a qual já revela um gosto ou preferência, de minha parte, que irá atravessar os três espetáculos da trilogia bíblica: "Prefiro as cenas que trabalham numa zona intermediária: cena realista estranhada por abstrações ou cena abstrata estranhada por momentos realistas". Esse espaço híbrido, irá se constituir em foco de interesse artístico, tanto em relação à cena, como à interpretação.

18/2/92 (terça-feira)

- aquecimento: método laban (Cibele);
- improvisação livre (individual e em dupla): "as partes do corpo" (se mover de parte para parte do corpo; identificar aquela que você mais gosta; mostrar essa parte escolhida; contar uma história com ela);
- pesquisa científica (retomada do trabalho em dupla e em trio): peso;
- improvisação expressiva 1 (em dupla, trio, quarteto etc.): combinando pesos e alterando pesos;
- improvisação expressiva 2: "a sensação de peso" (como se sentir leve? como se sentir pesado?);
- discussão.

A discussão com os atores trouxe os seguintes depoimentos:

O DIÁLOGO DA ARTE-CIÊNCIA

"O peso é uma das bases do movimento"; "poderíamos ter mais tempo de trabalho com o conceito de peso"; "fiquei mais na realização de formas do que no desenvolvimento de uma pesquisa"; "tive 'medo' do peso"; "consegui perceber melhor agora a noção de peso; deu para sentir de fato que o peso é uma força"; "a melhor maneira de não sofrer, de não se angustiar com a gravidade, é não lutar contra ela".

19/2/92 (quarta-feira)

- aquecimento: acrobacia (Maria Thaís);
- pesquisa científica: centro de gravidade;
- improvisação expressiva 1: massa inercial (qual a relação entre massa e movimento?);
- improvisação expressiva 2: massa inercial (a partir de situações propostas, todas elas envolvendo dificuldade de movimentação);
- improvisação expressiva 3: a partir do tema "regime ou fazendo uma dieta";
- discussão.

O treino básico de acrobacia que começamos a realizar regularmente com Maria Thaís se compunha dos seguintes exercícios:

- rolamentos: de frente, de costas (pelo ombro) e de costas (pela cabeça);
- "mata-borrão";
- ponte e meia-ponte;
- parada de cabeça;
- parada de mão (com as duas pernas juntas e, depois, alternadas);
- "vela";
- "aleijado";
- dois exercícios de dupla ("Oi, querida!" e "Oi, gatinho").

A pesquisa científica a partir do conceito de *centro de gravidade* estruturou-se da seguinte maneira:

- leitura e discussão do conceito de centro de gravidade;
- exploração individual do conceito (importante: o centro de gravidade na física depende da massa e da distribuição dela no espaço);

68 A GÊNESE DA VERTIGEM

- exploração em dupla do conceito (importante: é necessária a ajuda do parceiro para a percepção de seus outros centros de gravidade durante a investigação).

As situações propostas para a realização da improvisação expressiva 2, todas elas devendo ser igualmente exploradas pelos atores, foram assim estabelecidas:

- tentar se deslocar dentro de um ônibus cheio;
- você no meio de uma multidão querendo encontrar a melhor posição para assistir ao show do Caetano no Anhangabaú;
- você quer dormir, mas seu marido ou esposa é "espaçoso(a)" demais;
- um passeio no parque com a sua arraia de estimação.

Durante a discussão foram registradas as seguintes questões:

"O equilíbrio é a forma mais concreta de se perceber o centro de gravidade"; "o centro de gravidade se altera ou não se altera?"; "o centro de gravidade tem a ver com a parte mais 'massuda' ou com um ponto de simetria entre os apoios?"; "o ponto de equilíbrio equivale ao centro de gravidade?"; "tive a sensação de que existem partes do corpo mais difíceis que outras para se perceber o centro de gravidade"; "a parte que toca o chão dá o eixo do centro de gravidade"; "o centro de gravidade parece estar entre os meus apoios"; "deveríamos trabalhar nas improvisações expressivas com música, ruídos e outros estímulos sonoros".

20/2/92 (quinta-feira)

- aquecimento: improvisação de contato (Tica Lemos);
- improvisação expressiva: a partir da questão "Meu Deus, por que é tão difícil me movimentar?";
- improvisação livre 1: noções pessoais de força;
- improvisação livre 2: a partir da questão "que forças produzem o movimento?";
- pesquisa científica: força;
- discussão.

O trabalho desenvolvido por Tica Lemos foi centrado em como subir no outro, em como ficar deitado, sentado, agachado sobre uma pessoa que está parada e em pé.

O DIÁLOGO DA ARTE-CIÊNCIA

A pesquisa científica sobre o conceito de *força*, iniciada nesse ensaio e que se estenderia por vários encontros subsequentes, teve o seguinte desenvolvimento:

- leitura e discussão do conceito de força;
- improvisação individual a partir da definição: "Força é tudo que é capaz de modificar o estado de repouso ou de movimento de um corpo" (importante: trabalhar com forças internas ou interiores);
- improvisação em dupla, e depois em trio, sobre a definição acima mencionada, só que, agora, trabalhando a partir de forças externas ou exteriores.

21/2/92 (sexta-feira)

- aquecimento: trabalho a partir de necessidades físicas (Daniella Nefussi);
- pesquisa científica: força (foco: alteração de velocidade);
- improvisação livre: "o caminho para baixo é o mesmo e o único que o caminho para cima" - Heráclito;
- discussão;
- avaliação geral da semana;
- reunião de produção.

A discussão sobre o trabalho desenvolvido a partir do conceito de *força* originou uma série de depoimentos por parte dos atores:

"O trabalho ficou mais interessante quando o foco se manteve na alteração de velocidade"; "existe uma força para a manutenção da velocidade e uma força para a alteração dela"; "é preciso tomar cuidado para não reagir com uma reação que seja maior do que a força aplicada"; "quando você está em alta velocidade parece que você faz menos força".

Existem registros também de *feedback* da direção, realizados a partir da observação dos atores durante a pesquisa de *força*:

"Fazer mais forte vem implicando em fazer mais rápido, e quando peço para vocês fazerem mais rápido isto tem implicado em fazer com mais força"; "é importante diferenciar as partes do corpo que sustentam (e aí trabalham resistindo ou atuando contra a força da gravidade) das que permitem que você possa aplicar forças em outras partes do corpo"; "trabalhem também com a força indo contrariamente ao movimento, resistindo ao movimento"; "teremos de discutir melhor a dinâmica de trabalho em trio".

Tal como tínhamos feito com Aristóteles, no desejo de ir em busca das primeiras reflexões sobre a natureza do movimento, e também como um contraponto às equações e conceitos da mecânica clássica, iniciamos nessa semana uma investigação das noções de movimento em Heráclito. O seu pensamento e aforismos nos sugeriram uma série de temas e ideias para improvisações futuras – grande parte delas, infelizmente, não realizadas. De qualquer maneira, transcrevo-as a seguir:

- ◆ movimentos em direções contrárias ("e por direções contrárias se harmonizam os seres"[8]);
- ◆ improvisações a partir de oposição de contrários, de divergências; da harmonia de tensões contrárias; de movimentos consoantes e dissonantes ("Tudo se origina por oposições");
- ◆ o movimento fluido incessante, o eterno movimento ("Todas as coisas se movem e nada permanece imóvel");
- ◆ improvisações a partir de limitações e percepção dos limites corporais;
- ◆ todos os caminhos que você pode fazer para cima e para baixo ("A mudança é um caminho para cima e para baixo" *ou* "A rota para cima e para baixo é uma e a mesma");
- ◆ o movimento puro;
- ◆ movimentos sem tranquilidade;
- ◆ movimentos instáveis;
- ◆ movimentos ligados e/ou gerados pela respiração;
- ◆ movimentos descompassados;
- ◆ tema para improvisação 1: "O contrário é convergente e dos divergentes nasce a mais bela harmonia, e tudo segundo a discórdia";
- ◆ tema para improvisação 2: "Conjunções o todo e o não todo, o convergente e o divergente, o consoante e o dissonante, e de todas as coisas um e de um todas as coisas";
- ◆ movimentos inteiramente surgidos do acaso, do inesperado;
- ◆ improvisação a partir do objetivo de deter o movimento;
- ◆ movimentos presentes e ausentes ("presentes estão ausentes");

8 Os excertos do pensamento de Heráclito estão entre aspas.

O DIÁLOGO DA ARTE-CIÊNCIA

- percepção da unidade na diversidade dos movimentos ("A trajetória reta e curva, é uma e a mesma");
- o movimento a partir de necessidades;
- o movimento a partir de discórdias;
- tema para improvisação 3: "transmudando repousa".

Ao realizar a avaliação dessa semana, é possível perceber conquistas e dificuldades. A retomada frequente de conceitos da mecânica e a insistência no seu aprofundamento foi um dos acertos. A ideia da gravação em vídeo, experiência que seria repetida mais vezes durante o processo, poderia também ajudar os atores na percepção de sua própria pesquisa.

Pode-se constatar a crescente familiaridade dos atores com os conceitos da física, identificável tanto no melhor manuseio verbal desse particular jargão científico, como na maior facilidade em pesquisar a partir de termos abstratos. O perigo, na medida em que o temor inicial à mecânica clássica havia desaparecido, residia na possível acomodação dos intérpretes em registros que lhes eram mais cômodos (por exemplo, como mencionado, o risco do trabalho ocorrer sob a égide de uma única dinâmica de movimento: a forte e rápida).

Outra preocupação, surgida no depoimento dos atores, era da pesquisa se cristalizar num formalismo estéril, de fachada, ao invés de realmente aprofundar-se nos conceitos propostos. Tínhamos de estar alertas para não "fazermos de conta" que pesquisávamos, nem criar "muletas" novas para velhos artifícios da experimentação e criação.

Outro ponto ainda a ser destacado é o aumento do número de improvisações expressivas. Por mais que tivéssemos uma ambição científica de análise e estudo, era no campo da criação que evidentemente nos sentíamos mais confortáveis e estimulados. A estrutura dos ensaios parecia, finalmente, conseguir atender a essa óbvia necessidade. O resultado de tais improvisações já sugeria possibilidades cênicas, começando a traçar o esboço de opções estéticas futuras. É curioso perceber o aparecimento de uma tendência de linguagem que não era unicamente realista, teatralista ou abstrata, mas que apontava para registros híbridos de um "realismo estranhado" ou de "um abstracionismo com elementos realistas". De qualquer forma, as improvisações expressivas pareciam comprovar aquilo que nossa intuição havia acenado no início do trabalho: equações de física podem, sim, gerar ou solucionar problemas teatrais.

Quinta Semana de Ensaio
(24 a 28/2 de 1992)

24/2/92 (segunda-feira)

- aquecimento: improvisação de contato (Tica Lemos);
- pesquisa científica: força (foco: interação);
- improvisação livre 1 (em dupla, trio e associações sucessivas de mais pessoas): "aumento de peso";
- improvisação livre 2 (em dupla): transportar o outro (carregar, puxar, empurrar, rolar);
- improvisação expressiva: a partir da frase "Seria mais fácil se eu fosse uma esfera ou um cubo";
- discussão.

A pesquisa sobre o conceito de *força* teve continuidade essa semana e revelou-se um dos pontos mais estimulantes na investigação da mecânica clássica. A relação desse tópico com o teatro era flagrante, o que explicava o interesse por ele provocado. A título de ilustração, destacarei dois conceitos retirados de manuais de física do ensino médio, mas que nos pareciam descrever procedimentos teatrais. É perceptível que a definição de *ação* poderia ser transportada para o trabalho do ator:

Quando estudamos o movimento de um corpo, verificamos que este é influenciado pela presença de outros corpos na sua vizinhança. Essa influência mútua que os corpos exercem entre si no universo é denominada INTERAÇÃO (ação entre). Quando dizemos, então, que dois corpos estão interagindo, queremos com isso dizer que eles estão TROCANDO AÇÕES, ou seja, estão se influenciando mutuamente.

Força: cada uma das ações mútuas trocadas pelos dois corpos na interação. [...] a um corpo estão aplicadas tantas forças quantas forem as interações das quais ele participa. Força é o agente físico

O DIÁLOGO DA ARTE-CIÊNCIA

capaz de iniciar movimentos, alterar a velocidade dos corpos e produzir deformações[9].

O encaminhamento da pesquisa científica nesse dia deu-se da seguinte forma:

- leitura e discussão dos trechos que desenvolvem a noção de *força* como sinônimo de interação;
- exploração individual do conceito;
- exploração em dupla e trio do conceito (importante: na dinâmica em dupla, ficar à vontade para receber ou repelir o outro);
- exploração do conceito de *força* enquanto ação provocadora de deslocamento.

A discussão trouxe duas questões por parte dos atores: "deveríamos fazer um trabalho para aliviar ou para lidar com o peso do outro" e "a dinâmica de improvisação em trio é muito difícil". Como *feedback* dado a eles sobre a pesquisa, fiz-lhes os seguintes pedidos: "para iniciar o trabalho em dupla, começar sempre a partir de uma perspectiva individual, pessoal" *e* "na dinâmica da improvisação a três, a terceira pessoa do trio deve esperar, perceber o que a dupla está fazendo e, só então, entrar no trabalho". O problema de "ouvir" o outro, de responder ao que está sendo proposto, sem a imposição forçada de uma ideia, por um lado, mas sem a anulação da própria visão pessoal, do outro, foi o tema-chave dessa avaliação.

25/2/92 (terça-feira)

- aquecimento: método laban (Cibele);
- exercício 1: modificar a velocidade de uma pessoa que cruza a diagonal da sala (foco: alteração de velocidade no chão);
- exercício 2 (em dupla): empurrar uma pessoa que saltou, enquanto ela ainda está no ar (foco: alteração de velocidade no ar);
- pesquisa científica: força (foco: deformação);
- improvisação expressiva: a partir do tema "o peso dos anos";
- discussão.

O trabalho com o método laban foi centrado exclusivamente na investigação dos planos da mesa, da roda e da porta.

9 Excertos retirados de um dos cadernos de direção, sem a especificação da fonte.

A pesquisa científica de *força* como ação provocadora de deformação (efeito estático), deu-se a partir do seguinte encaminhamento:

- improvisação livre a partir da leitura do conceito;
- repetição da improvisação procurando perceber duas diferentes possibilidades: manter a força mesmo após o obstáculo ter sido desbloqueado *e* adquirir a nova velocidade imprimida pela resistência;
- exploração individual do conceito, trabalhando em câmera lenta;
- exploração do conceito em dupla.

A discussão com os atores trouxe um conjunto diversificado de depoimentos:

"Tive uma sensação de que força é igual a tensão"; "força é 'tudo', nada acontece sem força"; "a sensação que eu tenho é que força é aquilo que é rápido, direto, com começo, meio e fim"; "o olhar é uma força"; "a força produz energia? acho que estou com uma confusão entre força e energia"; "os corpos tendem a escapar da forma deles, por isso existe o movimento"; "é mais fácil perceber a alteração de velocidade no ar"; "tenho a impressão de força como resistência à gravidade"; "ninguém é forte sozinho; precisa de pelo menos duas 'coisas' envolvidas"; "você precisa do contato para aplicar a força"; "força é ação!!!"; "na força muscular a força é aplicada do músculo ao osso".

A equipe de pesquisa, por orientação de Cibele, sugeriu que quem quisesse aprofundar o estudo das teorias labanianas deveria ler as seguintes obras: *Choreutics* (Corêutica) e *A Vision of Dynamic Space* (Uma Visão do Espaço Dinâmico), ambas escritas por Rudolf Laban.

26/2/92 (quarta-feira)

- aquecimento: acrobacia (Maria Thaís);
- improvisação livre (em dupla): diálogo da deformação (trabalhar o rosto, em contato direto com as mãos, e depois, por meio de um vidro, sem o contato das mãos);
- jogo (desafio): "como levantar uma pessoa do chão, deixando-a acima da sua cabeça?";
- pesquisa científica: força: (foco: ponto de aplicação);
- discussão.

O DIÁLOGO DA ARTE-CIÊNCIA

A pesquisa científica de *força* a partir do estudo de *ponto de aplicação* se estruturou da seguinte maneira:

- improvisação livre em dupla a partir da leitura do conceito;
- repetição da improvisação a partir das seguintes indicações: além de *ponto* de aplicação, trabalhar também com a ideia de *lugar* de aplicação; percepção de que se você tem duas forças aplicadas, o movimento se desloca na direção da mais fraca; observação de que quando as forças se equilibram você não sabe quem aplica força em quem;
- exploração em dupla do conceito, investigando-o a partir da noção de forças concentradas e forças distribuídas;
- exploração individual e em dupla do conceito, a partir da observação do sentido e direção das forças aplicadas.

27/2/92 (quinta-feira)

- aquecimento: improvisação de contato (Tica Lemos);
- exercício: aplicação de forças por todo o grupo em uma única pessoa;
- jogo 1 (em dupla): A não se mexe e quer se manter imóvel; B tenta mover A ou parte de A (depois, invertem-se os papéis);
- jogo 2 (em dupla): A quer mover-se e manter-se em movimento; B tenta impedi-lo (depois, invertem-se os papéis);
- pesquisa científica: força (foco: intensidade e duração);
- *workshop*: "o peso da minha vida";
- discussão.

A pesquisa científica de *força*, tendo como foco os aspectos de intensidade e duração, foi conduzida da seguinte forma:

- improvisação livre a partir da leitura dos conceitos;
- jogo de lutas em dupla, verificando intensidade e duração das forças aplicadas;
- exploração individual e em dupla do aspecto da intensidade, a partir da aplicação de forças constantes e de forças variadas;
- exploração individual do aspecto da duração da força no tempo.

Existe o registro no caderno de direção, talvez como uma possível cena a ser desenvolvida, da seguinte observação (relativa ao jogo de lutas): "a luta de Vanderlei com Marcos resultou interessante. Era uma brincadeira de mãos que acabou num estapear vigoroso".

Da discussão foram anotados alguns comentários realizados pelos atores:

"Uma força contínua não é capaz de tirar você do chão"; "é difícil manter a mesma intensidade da força"; "em alguns trabalhos não conseguimos um fluxo dinâmico"; "uma sugestão de dinâmica seria trabalhar também com as pessoas sentadas e, pouco a pouco, elas irem entrando na improvisação. Após um tempo, saem, e outras vão ocupando seu lugar".

28/2/92 (sexta-feira)

- aquecimento: acrobacia (Maria Thaís);
- jogo 1: "adivinhe que objeto é este? (através da massa, volume, densidade e peso)";
- jogo 2: da atração gravitacional;
- improvisação livre 1: movimentos ascendentes e movimentos descendentes;
- improvisação livre 2: interação com um objeto (ex.: uma folha de jornal);
- avaliação geral do mês.

O jogo da atração gravitacional foi planejado para ocorrer da seguinte forma:

- o grupo inteiro parado, percebendo a força da gravidade;
- após um tempo, apenas uma única pessoa fica parada, enquanto o restante do grupo se movimenta. Explorar "imaginativamente" a atração do corpo que está parado e também entre os corpos que se movimentam;
- (importante: fazer o jogo, procurando explorar ou "brincar" com o conceito e lembrar-se de que a força gravitacional, dependendo do campo, altera a velocidade).

A improvisação livre 1 suscitou a seguinte ideia: uma cena em que todas as pessoas, das formas as mais diferentes possíveis, tentam sair do chão (subindo em um banquinho, pulando em direção ao alto, batendo asas, subindo pela parede etc.). É curioso notar que o roteiro final de *O Paraíso Perdido* contém, com um desenvolvimento coreográfico mais elaborado, exatamente a cena acima descrita.

O DIÁLOGO DA ARTE-CIÊNCIA

Como já estávamos há cinco semanas trabalhando, com quatro delas dedicadas ao estudo da mecânica clássica, e, além disso, iríamos dar uma pausa nas atividades em razão do Carnaval, resolvemos fazer um balanço do percurso que tínhamos percorrido até ali. As observações dos atores nessa avaliação geral do mês foram as seguintes:

"Onde é que a física para e uma outra 'coisa', mais expressiva, começa?"; "estou me sentindo conquistando uma consciência corporal por um método diferente"; "tenho a sensação de estar aprendendo muito em pouco tempo"; "estou tendo a impressão de que essa metodologia cria linguagem"; "gostaria que pudéssemos repetir alguns exercícios ou improvisações de conceitos mais polêmicos"; "alguns conceitos poderiam ser discutidos um dia antes para que pudéssemos ficar com eles na cabeça"; "preciso me acostumar melhor a lidar com a pesquisa prática, antes, e a discussão racional, depois"; "é importante voltar a frisar os pontos da observação ativa"; "estou começando a perceber os conceitos da física em situações cotidianas"; "seria bom fazermos avaliações gerais mais frequentemente"; "poderíamos trabalhar também utilizando imagens e recursos iconográficos"; "não seria hora de começarmos a fazer um cruzamento entre os diferentes pontos da física?"; "temos de achar o meio termo entre o 'científico' e o 'expressivo'"; "poderíamos ver, assistir mais aos outros colegas trabalhando nas improvisações expressivas"; "está faltando mais *feeedback* da direção em relação aos nossos trabalhos"; "as discussões às vezes têm gerado dispersão"; "precisaríamos ter mais horas de trabalho com a Cibele"; "está havendo muita dispersão também nas aulas de acrobacia"; "talvez seja interessante fazer a improvisação expressiva de um conceito logo após a pesquisa científica dele"; "o problema da rotina".

Se comparado às semanas anteriores, é possível perceber uma maior diversificação na estrutura dos ensaios, o que a torna mais palatável e estimulante aos atores. Evidentemente que essa variedade poderia trazer o risco da superficialidade, mas, no nosso caso, isso talvez fosse evitado pela duração da pesquisa como um todo. Naquele momento, ainda não havia um prazo final ou uma data-limite para a sua conclusão.

Porém, existe uma tensão, um "fio de navalha" entre querer deixar os atores estimulados e o risco de incorrer em paternalismo. Às vezes me soa incômodo uma direção preocupada em "entreter" os atores, tratando-os como crianças a serem todo o tempo agraciadas com alguma novidade. Da mesma maneira, me sinto incomodado por atores que solicitam tal tratamento, carentes de uma atitude mais madura frente ao risco e à dificuldade. Na preparação do cronograma de ensaios, muitas vezes me vi pendendo para esse lado mais "recreativo", de "animação de atores", como se tivesse medo do material sobre o qual vínhamos nos debruçando, ou como se desconfiasse do comprometimento ou da firmeza de convicções dos meus parceiros de trabalho. Na verdade, me parecem bastante tênues esses limites entre ajudar e mimar, entre estimular e entreter. E esse conflito esteve especialmente acentuado no processo de *O Paraíso Perdido* em razão da aridez das teorias newtonianas.

Por outro lado, a tão temida física vinha se revelando, a cada novo ensaio, mais e mais teatral. Essa insuspeita teatralidade surpreendia a todos, nos motivava a seguir adiante e alimentava, ainda que inconscientemente, o desejo de realização de um espetáculo com aquele material. Além disso, paradoxalmente, a mesma física vinha se incorporando cada vez mais ao nosso dia a dia, tornando-se cotidiana e familiar. Apropriávamo-nos dela como um meio de olhar a realidade à nossa volta, além, é claro, do conhecimento que ela nos trazia sobre nossos próprios corpos, gestos e movimentos. A mecânica newtoniana revelava-se um excelente instrumento de consciência corporal, diferente daquele que havíamos aprendido em nossa formação teatral. Por comparação, causa certa tristeza lembrarmo-nos de como o ensino de ciências na escola básica parecia distanciar-nos de nós mesmos e do mundo concreto que nos rodeava.

Contudo, precisávamos ainda enfrentar o problema do cruzamento de conceitos da mecânica clássica e a questão da rotina dos ensaios. Quanto à primeira preocupação, vislumbrávamos o momento onde reuniríamos, de novo, noções que vinham sendo pesquisadas separadamente. Porém, talvez pela dificuldade do material, talvez por certo ranço didático, ainda eram tímidos os esforços para romper com a separação rígida entre os distintos conceitos. E, infelizmente, passaríamos ainda outras semanas trabalhando segundo essa perspectiva. Somente mais tarde, no processo de ensaio, foi que começamos a criar diálogos, justaposições e misturas entre aquelas diferentes noções.

O DIÁLOGO DA ARTE-CIÊNCIA

Quanto à rotina, além da preguiça e da dificuldade de concentração, o maior perigo residia na possibilidade de perdermos o espírito curioso e investigativo que deveria nortear o trabalho. Tínhamos de estar atentos para fugir das cristalizações prematuras, das "cartas na manga" e das "novas muletas". Nesse sentido, a reclamação de que faltava um maior *feedback* da direção era um aspecto em que eu precisava me deter. Não bastava apenas conduzir a pesquisa da física como um todo. Precisava também preocupar-me com os mecanismos, dificuldades e subterfúgios de cada um dos atores. Eram dois os objetivos a serem atingidos concomitantemente.

Com certeza, tal acúmulo de responsabilidades não era tarefa fácil para um diretor com pouca experiência profissional. Porém, aí se encontrava a maior parte do meu desafio e aprendizado. Vejo que não consegui realizar a contento aquela dupla empreitada, mas é inegável que amadureci bastante ao tentar responder às cobranças e pressões que me eram feitas. Eu provara da maçã e, com isso, perdera certa ingenuidade. Mas a inocência não é, também ela, uma espécie de inferno?

A partir desse momento, os cadernos de direção e as anotações esparsas do processo não assinalam mais as datas de cada ensaio. Restam apenas sequências de exercícios tentando cobrir uma ou mais semanas de ensaio; registros de atividades esparsas; anotações soltas por dia da semana (segunda-feira, terça-feira etc.) e não mais por dia do mês e ainda um ou outro fragmento de cronograma com data. Em função disso, e para manter um mínimo de precisão na documentação do processo, adotarei, a partir de agora, apenas a descrição do que foi desenvolvido para cada conceito da mecânica clássica.

A maneira como a pesquisa se estruturou obedece aos mesmos parâmetros das cinco semanas anteriores de ensaio, descritas detalhadamente até agora. Não houve mudança no tempo de ensaio e no esquema de trabalho já consignados, e quaisquer outras modificações ou alterações serão indicadas à medida que aparecerem.

Curiosamente, essas cinco semanas iniciais de trabalho marcam, de fato, uma primeira fase do processo. Não foi à toa que realizamos um balanço do que havíamos desenvolvido até então. E, em razão do Carnaval, interrompemos as atividades por oito dias. A pesquisa entraria, então, em tempo de Quaresma, talvez até mais apropriada à introversão e reflexão que a física nos demandava.

Porém, é importante lembrar que, como visto nas semanas descritas até aqui, conceitos diferentes da física se misturavam no mesmo ensaio. Por exemplo, ao iniciarmos a pesquisa científica sobre duração e intensidade de uma força, tivemos, no mesmo dia, jogos relacionados ao conceito já estudado de aplicação de força e, além disso, o primeiro *workshop* cênico a partir da noção de peso. Ou seja, num mesmo dia de ensaio questões novas eram introduzidas enquanto outras, já vistas, eram retomadas de forma mais criativa ou sob a perspectiva de um aprofundamento teórico-prático.

Nesse sentido, por mais que sejam descritas agora isoladamente as dinâmicas planejadas para cada conceito da mecânica clássica, não se deve esquecer que, assim como os aquecimentos e seminários teriam uma continuidade ao longo do processo, também as investigações científicas e expressivas de diferentes noções da física ocorreriam simultaneamente no mesmo dia de ensaio. O modelo da nossa estrutura de trabalho foi, até bem próximo à estreia de *O Paraíso Perdido*, salvo pequenas alterações, aquele descrito e analisado nas cinco semanas iniciais do processo. É importante que não se perca isso de vista.

Massa

- Pesquisa científica: relação com as diferentes densidades do corpo; verificar a modificação de tônus; explorar a relação tato-contato.
- Exercício: "paredão andante de 'massas'" (uma linha de pessoas, lado a lado, anda no mesmo ritmo, de uma parede a outra da sala).
- Jogo: criar uma "máquina" de compressão de matéria, como se fosse uma linha de montagem onde corpos são comprimidos.
- Improvisação livre: relação da massa corporal de cada um dos atores com diferentes objetos.
- Improvisação expressiva: A transforma B em objetos utilitários (depois os papéis são invertidos).

O DIÁLOGO DA ARTE-CIÊNCIA 81

* Improvisação expressiva (em quarteto): "diálogo entre estátuas" – A manipula B (estátua 1) dialogando com D (estátua 2), que é manipulado por C.

Peso

* Pesquisa científica: amarrar uma corda no teto da sala, para que os atores possam ficar suspensos, experimentando e explorando a atração gravitacional ("exercício do guindaste").
* Jogo de esconde-esconde do centro de gravidade (em dupla): tentar descobrir, a cada momento, onde o parceiro está "colocando" o centro de gravidade dele.
* Pergunta/Resposta: "O que te deixa com peso na consciência?"

Noções Gerais de Força

* Pesquisa científica: verificar a diferença entre *força* e *esforço muscular*.
* Pesquisa científica: verificar o conceito de *força* nos músculos faciais (força nos lábios, sobrancelhas etc.).
* Pesquisa científica com cordas (em dupla): *vetores de força* (sugestões: amarrar a corda numa única parte do corpo da pessoa, depois soltá-la e, à medida que a pessoa for andando, a corda dará um puxão na parte amarrada; ou então, amarrar a corda em várias partes do corpo de uma pessoa, como se ela fosse uma marionete). Importante: realizar o mesmo trabalho usando elásticos.
* Exercício: trabalhar giros com puxões.
* Jogo da atração gravitacional (retomada do jogo já descrito): no início estão todos em círculo, sentados; entram, então, dois atores, jogam e, ao final, sentam-se; entram dois novos atores, repetem a mesma dinâmica, e assim sucessivamente (foco: distância e massa).
* Jogo-desafio: ter de ficar parado durante cinco minutos em uma única posição, sem mexer um só músculo ou fio de cabelo.
* Jogo: "dominó de pessoas", com uma caindo sobre a outra, até todas estarem no chão.

- Improvisação livre: forças interiores *versus* forças exteriores.
- Improvisação livre (em dupla): a partir dos verbos atrair e repelir (importante: na 1ª parte do trabalho, improvisar mais fisicamente e, na 2ª parte, mais expressivamente).
- Improvisação livre (em quarteto): a partir do conceito de interação de forças (importante: na 1ª parte, improvisar mais fisicamente e, na 2ª parte, mais expressivamente, até chegar à construção de uma máquina; não se esquecer também de que na maior parte do tempo estão sendo feitas interações com o chão).
- Improvisação livre (individual): interação de forças com a parede.
- Improvisação livre: usando cordas e elásticos, manipular o outro de longe (foco: vetor de força).
- Improvisação expressiva: a ideia da corda como "a mão de Deus" (sugestão: em algum momento, rebelar-se contra a corda).
- Improvisação expressiva: a partir do tema "corpo livre".
- Improvisação expressiva: "força de vontade".
- Improvisação expressiva: a partir da ideia "o bater palmas como manifestação de força".
- Improvisação expressiva: "o sopro é uma força".
- Improvisação expressiva (em dupla): "dando uma força para o outro".
- Improvisação expressiva (em dupla): a partir da expressão "me dá uma força!" (variação da improvisação anterior).
- Improvisação expressiva (em dupla): "força dramática".
- Improvisação expressiva: "a força da palavra" (importante: explorar a *força* da palavra sem usar, todo o tempo, a voz alta e o grito).
- *Workshop*: a partir do tema "O Peso do Tempo".

A avaliação realizada pelos atores, após esses exercícios, foi a seguinte:

"O chão ou a parede só são duros na medida da tua aplicação de força sobre eles"; "tudo é interação"; "os apoios e os atritos ganharam vida"; "as interações levam ao lúdico"; "não está muito clara a diferença entre aplicação de força e manutenção da força"; "foi

O DIÁLOGO DA ARTE-CIÊNCIA

dificílimo se manter parado durante cinco minutos sem se mexer; às vezes tive a impressão de que ficar parado despende muito mais força do que se movimentar"; "a corda dá uma precisão para o vetor de força"; "é engraçada a sensação de tocar no outro por meio de uma corda"; "a corda materializa a sua vontade e também materializa uma 'terceira' vontade"; "estou com necessidade de mais tempo para as improvisações".

Existem também algumas observações da direção referentes ao trabalho acima efetuado:

"Alguns *workshops* foram longos demais; está faltando mais síntese!"; "perceber a diferença entre tato e interação, pois existe um átimo de segundo na passagem do tato para o contato"; "perceber melhor o número de interações que cada um vai estabelecendo ao realizar a pesquisa"; "a improvisação de 'interação de forças com a parede' foi interessante, pois provocou situações muito diferentes entre si".

O trabalho com as cordas também suscitou uma imagem para uma possível cena, assim registrada: "uma pessoa pulando em direção ao teto com várias cordas amarradas nela e os outros a puxando para o chão. Ou ainda, a imagem de anjos que querem voar, mas são puxados para baixo pelas cordas". Tais imagens, porém, não foram utilizadas no espetáculo.

Tipos de Força

- Pesquisa científica: forças de campo *versus* forças de contato.
- Pesquisa científica (individual): forças de contato (a partir da leitura e discussão do conceito).
- Pesquisa científica (individual): forças de tração (a partir da leitura e discussão do conceito).
- Pesquisa científica (individual, e depois, em duplas): fonte de aplicação da força de tração; primeiro usando uma corda, depois um barbante (importante: em algum momento da pesquisa também verificar a intensidade).
- Pesquisa científica (em dupla): forças de compressão.
- Pesquisa científica: forças de resistência (a partir da leitura e discussão do conceito).

- Pesquisa científica (individual): força de atrito de escorregamento, trabalhando com os seguintes elementos: areia, carpete, sal, borracha, sabão, água e óleo, panos, lixas e patins.
- Pesquisa científica (em dupla): atrito cinético e estático (a partir da dinâmica "ativo/passivo", ou seja, um faz o trabalho e o outro recebe, no caso, A em atrito estático e B em atrito cinético. Depois, invertem-se os papéis).
- Pesquisa científica: leitura e estudo teórico do conceito de atrito, realizado posteriormente à pesquisa prática. Ao final da discussão foi proposto aos atores que trouxessem objetos e materiais que aumentassem ou diminuíssem o atrito.
- Pesquisa científica: força de atrito de escorregamento com os materiais trazidos pelos atores (materiais para o aumento do atrito: pedregulho, pedaço de carpete, borracha, bombril, bucha de banho, isopor, arroz; materiais para a diminuição do atrito: fubá, talco, patins, pedaço de madeira, luvas, meias finas, estopa, bolinhas de chumbo, a parte de baixo de uma vassoura). Sugestão de dinâmica para algum momento da pesquisa: dar um salto numa superfície que retira o atrito e aí escorregar no chão.
- Pesquisa científica: força centrípeta *versus* força centrífuga (foco: estudo de força em trajetórias curvilíneas).
- Jogo: cabo de guerra (com e sem corda).
- Jogo: A quer transpor uma barreira de pessoas; o grupo todo tenta impedi-lo.
- Jogo (gincana): A e B, costas com costas, um querendo imprensar o outro na parede.
- Jogo: "gato e rato".
- Improvisação livre (em trio): forças de tração, explorando sentido e direção das forças.
- Improvisação livre: puxar o cabelo uns dos outros. (sugestão: criar um diálogo puxão-puxão).
- Improvisação livre: trabalhar as forças de tração usando verbos de ação (bater, puxar, punir, humilhar etc.).
- Improvisação livre: trabalho com a resistência do ar, usando leques, ventiladores etc.
- Improvisação livre: trabalho com patins (foco: atrito de escorregamento).

O DIÁLOGO DA ARTE-CIÊNCIA

- Improvisação livre: "mistura de forças", trabalhando, ao mesmo tempo, com *força de tração*, compressão e atrito ou com *força de campo* e *força de contato*.
- Improvisação expressiva: a partir dos verbos de ação *empurrar* e *puxar*.
- Improvisação expressiva: a partir do tema "sala de torturas" (foco: forças de tração).
- Improvisação expressiva: explorar a relação entre *intenção* e *intensidade de força*.
- Improvisação expressiva (em dupla ou trio): fluidos (A mantém-se em movimento enquanto B e C fazem a parte da resistência; A pode mudar de forma e B e C podem variar a densidade).
- Improvisação expressiva (individual): "viagem pelos fluidos", procurando perceber como é mais fácil ou difícil se movimentar em fluidos diferentes (importante: improvisar em um fluido de cada vez). Depois, repetir o trabalho, só que misturando fluidos diferentes ao mesmo tempo.
- Improvisação expressiva (em dupla): a partir do tema "sedução" (foco: esfregar-se um no outro).
- Improvisação expressiva (em quarteto): "a união faz a força".
- *Workshop*: a partir da afirmação "o atrito é uma condenação".

Na pesquisa sobre *força de atrito de escorregamento* apareceram as seguintes "concretizações" do conceito: limpar uma sujeira, coçar-se, friccionar-se, esfregar-se, deslizar o pé no chão para saltar e deslizar pelo cabelo do outro.

Na discussão com os atores, ao fim de cada dia de ensaio, apareceram várias observações ou sugestões. Relato aqui aquelas que consegui recuperar do conjunto das anotações:

"Todo nível de contato gera uma relação"; "o toque mais suave é também uma força"; "achei interessante trabalhar a ideia de contato como sucção"; "tentei perceber que todas as forças de contato são, na verdade, ilusórias, pois tudo é força de campo"; "um obstáculo qualquer ajuda na expansão do comprimento do corpo"; "as partes do corpo que têm curvas apresentam uma possibilidade maior de alongamento"; "o que é mais interessante é a tração gerando o movimento, a tração dinâmica"; "a força de tração implica em elasticidade"; "a força de tração traz uma imagem demoníaca, travessa, moleca";

"a tração me trouxe uma imagem de parto"; "não podemos esquecer que a força de compressão pode ser leve e rápida"; "é difícil conseguir fluência nos trabalhos em trio"; "as duplas deveriam assistir mais umas às outras"; "deveríamos fazer um trabalho relacionando força de tração com força de compressão"; "esta foi uma semana em que a partir do trabalho com a física consegui chegar à *emoção*[10]"; "é preciso ter mais tranquilidade na pesquisa"; "é preciso utilizar também a 'suavidade' no trabalho de força"; "poderíamos trabalhar forças de campo e contato alternadamente"; "temos de estudar melhor as leis da gravitação"; "é fundamental conseguirmos uma piscina de verdade para fazermos a investigação de fluidos"; "seria bom repetir e improvisar por mais tempo o tema da 'sedução'"; "o trabalho com os patins poderia ser mais aprofundado"; "tenho a sensação de que o céu é inteiramente liso, sem atrito, enquanto o inferno é só atrito"; "acho que deveríamos fazer patinação no gelo, além de ir ao Playcenter e ao Waves para experimentarmos algumas coisas"; "a força de atrito não é passiva, mas extremamente útil ao movimento"; "apertando as duas mãos, uma contra a outra, há força de atrito?"; "quando o deslizamento não é possível, a parte do corpo envolvida vai aos 'pulinhos'"; "nas forças de contato há uma penetração, uma percepção do volume, enquanto na força de atrito a percepção fica mais na superfície".

Energia

A pesquisa sobre *energia* – um conceito que nos parecia fundamental – poderia dar margem a muitas confusões e mistificações. Em função disso, resolvemos que ela seria precedida de alguns seminários teóricos. A ideia era que conseguíssemos nos fundamentar minimamente, evitando, assim, uma série de discussões "impressionistas" e vagas, antes do início dos trabalhos práticos. Definimos quatro tópicos fundamentais:

* conceito de energia para a mecânica clássica e quântica (Andréia);
* conceito de energia para Reich e a bioenergética (Daniella);
* conceito de energia no Oriente e nas artes marciais (o *Ki*) (Lúcia Lee);
* conceito de energia para Grotóvski e Barba (Antonio Araújo).

10 Grifo meu.

O DIÁLOGO DA ARTE-CIÊNCIA

Além desses, ainda tivemos mais dois seminários extras, relacionando a energia com a fisiologia e o Teatro Nô, e duas aulas especiais com convidados, uma de *tai chi espada* com Lúcia Lee, especialista em técnicas corporais orientais, e outra com Jean Pierre Kaletrianos, conhecedor e estudioso do trabalho energético grotovskiano.

Após os seminários acima descritos, demos início à pesquisa prática, que foi estruturada da seguinte maneira:

◆ Pesquisa individual livre sobre "conceitos pessoais de energia";
◆ Pesquisa científica: o conceito de energia segundo a mecânica clássica;
◆ Pesquisa científica (individual): energia potencial;
◆ Pesquisa científica (em dupla): a passagem da energia potencial para a energia cinética;
◆ Pesquisa científica (individual): energia cinética;
◆ Pesquisa científica (em trio): energia cinética;
◆ Pesquisa científica (individual): conservação de energia;
◆ Seminário "extra": "Energia e Fisiologia" (Lúcia), seguido de exercícios práticos dele decorrentes;
◆ Pesquisa científica (individual) a partir do seminário acima referido;
◆ Pesquisa científica (individual, em dupla, e em trio): o conceito de energia para Reich e para a bioenergética;
◆ Exercícios realizados a partir do seminário acima referido: práticas de blindagem corporal; posturas da bioenergética; relação de fluxo sanguíneo com fluxo energético; movimentos de contração e expansão (movimento plasmático); movimento involuntário sem pensamento (buscando a não interferência do pensamento); exercícios em dupla a partir de estímulos agradáveis e desagradáveis (aumento e diminuição de "carga");
◆ Pesquisa científica (individual): o conceito de energia no Oriente (o *Ki*);
◆ Seminário "extra": "O Conceito de Energia no Teatro Nô" (Antonio);
◆ Pesquisa científica (individual): o conceito de energia no Teatro Nô;

88 A GÊNESE DA VERTIGEM

- Pesquisa científica (individual): o conceito de energia para Grotóvski e Barba;
- Jogo (em dupla): "segurar e largar" (foco: energia potencial);
- Improvisação livre (em dupla): a partir dos verbos *represar* e *soltar* (foco: energia potencial);
- Improvisação expressiva: a partir da ideia de "transferência de energia";
- Aula especial com Jean Pierre Kaletrianos;
- Aula especial de *tai chi espada* com Lúcia Lee;
- Aquecimento especial com Maria Thaís, desenvolvendo o trabalho de bioenergética a partir do uso de elásticos e da utilização de sons.

A pesquisa individual livre de cada ator a partir de "conceitos pessoais de energia" trouxe as seguintes "concretizações" para uma noção aparentemente tão abstrata: vibração, fricção, saltos, movimento ininterrupto, batidas fortes com o pé, possessão e gritos.

A discussão que se seguiu, após os trabalhos práticos iniciais sobre o conceito de energia, trouxe as seguintes observações:

"Associo energia a calor, a vibração, a ficar 'ligada'; é uma sensação de que sou capaz de fazer tudo; a minha visão melhora muito; já quando surge o cansaço, parece que perco energia" (Daniella); "energia é o contato com todas as coisas; acontece com o movimento e o não movimento; ela sempre está lá quando você consegue entrar em ação" (Johana); "a energia do outro me afeta, me altera, me induz" (Evandro); "tenho a sensação de poder atrair outra pessoa; vejo energia também como consequência; sinto, como num gráfico, um pico de energia ascendente e descendente, com um percurso cíclico, até no menor gesto, no menor movimento" (Marcos); "a energia não se confunde com força, peso ou velocidade; ocorre-me a sensação de diferença entre um morto (sem energia) e um vivo (com energia); tudo transpassa a pele, trazendo a sensação de um calor diferente; com energia o movimento se prolonga" (Lucienne); "associo energia à capacidade para fazer alguma coisa, de poder gerar uma ação, mas também, ao contrário, uma ação pode gerar energia; o calor me dá uma sensação forte de energia" (Mônica); "a energia não está associada ao movimento, para mim; a energia é algo leve; você pode prender a energia, contraindo as extremidades, e pode expandi-la" (Vanderlei); "energia tem a ver com tudo o que estudamos

O DIÁLOGO DA ARTE-CIÊNCIA

até agora: força, quantidade de movimento etc.; o esgotamento físico para mim ainda é falta de energia; a energia dá uma sensação de felicidade, ela é um 'estado de espírito' do músculo; o olhar é um instrumento poderoso nessa percepção de energia" (Lúcia).

Os comentários acima revelam, é claro, um tom muito subjetivo. O que era de se esperar, tanto pela proposta da improvisação ("conceitos pessoais de energia"), quanto pelo fato de serem resultantes do primeiro dia de investigação acerca desse tópico. Da parte da direção houve as seguintes considerações com vistas à continuidade da pesquisa:

"Lembrar dos conceitos: 'energia = força viva' e 'energia = capacidade de realizar trabalho'"; "lembrar também que o conceito de energia está mais ligado a um estado enquanto o conceito de força está mais ligado à interação"; "por fim, não se esquecer de que a energia não pode ser criada ou destruída, mas unicamente transformada".

Avançando mais na pesquisa, chegamos ao conceito de Energia potencial (Ep), que provocou uma experiência intensa nos atores, em termos interpretativos. Relato, a seguir, as observações por eles realizadas:

"Só consegui ter a sensação de energia potencial (Ep) quando eu tinha uma intenção, um objetivo"; "durante a pesquisa me veio a imagem de um animal, de um gato que vai atacar, uma imagem de luta"; "quando estou em movimento e paro subitamente, tenho uma sensação de insegurança"; "nas situações de maior equilíbrio é mais fácil perceber a 'Ep'"; "tem horas em que o músculo abre a comporta, em que você não consegue segurar mais a 'Ep'"; "uma sugestão de exercício seria ficarmos quatro horas absolutamente parados"; "outra possibilidade de exercício seria 'ficarmos em energia potencial', mas sem deixar ninguém perceber para onde a gente vai se movimentar"; "o olhar ajuda a armazenar energia e a liberá-la"; "a respiração também pode ajudar você a segurar mais, a armazenar 'Ep'"; "outra sugestão para a pesquisa seria tentar perceber até onde vai o movimento promovido pela 'Ep'"; "este trabalho sobre a 'Ep' é muito poderoso para chegar ao movimento expressivo, à emoção, à imagem com emoção"; "o trabalho com 'Ep' traz uma sensação de surpresa na relação com o outro; você precisa ficar 'ligado' nos 360º à sua volta"; "me ocorreu também duas sugestões de exercício: manter todo o corpo em movimento, mas deixar uma única parte dele armazenando energia; e uma outra proposta seria fazer uma pessoa ficar numa posição corporal difícil de manter, enquanto as outras tentariam realizar ações para desconcentrá-la, porém sem tocar nela"; "existe uma proporcionalidade entre força e energia? gostaria também de definir melhor o que é a quantidade de movimento".

Na sequência do processo, já que são conceitos complementares, nos encaminhamos para a pesquisa sobre energia cinética. Na dinâmica em trio, uma frase-de-movimento chamou a atenção: "três pessoas andando normalmente pelo espaço; uma delas cai, se agarra à segunda, que também cai no chão, que, por sua vez, se agarra à terceira, que também cai no chão". Tal "cena" parecia antecipar as sequências coreográficas de quedas que iríamos desenvolver mais adiante.

A discussão que se seguiu ao trabalho prático trouxe distintas observações:

"Estou fazendo uma confusão entre quantidade de movimento e energia"; "Tenho a sensação de que o movimento é mais forte quando ele parte da energia potencial ('iminência de movimento') do que quando parte só da energia cinética ('fluxo de movimento')"; "estou o tempo inteiro buscando os instrumentos de percepção da energia, que me parecem estar no cansaço, no calor etc."; "a partir do trabalho com a energia tenho a sensação de que muda o meio onde estou; sinto também uma relação direta entre energia e ação, entre energia e concentração, e entre energia e disponibilidade pessoal para o aqui e agora"; "o jogo é um provocador, um excitador energético"; "o fluxo ininterrupto de movimento traz melhor a sensação de energia cinética"; "sinto dois 'tipos' de energia cinética: a mecânica (o suor, o desgaste, o cansaço) e a 'luminosa' (sensação de felicidade no movimento)"; "existe troca, soma de energia nos trios, é possível sentir o campo de força criado por aquelas três pessoas"; "a emoção talvez possa ser uma forma de entrar em contato com a energia"; "parece um paradoxo, mas o fato de tentar 'encontrar' a energia me atrapalha a percebê-la"; "o círculo, a formação circular de pessoas, produz um campo energético muito forte"; "o olhar contínuo de uma pessoa para outra acentua ou cria um campo energético".

Daniella, que coordenou o seminário e vários exercícios de bioenergética, pediu para que nos lembrássemos de alguns

O DIÁLOGO DA ARTE-CIÊNCIA

conceitos de Reich, justamente pelo fato de ele associar consciência e autopercepção à *energia*. Recordou-nos, por exemplo, "a ideia de emoção como um movimento para fora, um movimento de expulsão"; que "todo movimento tem um significado"; que "os bloqueios de energia têm a ver com a blindagem corporal"; e que "a energia movimenta-se em ondas".

Lúcia, por sua vez, que comandou o trabalho "extra" sobre energia e fisiologia, também solicitou que mantivéssemos alguns elementos em mente: "tônus é a atividade de um músculo em repouso aparente, ou seja, a tensão natural do músculo"; "o aumento de tônus implica em aumento de energia"; "durante o esforço físico, se você pensar na transformação da energia, você não se cansa e não sente necessidade de interromper o trabalho". Dada a dificuldade do conceito em foco, a equipe de pesquisa, como pode ser percebido nos depoimentos acima, estava especialmente empenhada no acompanhamento e auxílio a esse item da investigação.

Ao final dos seminários e atividades práticas em torno do conceito de energia, fizemos uma avaliação geral dessa etapa. Os resultados foram considerados bastante positivos pela maioria dos participantes, ainda que determinados aspectos ou problemas necessitassem de maior desenvolvimento ou estudo. As observações e comentários registrados dos atores nesse encontro foram os seguintes:

"Foi a etapa mais rica do processo; tenho a sensação também de que poderiam ser retomados alguns exercícios" (Vanderlei); "o trabalho que fizemos foi muito forte; tive a sensação de ter ido pela primeira vez a uma feira de ciências" (Evandro); "foi a semana mais confusa e, ao mesmo tempo, a mais instigante; é legal separar os conceitos para poder perceber melhor cada um; a gente tem angústia de coisas que não conhece; gostaria também de repetir os exercícios do seminário do Barba e alguns do Jean Pierre Kaletrianos sobre centro de gravidade" (Lucienne); "para mim, foi a semana mais 'problemática'" (Marcos); "foi a etapa mais complicada, com momentos que ajudaram e momentos que atrapalharam; tive muita ansiedade de concretizar uma coisa que não é concreta; a pesquisa é difícil por causa da imaterialidade do tema; não sei se quero repetir alguns dos exercícios que fizemos" (Mônica); "me senti trabalhando mais pela intuição; isso abriu um canal maior de fluxo dentro da pesquisa" (Daniella); "fui muito racional; acabou sendo a semana menos lucrativa; sugeriria que estudássemos a diferença do movimento na dança e no teatro" (Johana).

Outro comentário importante que surgiu nessa avaliação apontava, sintomaticamente, para o desejo de formatação teatral de todo aquele material de pesquisa. Mônica e Vanderlei colocaram claramente essa vontade, enquanto Johana contra-argumentou dizendo que não sabia se o grupo tinha maturidade suficiente para isso naquele momento. Começava, então, nesse momento do processo, a se esboçar a necessidade do espetáculo.

É importante ressaltar também que, além do surgimento de tal necessidade, esse período de trabalho sobre a energia trouxe muito fortemente a questão da emoção. Confesso que isso não era uma de minhas preocupações e nem da equipe de pesquisa. Para nós, a investigação de conceitos da física parecia estar mais associada ao rigor de análise, ao entendimento racional e corporal daqueles princípios e, na melhor das hipóteses, à sua transformação expressiva e teatral. É curioso notar que essa expressividade por nós almejada parecia estar mais associada a questões formais do que propriamente às de ordem subjetiva e emocional. Daí a surpresa ao percebermos que nossos estudos, além de levar à compreensão mais aprofundada do movimento ou a inauditas formalizações cênicas, também produziam frutos nos estados internos do ator.

Não que nos opuséssemos a isso, apenas não levamos em conta a amplitude de possibilidades que a pesquisa poderia gerar. De novo, infelizmente, talvez estivéssemos separando os elementos em categorias estanques demais. É como se a física clássica não pudesse ter nenhuma relação com questões da subjetividade, como se a racionalização e a emoção fossem dois compartimentos incomunicáveis. Sob uma perspectiva artística, talvez haja tanta dor numa equação matemática quanto há de construção racional num grito de desespero. Não importa. O que a pesquisa sobre energia nos revelou é a interdependência e o diálogo entre aspectos da existência que insistíamos em afastar um do outro. Mais um preconceito ou ingenuidade vinha por terra – a maçã de Newton podia ser a mesma maçã de Eva.

De qualquer maneira, esse período de trabalho sobre o conceito de energia veio encerrar mais uma etapa no processo

O DIÁLOGO DA ARTE-CIÊNCIA 93

de ensaio. A partir desse momento, além de continuarmos investigando os conceitos da mecânica clássica, iniciamos a exploração da mitologia sobre o Paraíso e a Queda. Os ensaios, então, congregariam, num mesmo dia, esses dois universos: o físico e o metafísico. Porém, para que se possa compreender melhor todo o desenvolvimento dado ao primeiro deles, revelando assim aonde a pesquisa da física acabou por nos conduzir, continuaremos a perfazer a trajetória de investigação dos conceitos da mecânica. Caberá, portanto, ao capítulo seguinte, o relato e a análise da exploração que empreendemos sobre o tema do Paraíso. Contudo é fundamental não esquecer que tal exploração temática se iniciará efetivamente a partir daqui.

SEGUNDA FASE DA PESQUISA DA MECÂNICA CLÁSSICA

O que caracteriza essa fase é justamente a introdução ao estudo prático das mitologias da Criação, que era feito paralelamente à pesquisa da física. Os ensaios, portanto, passaram a ser divididos ao meio, sendo que, à medida que o processo avançava, a investigação da mecânica clássica foi perdendo cada vez mais espaço. Contudo, uma prática que começou a ocorrer nesse momento foi o cruzamento de diferentes conceitos da física. Além do estudo individualizado de cada ponto, iniciávamos a exploração do diálogo e da fricção entre eles. As primeiras investigações que fizemos nesse sentido foram:

- Exercício (em dupla): A trabalha *massa* dialogando com B, que trabalha *força* (depois se invertem os papéis).
- Exercício (em dupla): A trabalha *tônus alto* dialogando com B, que trabalha *tônus baixo* (depois se invertem os papéis).
- Exercício (em dupla): A trabalha *peso* dialogando com B, que trabalha *atrito* (depois se invertem os papéis).
- Exercício (em dupla): A trabalha *energia potencial* dialogando com B, que trabalha *energia cinética* (depois se invertem os papéis).

Quanto à continuidade do estudo dos conceitos da física, ela ocorreu obedecendo a sequência *equilíbrio* seguido por *quedas*.

Equilíbrio

+ Pesquisa científica (individual): equilíbrio dinâmico e equilíbrio estático.
+ Pesquisa científica (em dupla): equilíbrio estático.
+ Pesquisa científica: exploração da noção de equilíbrio a partir do uso de diferentes materiais (sapatilhas de ponta; patins; sapatos de salto alto etc.).
+ Pesquisa científica (todos os atores juntos): exploração de equilíbrio com o grupo todo usando uma única e extensa corda.
+ Jogo: gincana de equilíbrio (com cordas) – corrida individual com as pernas amarradas; corrida com duas pessoas amarradas juntas; três pessoas fazem uma estátua e congelam; logo depois as outras pessoas do grupo tentam modificar o equilíbrio dessa estátua.
+ Exercício: verificar o próprio equilíbrio, primeiramente parado e depois girando e usando a parede como apoio.
+ Exercício: trabalho com giros.
+ Exercício: trabalho de equilíbrio com venda nos olhos (a ser realizado em vários dias de ensaio, segundo dinâmicas diferentes).

A pesquisa do conceito de equilíbrio também foi bastante motivadora, talvez pelo caráter de tensão, quase "dramática", presente no limiar entre o equilibrar-se e o desequilibrar-se. Essa situação de perigo, de risco iminente, provocou o engajamento de todos. Outro elemento característico dessa fase foi o uso de venda nos olhos para a realização de alguns exercícios. Tal prática será desenvolvida mais tarde como forma de treinamento para os atores. Na discussão de avaliação, foram trazidos os seguintes comentários:

"O início da pesquisa de equilíbrio foi árduo, mas depois houve uma adaptação"; "quanto menor a área de apoio maior a dificuldade de equilíbrio"; "o equilíbrio parece sempre um equilíbrio de forças";

O DIÁLOGO DA ARTE-CIÊNCIA

"estou confundindo equilíbrio com força"; "no trabalho todo eu nunca pensei de fato em força, pensava somente em concentração e em energia"; "para mim ficou claro o equilíbrio de forças, mas achei o equilíbrio estático muito árido"; "o equilíbrio de olhos fechados ou sem um ponto fixo é mais difícil; o olho é fundamental"; "os exercícios com a venda me trouxeram o medo da queda"; "a pélvis foi necessária o tempo inteiro para a minha concretização de equilíbrio"; "acho que a chave para se conseguir o equilíbrio é tentar focar um ponto externo"; "equilíbrio é basicamente concentração"; "eu girava e pulava e não me sentia tonto, mas quando eu girava, fixava um ponto e ia em direção a ele, isso sim me dava a sensação de desequilíbrio"; "a queda é uma consequência do desequilíbrio"; "para estar em equilíbrio tenho de estar controlando a minha respiração"; "no giro em dupla, tive a sensação de estar parado quando nós dois estávamos girando com a mesma velocidade e isso trazia uma espécie de equilíbrio"; "foi muito interessante pesquisar com alturas diferentes sob os pés"; "parece mesmo que não existe equilíbrio no movimento circular"; "houve finalmente o aparecimento da palavra"[11]; "deveríamos trabalhar mais com a força da palavra"; "poderíamos fazer uma investigação de equilíbrio somente a partir da noção de força"; "também poderíamos explorar mais a relação equilíbrio/desequilíbrio"; "uma ideia interessante seria pesquisar a mistura de energia cinética e equilíbrio"; "outra sugestão seria fazer um dia inteiro de ensaio com vendas, estarmos às escuras durante todo o tempo"; "acredito que fazer a aula de improvisação de contato com vendas deve ser interessante"; "acho que deveríamos experimentar os pontos da física em grupos grandes também, com todos os atores pesquisando juntos"; "penso que poderia ser útil realizar uma investigação de equilíbrio com o corpo preso a uma corda na vertical"; "poderíamos criar mais dificuldades para experimentar o equilíbrio com materiais, usando muletas, cordas etc."; "poderíamos trabalhar a partir de uma fotografia na improvisação expressiva"; "deveríamos filmar a pesquisa em super-8 ou gravá-la em vídeo"; "não devemos nos esquecer que, no equilíbrio, o resultado das forças é nulo".

Quedas

+ Leitura e discussão dos conceitos de *queda dos corpos* e *queda livre*.

11 Tal observação diz respeito não à pesquisa de equilíbrio em si, mas à *improvisação expressiva* "A Força da Palavra", que fora realizada nesse momento, concomitantemente ao estudo sobre o equilíbrio.

- Pesquisa científica (individual e em dupla): quedas (a partir dos conceitos lidos).
- Pesquisa científica: quedas com fluência contínua.
- Pesquisa científica: quedas com fluência interrompida.
- Pesquisa científica: queda interrompida (uma "quase-queda").
- Pesquisa científica (individual): quedas sobre objetos e, na sequência, objetos que caem sobre os corpos.
- Pesquisa científica (em dupla): quedas a partir da relação com objetos manipulados por outro ator.
- Aquecimento para o trabalho com quedas (1), composto de três partes: a. livre e individual (movimento das articulações, alongamento etc.); b. uma pessoa caindo numa cama de braços feita pelo grupo todo; c. uma pessoa escorregando pelo corpo da outra até chegar ao chão (em dupla).
- Aquecimento para o trabalho com quedas (2): circuitos físicos[12] (corrida, saltos, saltos com obstáculos, rolamentos, paradas de mão, rastejamentos, flexões, pular corda, levantamento de peso etc.).
- Aquecimento para o trabalho com quedas (3): realização de três circuitos de quedas diferentes (cada um deles estruturado de acordo com um tipo específico de queda).
- Aquecimento para o trabalho com quedas (4): queda com apoio (movimento lento); queda com apoio e rolamento (movimento lento); queda com rolamento (movimento rápido); queda com rolamento e posterior salto (movimento rápido).
- Aquecimento para o trabalho com quedas (5): queda de partes do corpo.
- Aquecimento para o trabalho com quedas (6): realização da sequência corrida/salto/rolamento/queda/empurrar o outro.
- Exercício: origem e continuidade dos movimentos do bebê até chegar à sua 1ª queda ("a queda do bebê tentando ficar em pé").
- Exercício: explorar a sequência desequilíbrio/queda/impacto.
- Exercício de tipos de queda: queda em torno do eixo; queda apertando e comprimindo o corpo e soltando-o numa "explosão" (soltar grito ou som no momento da "explosão");

---

12 Durante toda a pesquisa de quedas, foram montados vários tipos de circuitos físicos e, cada ator, segundo seu repertório pessoal de exercícios, propôs um circuito físico diferente durante o aquecimento.

O DIÁLOGO DA ARTE-CIÊNCIA

queda com apoio do pé; salto, "explosão" no ar e queda; movimento de ir olhando para trás, cair, virar de frente; escorregar no lugar e cair.

- Exercício de sequências de quedas em dupla: 1. um ator pula nas costas de outro, e os dois caem no chão; 2. um ator cai, e o outro cai de frente em cima dele; 3. "rampa"[13]; 4. um ator puxa o outro para baixo, que então cai; 5. os corpos de dois atores ficam trançados, e os dois caem juntos no chão; 6. um ator lança, com suas pernas, outro ator para o chão; 7. dois atores correm em círculo, e aí, simultaneamente, ambos caem no chão; 8. "puxar o tapete" de um ator, provocando a sua queda no chão; 9. um ator corre, puxa outro ator para baixo e, então, ambos caem; 10. "corrupio"; 11. dois atores em equilíbrio "instável"; após um tempo, um deles cai, e o outro cai logo em seguida; 12. correndo em volta de uma pilastra, dois atores vão se inclinando até cair.
- Exercícios de compensação após o trabalho com quedas: massagem com bolinhas de tênis e de borracha; exercícios de relaxamento para os tendões; posturas de RPG (Reprogramação Postural Global)[14]; massagem com "rolinhos" de toalhas; massagem com os pés, de um ator no outro (além de outras variações de massagem a dois); movimentos leves e vagarosos em fluxo contínuo.
- Jogo A/B (em dupla): A está sempre no chão e procura trazer B para baixo; B tenta resistir. Quando B cair, invertem-se os papéis.
- Construção de uma sequência individual com quinze quedas, trabalhando as ligações entre elas[15].
- Seleção de seis quedas em dupla e posterior apresentação para todo o grupo.
- Revisão de todas as quedas investigadas e desenvolvidas durante a pesquisa.

---

13 Tanto esta queda (3) como a posterior "corrupio" (10) não estão explicitadas claramente no caderno de direção.

14 RPG é uma técnica de fisioterapia criada em 1981 pelo francês Phillipe Souchard, que procura corrigir desvios posturais a partir de um trabalho sobre as cadeias musculares.

15 Ao longo do processo de investigação foram construídas diferentes sequências de queda, tanto individuais quanto em duplas, constituindo o que chamávamos de "blocos de queda".

98 A GÊNESE DA VERTIGEM

- Filmagem em vídeo de quedas selecionadas.
- Improvisação livre: queda em câmera lenta.
- Improvisação livre: queda de um ator com todos os outros segurando partes do corpo dele, até atingir o chão.
- Improvisação livre: queda com sons (foco: verificar possibilidades vocais – gemidos, gritos etc. – no momento em que se estiver caindo).
- Improvisação livre (em dupla e com a utilização de materiais): a partir da proposição "cair junto com um objeto".
- Improvisação livre: a partir da proposição "a queda como desmaio".
- Improvisação expressiva: "a dor da queda".
- Improvisação expressiva: "a queda como consequência do suicídio".
- Improvisação expressiva: "queda trágica e queda cômica".
- *Workshop*: "A queda é uma cegueira".

Apesar das várias discussões e avaliações que efetuamos durante a pesquisa sobre quedas, encontram-se registradas apenas algumas poucas observações:

"É necessário fazer mais tempo de aquecimento para a pesquisa de quedas"; "o trabalho de quedas dá um pouco de medo"; "vai ser fundamental fazermos o treinamento de quedas com o uso de colchões"; "poderíamos também mudar o tipo de chão sobre o qual pesquisamos, experimentando outros tipos de piso"; "seria interessante trabalhar com elementos ou instrumentos como balanço, trapézio, cama elástica e espumas atadas ao corpo".

A equipe de pesquisa, em sua avaliação, também teceu algumas considerações:

"Pedir ajuda para Tica Lemos em relação à pesquisa de quedas"; "é muito interessante os exercícios de base do treinamento acrobático do Marcelo Milan[16]; deveríamos conversar com ele sobre um treino complementar para os braços"; "precisamos fazer um trabalho mais decupado com as quedas"; "é fundamental estabelecer um aquecimento para as quedas e também um 'desaquecimento' posterior, uma espécie de compensação física"; "precisamos desenvolver

---

16 Marcelo Milan substituiu Maria Thaís na condução do treinamento de acrobacia.

O DIÁLOGO DA ARTE-CIÊNCIA

alguma dinâmica ou artifício para os atores não ficarem 'pensando demais' antes de caírem no chão"; "é necessário verificar qual o melhor horário para o treino de quedas durante o ensaio".

Pela descrição das inúmeras atividades e exercícios acima listados, pode-se inferir como a pesquisa de *quedas* foi uma das mais mobilizadoras do processo. Esse foi o conceito da física em que nós provavelmente mais tempo nos detivemos. Quiçá as razões para isso podem ser encontradas nas relações desse princípio da mecânica com o universo teatral e mitológico. Porém, é importante também investigar outras causas, identificáveis no percurso da pesquisa realizado até então.

Ao analisarmos retroativamente o processo, é possível constatar que conceitos como o de *massa* e *peso* trouxeram muitos elementos para o estudo do movimento em si. Eles nos ajudaram a compreender alguns determinantes fundamentais da movimentação e do funcionamento do corpo humano. Para tanto, estimularam uma pesquisa centrada no próprio indivíduo, na sua fisiologia, nas suas densidades e volumes e, ainda, na relação do corpo com a gravidade.

Por sua vez, os conceitos de *força*, *energia* e *equilíbrio* estimularam a percepção de elementos contrários ou contrastantes, de jogos de oposições, de conflitos ou de relações instáveis, que muito se aproximam do universo teatral. Além disso – ou talvez justamente por isso – foi uma pesquisa que estimulou o diálogo entre os atores, as improvisações em duplas e os jogos de confronto, apresentando um aspecto mais inter-relacional, interpessoal, do que aqueles dois primeiros conceitos. Daí o salto qualitativo obtido, em termos expressivos e teatrais, com o estudo desses últimos tópicos.

Porém, ao chegarmos ao conceito de *queda*, ocorreu uma dupla associação de elementos. Além do aspecto teatral, que também lhe é intrínseco – a "tragicidade" ou a "comicidade" provocadas por uma queda – agregou-se a aproximação ou a materialização do conteúdo temático do trabalho: a Queda do Homem. Ou seja, parecia que finalmente, de maneira concreta, estabelecíamos a junção entre a mecânica clássica e o Paraíso perdido, entre física e metafísica. A *queda livre* parecia ser, naquele momento, a melhor tradução do *Homem Caído*, pelo menos, em nível cênico.

E como já era inegável e inadiável o desejo de montagem de um espetáculo, o estudo do conceito de queda apontou-nos um caminho para a síntese desses dois universos até então pouco conectados. Essa, na verdade, parece ser a justificativa principal do interesse, da longa duração e do largo desenvolvimento que esse conceito da física teve no processo de ensaio.

Sintomaticamente, ele constituiu-se no último item da mecânica clássica que pesquisamos. A queda, física ou mitológica, era o nosso eixo central e, também, nosso ponto de chegada, ainda que houvéssemos dado muitas voltas até atingirmos tal compreensão. Daí porque o trabalho sobre *queda*, por paradoxal que pareça, traduzia não uma perda, mas um encontro.

Ainda em relação a essa última etapa da pesquisa da física, é importante observar algumas outras preocupações que entraram em pauta. A primeira foi o maior estímulo dado à questão vocal, seja pela exploração de sonoridades, seja pela utilização da fala. Improvisações expressivas como "a força da palavra" ou o trabalho de quedas com emissão de sons são um indicativo disso.

Evidentemente, tais exercícios ocasionais não resolveram o problema do desequilíbrio entre a pesquisa corporal e vocal, que atravessou todo o processo e que continuará flagrante mesmo após a estreia de *O Paraíso Perdido*. O movimento do corpo havia, sem dúvida, sobrepujado a expressividade da voz. E precisaríamos de outro processo – no caso, *O Livro de Jó* – para explorarmos e nos aprofundarmos na pesquisa vocal. De qualquer forma, os exercícios acima referidos revelavam, ainda que tardiamente, a necessidade de investigarmos uma mecânica do som ou da voz.

Outra modificação importante foi a criação de um aquecimento específico voltado para o conceito que estava sendo trabalhado. Conforme já apontado, era clara a relação entre acrobacia, método laban e improvisação de contato com a física clássica. Porém, muitas vezes, havia a sensação de estarmos aprendendo só uma nova técnica ou nos reciclando profissionalmente ao invés de estarmos realizando um aquecimento direcionado para as necessidades concretas da pesquisa.

Com o conceito de *queda* isso sofreu uma alteração, pois começamos a esboçar uma preparação física projetada exclusivamente para essa investigação. Como se aquecer para um

O DIÁLOGO DA ARTE-CIÊNCIA

treinamento de quedas? Que tipo de necessidades corporais tal pesquisa demanda? Como se preparar para essa prática a fim de evitar danos físicos? Essas foram questões que nos orientaram na formulação de um aquecimento específico.

Somado a isso surgiu a proposta de uma prática de "desaquecimento" ou compensação como forma de concluir o trabalho investigativo em questão. As razões para tal iniciativa foram as mais pragmáticas possíveis. O treino de quedas era um dos mais exigentes em termos corporais, pois se tratava de um trabalho de alto impacto, com claras possibilidades de ocasionar riscos físicos para os atores. Daí a obrigatoriedade de se revisar as práticas de aquecimento e de promover um cuidado maior com a segurança e integridade corporais dos intérpretes. Além de como iniciar, era fundamental descobrir também o como finalizar – via relaxamento, massagem etc. – uma atividade física desgastante.

Outra questão a ser salientada, e que já anuncia o futuro espetáculo, é a prática, agora frequente de construção de sequências coreográficas ou partituras de movimento. A preocupação com a formalização, precária que fosse, do conceito da física em estudo, revela uma modificação de abordagem no processo. A materialização da pesquisa em algum tipo de resultado passava para o primeiro plano. Iniciaríamos, a partir de então, o árido exercício das sínteses cênicas do vasto material produzido, e já podíamos antever, embora imprecisamente, as dificuldades que nos aguardavam.

Como último aspecto, pode-se observar a ocorrência de uma pequena ampliação de perspectiva acerca do trabalho interpretativo. Os atores, até então, vinham sendo solicitados, prioritariamente, como pesquisadores ou criadores de material expressivo bruto. É claro que, tanto a direção como a equipe de pesquisa sempre tentavam identificar vícios, "muletas" ou deficiências na prática dos intérpretes, mas – é preciso admitir – tais observações vinham atreladas às necessidades da pesquisa em si, mais do que a uma preocupação específica sobre o trabalho do ator.

Porém, ao investigarmos o conceito de *queda*, um problema de caráter mais amplo surgiu: como conseguir que os atores parassem de racionalizar antes de se lançarem numa queda? Ou, ainda, como não antecipar a própria queda? Tal indagação nos levou de volta à discussão sobre mecanismos interpretativos, no caso, a relação entre ação e pensamento, que os conceitos da física haviam ofuscado. Ainda que as soluções para esse problema possam não ter sido as mais satisfatórias (sequência ininterrupta de quedas; quedas com venda nos olhos etc.), o que pareceu importante foi o surgimento dessa preocupação interpretativa de caráter mais geral, e não apenas corporal, coreográfico ou dramatúrgico. Infelizmente, inquietações de tal ordem não foram a tônica desse processo.

Como conclusão de nosso estudo sobre a mecânica clássica, houve duas tentativas de sistematização da pesquisa, que talvez ajudem a iluminar o percurso por nós percorrido. Elas se configuraram como uma síntese ou uma súmula de todo o processo de investigação.

A primeira delas foi a demonstração de trabalho realizada por seis atores do grupo (Daniella, Evandro, Johana, Lucienne, Marcos e Vanderlei), sob minha coordenação, na 44ª Reunião Anual da SBPC, no dia 15 de julho de 1992. O título do encontro era Demonstração Teatral: os Princípios da Mecânica Clássica (Galileu e Newton) Aplicados ao Movimento Expressivo, e teria a duração de uma hora para a amostragem dos resultados da pesquisa.

A outra iniciativa foi a oficina para atores e bailarinos – cuja prosaica motivação era o levantamento de fundos para a contratação de um produtor executivo – realizada durante um fim de semana na Academia de Ginástica Olímpica Yashi. O nome da oficina, talvez não muito atraente em termos mercadológicos, era A Física Clássica Aplicada ao Movimento Expressivo, e ocorreu nos dias 8 e 9 de agosto de 1992, das 14h00 às 18h00.

Ambas as iniciativas, além de nos proporcionarem revisitar todos os elementos e procedimentos da pesquisa, nos obrigaram também a um exercício pedagógico de transmissão daquela experiência. Elas materializam a síntese de vários meses de trabalho. Porém, na medida em que quase todas as dinâmicas nelas contidas já foram previamente apresentadas, pareceu-me mais apropriado descrever apenas uma neste capítulo (Demonstração SBPC), deixando a outra, a Oficina Yashi, como parte dos anexos desta publicação.

O DIÁLOGO DA ARTE-CIÊNCIA

*Demonstração de Trabalho
na 44ª Reunião Anual da* SBPC

Apresenta-se a seguir, de forma resumida, o roteiro dessa demonstração, cujo registro, quase completo, encontra-se gravado em vídeo.

- Exposição inicial sobre as razões e a metodologia da pesquisa (é importante destacar uma frase dessa apresentação: "Não queremos fazer uma ilustração animada de um manual de física [...] não temos o rigor científico ou da física, o nosso rigor é artístico").
- Pesquisa científica de *massa*: associação de massas (duas duplas).
- Improvisação expressiva de *massa*: a partir do tema "namoro" (uma dupla).
- Pesquisa científica individual de *força-peso* (todo o grupo).
- Improvisação expressiva de *força-peso* em duas etapas: improvisação livre a partir da proposição "transportar o outro" e, após um tempo, a improvisação expressiva propriamente dita, a partir da frase de Sartre "O inferno são os outros" (duas duplas).
- Pesquisa científica de *força* (como sinônimo de "interação") em três etapas distintas, a partir das características da força: *ponto de aplicação*; *duração da força* e *intensidade* (o grupo todo).
- Jogo A/B (luta): A quer movimentar B; B quer ficar parado; depois, invertem-se os papéis (duas duplas).
- Improvisação expressiva de tipos de força: *força de contato*, a partir do tema "sedução"(duas duplas).
- Improvisação expressiva de tipos de força: *força de tração*, a partir do tema "sala de torturas" (um trio).
- Improvisação expressiva de tipos de força: *força de atrito*, a partir da utilização de materiais que aumentam ou diminuem o atrito (solo).
- Improvisação expressiva de *vetor de força*: a partir da utilização de um elástico (solo).
- Improvisação expressiva individual, utilizando todos os conceitos apresentados até então (características e tipos de força), a partir do tema "força dramática" (quatro atores).

104 A GÊNESE DA VERTIGEM

- Pesquisa científica de *equilíbrio*: a partir da utilização de materiais como salto alto, patins, sapato ao contrário, sapatilha de ponta (quatro atores, um por vez).
- Pesquisa científica de *equilíbrio*: a partir da utilização de vendas nos olhos (duas duplas).
- Pesquisa científica de *equilíbrio*: a partir da utilização de uma única corda para todo o grupo.
- Pesquisa científica e improvisação expressiva de *quedas*: a partir do treinamento de quedas, ir incorporando o tema "quedas cômicas e quedas trágicas" (o grupo todo).
- Cena de quedas: "a queda do colo da mãe", desenvolvida a partir da pesquisa temática sobre a perda do Paraíso (o grupo todo, três duplas).

Como pode ser percebido, tal demonstração efetuou uma revisão de tudo o que havíamos pesquisado. Além disso, obrigou-nos a escolher os exercícios e dinâmicas que surtiram os melhores resultados, estimulando, então, a realização de uma crítica do percurso por nós realizado.

Parece sintomático que um conceito tão abstrato como o de energia tenha sido deixado de fora. O tempo exíguo de uma demonstração não parece ser o mais apropriado ao enfrentamento da bruma e mistificações que tal conceito envolve.

Outra dúvida que nos assaltava era se aquela investigação faria sentido para outras pessoas, fossem elas artistas ou físicos teóricos. Infelizmente, não possuímos registros escritos ou gravados de avaliação dos participantes, mas recordo-me que ela foi bastante positiva. Um *feedback* que recebemos, ao fim da Oficina Yashi, foi o de que o nosso material se constituía de um conjunto de vivências/experiências, sem ainda, contudo, se configurar como uma técnica. Avaliação correta já que seria impossível, em tão pouco tempo, chegarmos a tanto. Aliás, nem pretendíamos isso. Porém, de maneira geral, a questão interdisciplinar – teatro e física – foi a que despertou maior curiosidade e, também, os maiores elogios, mesmo de um público bastante crítico como o da SBPC.

Por sua vez, a Oficina Yashi ainda trouxe uma contribuição suplementar. Ela marcou o encontro do grupo com o ator Matheus Nachtergaele. A sua arrojada participação na oficina

O DIÁLOGO DA ARTE-CIÊNCIA

chamou a atenção de todos, o que resultou no convite para que ele integrasse o trabalho, substituindo a atriz Mônica Guimarães, que havia deixado o grupo há poucas semanas. Matheus ainda pôde acompanhar os desdobramentos finais da pesquisa da física, mas sua entrada está principalmente associada ao período de investigação dos mitos do Paraíso e Queda.

Lançando um olhar retrospectivo, que balanço poderíamos fazer dessa experiência? Muitos dos acertos e fracassos já foram expostos ao longo do capítulo. Porém, a avaliação principal a ser feita é a de que esse processo trouxe, de fato, uma prática metodológica de pesquisa em arte. O estudo da física e do método científico, em *O Paraíso Perdido*, nos contaminou e nos estimulou na busca de um método próprio de pesquisa teatral. Apenas por isso tal experiência já teria feito sentido.

Porém, poderíamos ainda acrescentar outras conquistas. Como, por exemplo, a realização de uma investigação interdisciplinar, promovendo o diálogo entre a física e o teatro. A enrijecida atitude de especialização, acostumada a colocar os diferentes saberes em polos distantes e demarcados, teve de abrir espaço para um conhecimento mais complexo e integrado, abarcando a confluência entre a práxis artística e a científica. Para nossa surpresa, um material aparentemente tão árduo quanto a física serviu de *parti pris* altamente estimulante à criação artística. Arte e ciência nunca haviam estado tão próximas em nossas trajetórias.

Outro elemento importante trazido por essa pesquisa foi a aquisição de uma maior conscientização corporal ou, no mínimo, de uma nova abordagem na percepção do movimento. Ainda que isso não possa ser percebido explicitamente no espetáculo final, com certeza estava ali, impregnado no corpo daqueles atores-pesquisadores. É claro que esse outro tipo de consciência corporal pressupõe a vivência das explorações, exercícios e dinâmicas com os quais nos defrontamos meses a fio. Nesse sentido, é de se lamentar o fato de não termos continuado tal investigação após a estreia de *O Paraíso Perdido*, e nem ao menos termos incorporado, sob a forma de treino, os resultados obtidos.

Pode-se questionar ainda, entre outros problemas, a necessidade da presença de três técnicas diferentes para o aquecimento, o desequilíbrio entre a pesquisa corporal e vocal, e a pouca utilização dos conceitos da mecânica para uma investigação mais aprofundada sobre o trabalho do ator. Em relação a esse último item, parece que fomos demasiadamente capturados pelo aspecto físico ou formal do movimento. Poderíamos ter alçado voos maiores no campo da interpretação, inclusive estudando os elos entre princípios tão concretos da física com elementos da subjetividade e da experiência interna do intérprete.

É de se lamentar, também, que alguns outros conceitos da mecânica clássica não tenham sido investigados. Itens como *lançamento de corpos, choques* ou *o movimento circular* são exemplos disso. Além do inequívoco interesse *per se* desses elementos, eles ainda apontam para uma forte potencialidade teatral. Outra ausência ainda foi a dos desdobramentos da física contemporânea, que mesmo não constituindo o foco central da pesquisa, pertenciam ao nosso horizonte de perspectivas. Para além da visão mecânica do mundo – e do movimento – em que tudo ocorre por relações de causa e efeito, também nos interessava dialogar com abordagens mais recentes, como as teorias da entropia, do caos e da complexidade. Infelizmente, faltou esse contraponto à pesquisa, acentuado pelo fato de o grupo ter abandonado inteiramente a investigação da física em seu trabalho seguinte.

Porém, talvez, a crítica mais grave a ser feita seja a pouca relação entre o estudo da mecânica e o tema do espetáculo. Este foi, provavelmente, o maior problema enfrentado pelo processo. Vivemos uma experiência esquizofrênica, pois realizávamos duas pesquisas paralelas, ambas igualmente estimulantes, mas que pouco se tocavam. Ou, quiçá, pouca tenha sido a nossa/minha capacidade de entrecruzá-las. Várias vezes, durante a construção do espetáculo, tínhamos a sensação de que interrompíamos a pesquisa da mecânica para iniciarmos a do tema, e vice-versa. Tal duplicidade de foco foi geradora de angústia e insatisfação, tendo sido um dos elementos de desestabilização e desgaste do processo.

Contudo, avancemos rumo ao Paraíso. Deixemos a física para, então, mergulharmos – ou cairmos – na metafísica.

3. O Depoimento Pessoal

as visões do paraíso e memória da queda

> *Um acontecimento vivido é finito, ou pelo menos encerrado na esfera do vivido, ao passo que o acontecimento lembrado é sem limites, porque é apenas uma chave para tudo o que veio antes e depois.*
>
> WALTER BENJAMIN, A Imagem de Proust, *Obras Escolhidas*, v. 1, p. 37.

A ideia original de investigar as mitologias do Paraíso e da Queda do Homem se vinculava à obtenção de um suporte temático sobre o qual aplicar os conceitos estudados na mecânica clássica. Como tais conceitos nos pareciam abstratos demais, julgávamos importante a existência de algum subsídio concreto para funcionar de esteio ou fonte de inspiração. Além disso, essa escolha deveria recair sobre um universo que também nos interessasse explorar. Ou seja, não bastava recorrer a qualquer tema disponível, por mais estimulante que fosse. Era preciso encontrar um assunto que provocasse forte reverberação e que dialogasse com nossas angústias e preocupações.

Evidentemente, a importância dada a tal escolha já trazia em si – ainda que de modo inconsciente – o desejo de realização de uma obra artística. Tanto quanto uma investigação sobre o movimento a partir de conceitos da física, interessava-nos a discussão de determinados temas. Nesse sentido, por mais que o nosso discurso subjugasse uma instância à outra, na verdade tínhamos dois focos de atração igualmente fortes. Fosse um mecanismo de autoengano ou de manipulação semiconsciente, o desejo de criação de uma peça emergiria com força, mais cedo ou mais tarde, no processo de ensaio.

É claro que essa duplicidade de pesquisa gerou uma esquizofrenia no âmbito do trabalho, por vezes bastante dolorosa, e responsável por muitas das crises que enfrentamos. Em vários momentos, sofremos enorme pressão para reunir duas realidades que tinham raízes e conformações muito distintas. O sentimento sempre presente de que estávamos abandonando uma em função de outra, e vice-versa, associado à frustração de não levar ao limite da exploração os dois objetos de estudo, configurará uma sensação recorrente no processo.

Por ora, a primeira pergunta é: como chegamos à escolha do tema do Paraíso? O caminho até essa opção não foi simples e direto. De início, é importante destacar um episódio desvinculado da criação do Teatro da Vertigem, mas que repercutiu no período de formação do grupo. No início de 1991, formou-se um núcleo de leitura de textos – dramatúrgicos ou não – composto por mim, Emílio de Mello, Lúcia Romano e Vanderlei Bernardino. O ponto de confluência era a leitura dos textos preferidos de cada um e que, de alguma forma, se constituíssem em "objeto de desejo" para uma futura montagem. Além da leitura e estudo de um material literário ou dramatúrgico de qualidade, vislumbrávamos a possibilidade de encontrar uma obra que agradasse a todos, resultando daí um eventual espetáculo.

O problema foi que a "peça preferida" ou o "texto da vida" de cada um não encontrava ressonância equivalente nos outros integrantes do núcleo. Tanto é que, após alguns meses de várias rodadas de leitura, o grupo acabou por se dissolver, sem nunca chegar a um mínimo denominador comum.

Quando, mais tarde, começamos a nos reunir para projetar a pesquisa da física clássica, e imaginávamos ser útil a definição de um substrato textual sobre o qual aplicar os áridos conceitos newtonianos, veio a lembrança da referida experiência e encaminhei uma proposição diferente àquele novo núcleo. Por que não definíamos juntos um tema ou questão de interesse comum e, só então, a partir dessa zona de intersecção, tentássemos encontrar uma obra que o materializasse? Propus o caminho inverso daquele percorrido alguns meses antes, procurando otimizar o tempo e evitar a quase certa futura frustração.

Tal perspectiva também, além de nos exercitar na prática coletiva da busca de consenso, colocava-nos em confronto com nosso universo pessoal e com a inquietação artística de cada um dos integrantes. Iniciava-se aí o esboço de uma abordagem de trabalho e de uma atitude frente à arte que seria amadurecida ao longo da trajetória do grupo.

Nesse caso específico, após algumas horas de discussão, conseguimos chegar ao único problema de interesse comum: *a questão do sagrado no mundo contemporâneo*. Tal questionamento, por diferentes razões, se revelava mobilizador. Pois nem o ateísmo professado nos tempos da universidade, nem as experiências religiosas que tivéramos em nossas infâncias e muito menos ainda o crescente misticismo de *boutique* ou de *shopping*, consolidado na mercadológica onda *New Age* do final do século xx parecia dar conta de nossas interrogações metafísicas. Além disso, o esgotamento de certo ceticismo ou niilismo, presente na década de 1980, parecia nos reaproximar do debate crença/descrença.

De qualquer maneira, segundo o acordo tácito firmado no grupo, a referida temática seria "apenas" um subsídio para as investigações da mecânica, o que retirava dessa escolha a obrigatoriedade de construção de um espetáculo em torno dela. Ledo engano que nos arrastaria ainda por três peças e por vários anos de trabalho sob o mesmo foco.

Na reunião seguinte àquela, apresentei a sugestão de um texto com o qual havia entrado em contato na adolescência, e que, apesar de difícil leitura, oferecia um título bastante sugestivo: *O Paraíso Perdido*, de John Milton. Relatei rapidamente sobre o que se tratava e lemos juntos alguns dos "resumos" que precedem cada um dos capítulos.

É fato que ninguém ficou exatamente entusiasmado com o referido poema épico, mas, sim, com a perspectiva de utilizá-lo como ponto de partida para a discussão da separação entre a instância humana e a divina. Interessava-nos mais o problema da perda do Paraíso do que a obra em si do poeta inglês. Todos concordaram com a sugestão, desde que fosse desdobrada em um estudo mais amplo sobre as mitologias da Queda. Havíamos, então, encontrado o nosso segundo denominador comum, sem suspeitar ainda do futuro espetáculo ao qual ele nos levaria.

PRINCÍPIOS DO DEPOIMENTO PESSOAL

A abordagem pela qual esse tema seria tratado radicalizaria, em um primeiro momento, os pressupostos individuais e subjetivos. O que mais importava era o desenvolvimento de uma visão pessoal e o posicionamento crítico de cada um dos atores frente a tal assunto. Essa perspectiva, que viria a se tornar um dos eixos fundamentais de criação no Teatro da Vertigem, é o que denominamos de *depoimento pessoal*.

De acordo com essa ótica, tal abordagem pressupõe que o ator emita uma opinião, uma crítica, uma impressão ou mesmo uma imagem ou sensação com respeito ao conteúdo trabalhado. No lugar de um ator que simplesmente executasse indicações dramatúrgicas ou cênicas, buscávamos um ator opinativo e com proposições. Para tanto, além do viés crítico, o ator recorreria à sua história pessoal para a realização de cenas e *workshops* que, por sua vez, colaborariam na construção coletiva do próprio espetáculo.

Nesse sentido, o depoimento pessoal não funciona apenas como instrumento de pesquisa, no caso, temática, mas também como gerador do material bruto para a concretização da peça. Além de se constituir em exercício interpretativo de caráter investigatório, ele também conclama o ator a assumir o papel de autor e criador *da cena*, que é construída a partir do material que ele mesmo traz para os ensaios.

Portanto, não nos interessava um ator apenas executor ou corporificador de projetos de outrem. Projetávamos para ele o compartilhamento da criação em pé de igualdade com todos os outros realizadores. Daí o fato de esse ator não apenas representar uma personagem, mas, sobretudo, de efetuar um depoimento artístico autoral. Agente não apenas físico ou vocal, mas também conceitual e crítico. Por isso, nos referirmos a esse tipo de *performer* como ator-pensador, ator-criador, ou ainda a(u)tor.

Do ponto de vista estritamente interpretativo, a prática do depoimento pessoal, por meio de seu caráter confessional, vai estimular no ator um estado de abertura e desprendimento, provocando o que poderíamos chamar de *desvelamento*. Ao longo da trajetória do Vertigem, fomos percebendo o quão poderosa pode ser essa ferramenta, capaz de interferir concretamente nos

O DEPOIMENTO PESSOAL

mecanismos de bloqueio do ator, além de instaurar uma base de sinceridade e entrega, muito cara a nossos processos.

Na perspectiva de um grupo de teatro, esse tipo de prática, que pode parecer demasiadamente autocentrada na individualidade do ator, acaba por promover também a cumplicidade e o amadurecimento nas relações interpessoais na medida em que os intérpretes vão conquistando, conjuntamente, um "espaço *comum* de desvelamentos". Conforme um ator vai se abrindo e compartilhando suas histórias, memórias e posicionamentos pessoais, os outros atores também vão sendo contaminados por tal atitude, e um espírito coletivo de respeito mútuo, de parceria e de cumplicidade vai se consolidando.

Além disso, por paradoxal que pareça, é preciso que se acirre o olhar individual para poder emergir a visão multifacetada do coletivo. A radicalização das individualidades abre espaço para que os diferentes dialoguem e, na sequência, o conjunto se afirme. O ator neutro, que não se posiciona no processo, é um entrave à polifonia grupal. Pois é justamente do embate de múltiplos depoimentos pessoais que surgirá o *depoimento coletivo*.

Em linhas gerais, o exercício do depoimento pessoal configura-se da seguinte maneira:

- é desenvolvido a partir das relações e dos confrontos dos atores e dos outros criadores com os conteúdos e temas do projeto (ex.: "qual é a *sua* ideia de Paraíso?");
- utiliza componentes subjetivos específicos (os sentidos, os sentimentos e a imaginação de cada um), procurando proporcionar um mergulho interno do ator em relação aos assuntos tratados;
- resgata a memória pessoal, por meio da retomada de histórias individuais passadas, de objetos antigos da infância e juventude (com os quais exista uma relação significativa) e de registros subjetivos os mais remotos[1];

---

1 Podem-se estabelecer conexões desse item com o princípio das *associações livres* da psicanálise: "Para evitar isso põe-se previamente o paciente a par do que pode ocorrer, pedindo-lhe que renuncie a qualquer crítica; sem nenhuma seleção deverá expor tudo que lhe vier ao pensamento, mesmo que lhe pareça errôneo, despropositado ou absurdo e, especialmente, se lhe for desagradável a vinda dessas ideias à mente". S. Freud, *Cinco Lições de Psicanálise*, p. 34.

112 A GÊNESE DA VERTIGEM

+ exercita a reflexão crítica e conceitual com respeito aos temas, por meio de um posicionamento individual, tanto nos debates e discussões em grupo como nas improvisações e *workshops*;

+ enfatiza, nas leituras obrigatórias e apresentação de seminários, uma reelaboração própria e particular do material estudado.

Sob o ponto de vista metodológico, o depoimento pessoal poderá se valer de diferentes práticas ou dinâmicas. A principal delas é o chamado *workshop*, já descrito anteriormente, ao analisarmos os elementos da pesquisa expressiva. Essa improvisação ou "quase-cena", com um ou mais dias de elaboração, radicaliza o aspecto autoral, confessional e crítico. O ator-dramaturgo-encenador traz "de casa" tal improvisação já estruturada cenicamente – ainda que como esboço – e compartilha com os demais a sua leitura pessoal do tema.

Porém, essa perspectiva individual se manifestará também em outros tipos de exercícios ou improvisações, já que é esse justamente o eixo orientador do trabalho dos atores. Vivências[2], jogos, improvisações temáticas, pergunta/resposta[3], escrita automática[4], seleção e elaboração de sequências de movimento, tudo se constituirá em canal para o exercício da visão pessoal.

Porém, antes de verificarmos a prática dessas dinâmicas em sala de ensaio e a consolidação do depoimento pessoal na relação com o tema do sagrado, tratemos de algumas questões preparatórias. A primeira delas diz respeito às leituras e seminários. Além da bibliografia básica já apresentada, agregamos uma série de seminários e encontros, realizados pelo próprio grupo ou por especialistas convidados, tendo em vista o estudo das visões do Paraíso nas diferentes civilizações. Eles foram estruturados da seguinte maneira:

2 Trabalho individual de exploração de um tema, imagem, estado ou situação, funcionando como um aquecimento subjetivo, sensorial e emocional para os atores.

3 Prática de trabalho improvisacional desenvolvido pela coreógrafa alemã Pina Bausch.

4 Improvisação de caráter textual, inspirada em procedimentos do surrealismo, na qual os atores, após a proposição de um tema ou do início de uma frase, têm de anotar imediatamente num papel tudo o que lhes vêm à mente, procurando não julgar ou criticar aquilo que escrevem. Refere-se diretamente às *associações livres*, descritas na nota 1 deste capítulo.

O DEPOIMENTO PESSOAL

- Mesopotâmia;
- o universo judaico-cristão: análise do *Gênesis*;
- Índia;
- China: palestra com Lúcia Lee;
- Egito;
- Grécia: palestra com Jaa Torrano;
- Japão: palestra com o monge budista Ricardo Mário Gonçalves;
- mitologia celta;
- os povos pré-colombianos (astecas, maias e incas): palestra com Hélio Eichbauer;
- os povos indígenas brasileiros e americanos;
- os povos africanos;
- a tradição islâmica.

Pelos registros encontrados verificou-se que nem todos os seminários e encontros foram realizados, porém, de uma maneira ou de outra, ainda que por referências enciclopédicas ou por estudos panorâmicos, tentamos percorrer as diferentes visões do Paraíso e da Queda presentes nas civilizações mencionadas. É claro que, incorrendo novamente no mesmo erro, pagávamos o preço da abrangência exagerada em relação ao estudo temático. Mas, como vimos, essa foi a tônica do processo como um todo, e não apenas uma atitude pontual aqui localizada.

Também é importante trazer à tona a perspectiva inicial adotada em relação à pesquisa do tema. Após inúmeras discussões, a equipe temática propôs uma subdivisão do conteúdo geral, indicação que deveria nos orientar no estudo das mitologias do Paraíso. Estabelecemos cinco eixos a partir dos quais concentraríamos nossa investigação:

- o Paraíso do ponto de vista pessoal;
- o Paraíso como infância: a inocência; a consciência ingênua e o ventre materno;
- o Paraíso do ponto de vista do outro (a partir de leituras, encontros e entrevistas de rua);
- o Paraíso como encontro consigo mesmo (o autoconhecimento);
- o Paraíso como vivência e experiência do sagrado.

Todas as improvisações e trabalhos práticos partiram de algum desses eixos, ainda que, dependendo do dia ou da fase de ensaio, fosse privilegiado um aspecto em detrimento de outro.

Quanto aos trabalhos práticos de exploração temática, eles foram realizados utilizando-se das mesmas dinâmicas da pesquisa expressiva da mecânica clássica: jogos, improvisações livres e expressivas, pergunta/resposta, *workshops* e elaborações de pequenas cenas. Os *workshops*, porém, serão a dinâmica que mais espaço irá ocupar nessa etapa do processo. Além de crescerem numericamente, se comparados à fase de estudo exclusivo da mecânica, eles vão, com o passar do tempo, adquirir uma duração cada vez maior dentro do horário de ensaio. Isso sem levar em conta a sua reapresentação e reelaboração, prática essa que foi se tornando frequente à medida que pretendíamos que vários deles fossem se tornando cenas do futuro roteiro do espetáculo.

Passemos, então, ao relato das dinâmicas e dos exercícios desenvolvidos ao longo do processo, visando a exemplificar e problematizar a abordagem do depoimento pessoal. Volto a lembrar que vários deles foram executados *simultaneamente* à pesquisa da física.

WORKSHOPS

O dado a ser destacado aqui, em contraposição aos *workshops* realizados no início da pesquisa da mecânica clássica, é a frequente reelaboração e reapresentação do material cênico criado, a partir do *feedback* da direção. O objetivo era proporcionar o desenvolvimento de determinadas ideias ou elementos, além de permitir o aprofundamento do ator em relação aos seus próprios pontos de vista. Também justificava tal abordagem o fato de a própria construção do espetáculo advir dos *workshops*, sendo, portanto, oportuna a sua lapidação cênica. Além da descrição das formulações e dos eixos temáticos que os caracterizaram, vez ou outra, a título de materialização da dinâmica dos ensaios, serão apresentados alguns comentários dos atores e da direção:

O que é o Paraíso para você?" (ou "noções pessoais de Paraíso");

O DEPOIMENTO PESSOAL 115

Feedback dado pela direção: "(para Daniella) investir mais na forma, estruturar cada estação; pensar melhor a relação com o público"; "(para Marcos) desenvolver algumas cenas e burilar o texto"; "(para Lucienne) trabalhar mais o texto falado, concretizar melhor cada dia apresentado na cena e conseguir uma síntese maior"; "(para Mônica) tem muito texto, está prolixo; falta estruturar melhor e conseguir mais síntese; alguns gestos não estão muito claros"; "(para Vanderlei) pode transformar a cena em algo mais teatral"; "(para Evandro) gostaria de visualizar melhor esse seu Paraíso, poderia ter mais elementos que o concretizassem"; "(para Johana) faltam mais elementos na cena, falta material"; "(para Lúcia) falta síntese".

No outro dia, após a reapresentação dos *workshops*, foi dado um novo *feedback* por parte da direção:

"(para Daniella) passar de um instante ao outro sem dar quebra no som; alguns momentos estão com muito silêncio; a troca de roupas é supérflua, parece desnecessária; as cenas e o local onde elas são apresentadas não dialogam um com o outro; gastou-se muito tempo no momento do canto lírico; o texto está um pouco declamado, está soando literário demais, talvez você devesse buscar as suas próprias palavras"; "(para Marcos) o texto pode ter mais verdade; o momento do 'eu te amo' está interessante"; "(para Evandro) é preciso desenvolver melhor a ideia da cena"; "(para Lucienne) por que você está entrando deste jeito?; é preciso trabalhar mais o texto falado; a cena não tem um final claro; o todo está um pouco confuso"; "(para Vanderlei) você melhorou as várias maneiras de lançar as uvas, mas este momento ainda pode crescer; também precisa ficar mais claro de onde você está vindo; não dá para ouvir o texto direito; melhorou bastante a relação com a mulher".

Foi solicitado aos atores que reensaiassem e reapresentassem esses *workshops* uma vez mais. O *feedback* da direção após essa terceira apresentação foi o seguinte:

"(para Daniella) a cena tem momentos cômico-grotescos, mas eles precisariam ser ensaiados um pouco mais; o texto começa sem força, mas vai melhorando"; "(para Marcos) o trabalho com os braços poderia ter mais verdade"; "(para Evandro) você não está jogando com os espectadores; o final está ruim, falta acabamento"; "(para Lucienne) poderia ter um pouco mais do elemento sensorial de seu *workshop* anterior"; "(para Vanderlei) você valorizou o texto do banquete; o trabalho com a mulher está interessante; a entrada das uvas está ótima; e o final, chupando a uva, muito bom"; "(para Lúcia) a cena está um pouco longa demais".

- ideias sobre o Paraíso, a partir de entrevistas de rua feitas pelos atores (em dupla) com transeuntes;
- "a lembrança mais antiga";
- "histórias infantis": cada ator deveria trazer uma história ou conto de fadas da sua infância para narrar ao grupo todo;
- "objetos da infância": cada ator desenvolve uma cena em torno ou a partir de um objeto guardado da infância;
- poemas Sumérios;
- "a lembrança mais agradável";
- "a 1ª proibição e a 1ª desobediência";

(Importante: nesse *workshop* apareceu a brincadeira com fogo, proposta por Marcos Lobo, e que viria a se tornar uma das cenas do espetáculo.)

- "o castigo";
- "fotos da infância": trabalho realizado a partir de fotos individuais dos atores de quando eram crianças;
- "nostalgia";
- "a primeira *sensação* de Queda";
- "a primeira Queda" (variação do item anterior);
- "canção de ninar": cada ator construiria uma cena a partir de uma canção de ninar da sua infância;
- "as consequências positivas da Queda";
- "O barqueiro": *workshop* desenvolvido a partir do poema épico sumério *Gilgamesh*;
- "o desejo do fruto da árvore do Bem e do Mal";
- "a desobediência de Adão e Eva";
- "Adão nomeando as coisas";
- "os 7 dias da Criação";
- "a perda da inocência";
- "cada objeto amado é o centro de um Paraíso" (frase de Novalis, buscando trabalhar a relação Paraíso/amor);
- a ideia pessoal de Deus para cada ator;
- "uma pergunta que ficou sem resposta" *ou* "uma pergunta que você gostaria de ter feito para o seu pai";

O DEPOIMENTO PESSOAL

- "sendo como Deus";
- "vergonha";
- "cair dentro de si mesmo";
- "abismo";
- "o fruto proibido" (em dupla);
- "o medo da morte";
- "um medo antigo";
- "a experiência da liberdade" na visão de cada um dos atores;
- propostas individuais para o final da peça.

EXERCÍCIOS

- Cada ator deveria se colocar na seguinte circunstância ima-
ginária: você está na janela do seu quarto ou da sua sala
vendo, do lado de fora, uma paisagem desolada. Ao acabar
esse exercício de imaginação, contar a outro ator o que viu
e, depois, ouvir o relato dele.
- "O encontro com o filho morto": cada ator deveria desenvolver a imagem de uma mãe carregando um filho morto.
- Trabalho realizado a partir de ilustrações, fotos e imagens
de uma possível paisagem à saída do Jardim do Éden. Esse
exercício foi executado da seguinte maneira:

1. ver as ilustrações;
2. construir uma sequência;
3. (sem respeitar rigorosamente a sequência, modificando-a caso fosse necessário) descrever a paisagem
   que você vê: os objetos e as formas no espaço, as cores,
   a claridade (luz e sombra), os cheiros, a temperatura
   ambiente, a presença ou ausência de vento, os sons do
   ambiente;
4. caminhar pela paisagem, tentando encontrar algum
   alimento;
5. retornar e olhar novamente a paisagem: identificar o
   que causou aquela desolação (o porquê e o como), que
   horas seriam naquele momento, qual o ano;
6. desenhar a paisagem;
7. relatar a paisagem ao seu companheiro;

8. voltar à cena;
9. repetir a sequência, só que agora cada ator deve estar na janela do seu quarto, e é a partir dessa perspectiva e desse lugar que tudo se encontra desolado;
10. repetir a mesma sequência apenas ouvindo os sons externos;
11. repetir a mesma sequência apenas ouvindo a sua respiração e a respiração do outro;
12. repetir a mesma sequência indo de uma ação à seguinte por absoluta necessidade. Ou seja, não realizar a próxima ação enquanto não for motivado para isso na/pela ação anterior. É fundamental encontrar essa motivação.

- Dança dos ventos, conforme proposta por Eugênio Barba.
- Danças sagradas e danças circulares.

JOGOS

- Brincadeiras infantis: cada ator deveria trazer um jogo de sua infância de que gostasse muito, para brincar com os outros integrantes do grupo.
- A contracena enquanto B está congelado. Após um tempo, A congela e, então, B começa imediatamente a contracenar com ele.
- "Brincando com fogo" (a ideia desse jogo surgiu do *workshop* "A 1ª Desobediência"): um ator pega o fogo e o leva para os outros; o fogo é passado de um a outro.

PERGUNTA/RESPOSTA

- O que você tinha na sua infância que você perdeu?
- O que você tinha na sua infância que gostaria de ter agora?
- Do que você sente saudades na sua infância?

Avaliação feita pelos atores após esse trabalho sobre a infância: "Eu quero que a minha inocência volte"; "Tenho o sentimento de uma espontaneidade perdida"; "Não existia a consciência do tempo";

O DEPOIMENTO PESSOAL 119

"Ninguém esperava nada de mim"; "Eu simplesmente era e estava ali"; "Estou mais feliz agora do que na minha infância, portanto não faço relação entre o Paraíso e a minha infância"; "A infância me traz sensações paradisíacas e não paradisíacas".

- Em que você se reconhece e em que você não se reconhece?
- No que você acredita cegamente?
- O que te deixa com peso na consciência?
- Do que você sente vergonha?
- O que te provoca tentação?

IMPROVISAÇÕES LIVRES E/OU EXPRESSIVAS

- "O movimento do Paraíso":

Avaliação feita pelos atores: "Tive vontade de fazer apenas movimentos leves e lentos"; "Só dava vontade de ficar estática"; "Senti uma separação rosto/corpo"; "Tive a sensação de que não existia o perigo"; "O movimento no Paraíso parece largado e não levitado"; "Apesar de ser o Paraíso, tive sensação de peso; o Paraíso tinha um peso".

- "O movimento do Paraíso", realizado a partir de ilustrações e material iconográfico referente ao tema (importante: perceber primeiramente os pés e mãos e, depois, sucessivamente, a cabeça, o tronco e o rosto).

Avaliação feita pelos atores e pela direção: "Esse tipo de trabalho ajuda no desenvolvimento da percepção sensorial"; "Melhorou o aspecto formal"; "Essa improvisação serviu como aprofundamento da visão pessoal"; "O trabalho sobre o movimento no Paraíso talvez seja sem interesse para a linguagem formal do espetáculo".

- "O movimento mais antigo": tentar chegar a esse movimento como se você fizesse uma "viagem no tempo".
- "As pessoas como máquinas".
- "A experiência do uníssono" (improvisação realizada por todo o grupo conjuntamente).
- Improvisação a partir de quadros e pinturas representando Deus.

120   A GÊNESE DA VERTIGEM

+ Improvisação a partir de entrevistas de rua, realizadas pelos atores, com a seguinte pergunta: "Deus existe?"
+ "A criação do homem e a desobediência".
+ "A Queda do homem".
+ "Aprendendo a voar".
+ "Como foi bom ter perdido o Paraíso".
+ "Os porquês": cada ator deveria trazer uma série de perguntas de "o porquê das coisas", feitas quando eram crianças, e usá-las em uma improvisação.

Exemplos do material trazido pelos atores: "Por que as pessoas têm de sair de casa para ir trabalhar?"; "Por que temos de comprar comida com dinheiro?"; "Por que ela ficou com uma 'barrigona'?"; "Por que todo dia vem o dia e depois vem a noite e depois vem o dia de novo?"; "Por que o meu gato morreu?"; "Por que ele pode matar os outros?"; "Por que eu tenho de ir dormir?"; "Por que o peixe vive dentro da água?"; "Se a senhora gosta de mim, por que a senhora bate em mim?"; "Por que tem 'papai' do céu e não tem 'mamãe' do céu?"; "Por que a gente tem de comer todos os dias?"; "Por que a gente apaga e acende a luz?"; "Por que você não gosta de mim?"; "Por que todo mundo fica brigando toda hora?"

+ Pesquisar tipos de castigos possíveis sofridos pelas crianças (em dupla).

Ao final da improvisação foram apontados os seguintes castigos: puxar pelo cabelo; puxar pela orelha; colocar contra a parede; bater nas palmas da mão; bater com chicote; apertar o rosto com força; colocar o filho para fora de casa; obrigar a ajoelhar; bater na cara; dar uma "reguada" na bunda; gritar no ouvido; ameaçar com um cinturão; tirar a calça do filho; bater até ficar histérico; ameaçar que não ama mais o filho; deixar o filho pendurado em algum lugar, sem poder descer de lá; expor o filho ao ridículo; fazê-lo repetir cem vezes: "Eu gosto do papai"; destruir o brinquedo dele; fazer o filho bater no pai e/ou fazer o filho se bater.

Feedback dado pela direção aos atores: "está faltando mais o prazer da travessura, da desobediência"; "os castigos podem ser mais desenvolvidos"; "algumas situações estão longas demais. Johana, por exemplo, poderia ser mais sintética"; "Vanderlei, alguns dos seus castigos estão um pouco 'canastrões'"; "nos castigos pode- se trabalhar com ritmos mais lentos e ritmos mais rápidos".

O DEPOIMENTO PESSOAL 121

+ Improvisação a partir de fotos pessoais da infância trazidas pelos atores[5].
+ Improvisações a partir de poemas sumérios.
+ Improvisações a partir de trechos da narrativa e das personagens de *Gilgamesh*.

CENAS

+ Construção de uma cena a partir da seguinte estrutura: imagem congelada de uma sensação paradisíaca da infância / Queda / imagem congelada daquilo que você perdeu (ou de uma sensação atual, já como adulto, sem aquilo que se tinha na infância);
+ Cena "queda do colo" (em dupla).

Feedback dado pela direção aos atores: "as passagens estão um pouco demoradas"; "quando a mãe cai junto com a filha, a queda perde a força"; "as quedas de Lucienne precisam ser mais críveis"; "Evandro, a sua ida para trás com o aviãozinho não é convincente"; "as quedas estão com algumas sujeiras"; "Daniella, a sua segunda queda não está parecendo muito com uma queda".

+ "O marido/a mulher conta a traição".
+ "Um órfão/uma órfã reencontra o pai ou a mãe quinze anos depois de ter sido abandonado(a)".
+ "Um casal de amantes se encontra num jantar ou numa festa onde estão também os seus respectivos maridos/esposas".

TREINAMENTO COM VENDA NOS OLHOS

Durante a fase de pesquisa temática, além das práticas já descritas, desenvolvemos um tipo de trabalho que pressupunha a anulação da visão. Realizamos uma série de exercícios, durante

---

5 Cabe lembrar que também foi pedido aos atores um *workshop* a partir desse mesmo elemento. Isso ocorreu ainda com o próximo item, os "poemas sumérios". Daí pode-se inferir que *o mesmo* tema ou problema, dependendo de suas características, dificuldades, ou ainda por decisão da equipe temática ou da direção, poderia ser desenvolvido em mais de uma dinâmica.

várias semanas, em que os atores eram vendados por certo período de tempo e, a partir daí, exploravam as sensações resultantes dessa privação do olhar. Além disso, eles eram também submetidos a uma série de desafios físicos e psicológicos decorrentes da perda da visão.

Buscávamos a intensificação do risco, da exposição ao perigo, que acreditávamos trazer uma série de benefícios à experiência interpretativa. A consciência corporal se aguçava e instaurava-se um estado de percepção e atenção mais refinado e detalhista. Além disso, a iminência do risco provocava nos atores uma situação de instabilidade, que poderia ajudá-los a se abrirem mais e a aprofundarem os seus depoimentos pessoais.

O treino cotidiano com vendas mostrou ser um poderoso trabalho de sensibilização interna e dos condicionantes externos, estimulando ainda o mergulho pessoal de cada intérprete em suas memórias e questões individuais. Tal prática era realizada da seguinte forma:

- Em uma fila de pessoas, com apenas um dos atores vendados, esse ator tem que reconhecer quem é quem, apenas pelo cheiro.
- Passeio pelo espaço (em dupla): cada dupla de atores, ambos vendados, fazem uma exploração da sala de ensaio e do entorno (o lado de fora do prédio, a rua etc.). No meio desse "passeio", eles se separam e continuam a investigação solitariamente. Depois de um tempo, voltam para a sala, e, aí chegando, têm de se reconhecer e refazer a dupla original, sem se tocarem uns nos outros.
- Reconhecimento das paredes da sala e das texturas do chão apenas pelo tato.
- Mover-se pela sala a partir de estímulos sonoros propostos pela direção.
- Corrida de dois atores vendados, de um ponto a outro em uma quadra de esportes, até tocarem numa corda estendida (referência para a interrupção da corrida).
- Corrida de um ator vendado, com o máximo de velocidade possível, em direção a uma barreira de pessoas que o segurará.

O DEPOIMENTO PESSOAL   123

• Cada ator traz um objeto de difícil manipulação, o qual ele terá de manusear com os olhos vendados.

• Construir uma cena realista, com o máximo de detalhes possíveis, sem deixar transparecer que se está com os olhos vendados. Deve-se realizar primeiro um estudo, ensaiá-lo, e só então apresentar a cena para todo o grupo (em dupla).

• Correr vendado de uma parede a outra da sala, usando os pés e as medidas dos passos como referência.

• Giros com os olhos fechados.

• Jogos infantis populares ("cotia"; "balança-caixão"; "marimbondo"; "o gato mia") realizados, porém, com o uso de vendas.

• Um dia inteiro de ensaio em que os atores ficam com os olhos vendados (cinco horas de duração): aquecimento (improvisação de contato); exercícios variados com o objetivo de superação de dificuldades advindas da privação da visão; treino de quedas; trabalho de compensação após a retirada das vendas.

Caberia descrever ainda, no âmbito do processo de ensaio, dois trabalhos particulares. Lúcia, como parte de sua própria pesquisa fora do Vertigem, desenvolveu com os atores alguns exercícios ligados à Corêutica (trabalho coral) de Rudolf Laban. A opção por tal trabalho justificava-se, em primeira instância, pela continuidade do estudo de princípios labanianos e também pelo aprofundamento da perspectiva coletiva, do sentido grupal, quase um contraponto às criações cênicas individuais dos *workshops*.

A outra prática realizada foi um treino de sensibilização musical, canto coral e criação sonora desenvolvido por Laércio Resende[6]. Tais encontros ocorriam cerca de duas ou três vezes por semana, com duração média de uma hora e meia cada. O objetivo era buscar, a curto/médio prazo, a preparação técnica dos intérpretes rumo à execução instrumental e vocal da música do futuro espetáculo – que pretendíamos, fosse ao vivo.

O trabalho de exploração das mitologias do Paraíso e da Queda era coordenado pela equipe temática, que ia checando

---

6 Compositor, diretor musical e sonoplasta dos espetáculos que compõem a *Trilogia Bíblica*, do Teatro da Vertigem.

os resultados, corrigindo os rumos, identificando as carências e propondo novos estímulos. Existem registros de algumas das avaliações e propostas que surgiram durante essa investigação temática:

"Precisamos conseguir outros materiais de leitura e criar espaço para mais discussões dentro do ensaio"; "ler *Memórias e Visões do Paraíso* de Richard Heinberg"; "ver a pintura de Tintoretto *O Paraíso*, e as ilustrações de Gustave Doré para *O Paraíso Perdido* de Milton"; "Ler as obras de William Blake"; "pesquisar os quadros que retrataram o tema do Paraíso, dos seguintes pintores: Lucas Cranach, Brueghel, Bosch, Snyders, Bassano, e Mignard"; "investigar outros estudos sobre os temas 'o Paraíso como passado remoto, irrecuperável e irretornável' e 'o Paraíso como idade de ouro'"; "discutir sobre 'a perda da sacralidade' e 'o Paraíso como metáfora'"; "o exercício de 'mover à distância' remete muito ao Paraíso"; "desenvolver a ideia do criador que necessita da criatura para ser reconhecido"; "investigar as imagens de um 'Deus-ceramista' e de um 'Deus-cirurgião'"; "um tema interessante pode ser 'a perda da intimidade com Deus'"; "discutir melhor com os atores as relações Paraíso/infância"; "o trabalho com a infância provoca um sentimento especial, que talvez possa guiar o espetáculo".

É importante perceber como a perspectiva do "Paraíso como infância" vai se destacando e ganhando espaço sobre todos os outros aspectos. Talvez a razão central para isso se encontre na própria abordagem do depoimento pessoal. A volta ao passado, o trabalho com a memória, a arqueologia dos "baús" de cada ator, estimulava o afloramento de um material ligado à infância que, no caso, também se adequava a uma possível leitura da problemática do Paraíso. A preponderância desse recorte acabou se materializando no espetáculo em si, que teve na infância seu eixo de leitura principal: o homem e a mulher com o balão de gás abrindo e fechando a peça, a queda do colo da mãe, as crianças brincando de cabra-cega, as travessuras infantis, a brincadeira de atear fogo no aviãozinho de papel, o castigo dos pais, a criança solitária que chora e chama pelo pai etc.

Enquanto diretor, tanto as resultantes práticas dos ensaios como os estudos teóricos realizados individualmente ou em grupo iam me provocando imagens e ideias de possíveis cenas.

O DEPOIMENTO PESSOAL

Tenho registrado nos cadernos de direção vários desses *insights* e "seleções", cujo objetivo visava à construção de uma futura cena do *Gênesis* (ou cena da Criação). Destacaria, entre eles, os seguintes:

"o espetáculo como uma recordação; alguém querendo lembrar-se de como era o Paraíso"; "a ideia de que os atores estivessem o tempo todo cegos"; "o espetáculo como uma liturgia e os atores como celebrantes"; "o espetáculo talvez devesse comportar quatro grandes momentos, cada qual com imagens específicas:

- ◆ *a* Desobediência: cena de comer uma maçã pendurada por um fio, sem colocar as mãos (como numa gincana), um homem fazendo bonequinhos de barro e assoprando-os;
- ◆ *a* Queda (sentido trágico): imagens de pessoas escorregando por uma parede, caindo de grandes alturas, suicídios[7], pessoas que caem pegando fogo;
- ◆ *a* Pós-Queda: os castigos, as punições, as dores, as doenças, o envelhecimento, a morte, as rivalidades, o trabalho forçado, a babel, o mal, o medo, as tristezas; criar 'cenas de escolhas' que pudessem remeter ao 'livre-arbítrio';
- ◆ *a* Tentativa de Ascensão: pessoas tentando subir por escadas, trampolins, cordas (o esforço humano); os Paraísos artificiais; a figura de um jardineiro; cena de um homem procurando Deus com um telescópio; cena de contemplação; 'cena o vômito da maçã'".

O conjunto quadripartido acima apresentado será o embrião estrutural do roteiro do espetáculo. Outras possibilidades de cena que ainda surgiram foram as seguintes:

"*Jogando a culpa nos outros*"; "o homem chamado a prestar contas"; "um homem que tenta arrombar ou entrar pelas janelas de uma igreja *ou* um homem que tenta entrar num templo, mas as portas da igreja se fecham na sua cara"; "uma possível ideia de cenário seria um canteiro de obras"; "um homem se vê num espelho e se pergunta: 'Eu sou Deus?', 'Esta é a imagem de Deus?', 'Qual é a

---

7   Todos os trechos em itálico vão, de uma maneira ou de outra, aparecer no resultado final do espetáculo *O Paraíso Perdido*. Julguei oportuno destacar, desse conjunto de ideias e *insights*, aquilo que foi resistindo à dinâmica de escolhas e sínteses do processo de criação, e acabaram por se constituir no material cênico apresentado ao público na estreia.

minha semelhança com Deus?'"; "o fogo purificador, *trazer o elemento fogo para a peça*"; "fios que ligam ao céu; atores que sobem no alto de uma árvore, num mastro, numa escada"; *"um homem que confessa seus pecados num confessionário"*; "Adão dando nome aos animais (dar nome = dominar)"; "a figura de um barqueiro (= decifrador do código das águas)"; "um homem todo pintado de amarelo"; "homens que se suicidam"; "um casal vê um ao outro nus e, então, caem no chão"; "um ator que só pode andar horizontalmente (o tempo linear)"; "armadilhas pelo chão, onde os atores vão caindo"; "ideia para cenário com os elementos ferro, barro, argila e espinhos"; "figurinos de espinhos e túnicas de pele".

O avanço na pesquisa temática provocou que outras cenas surgissem. Encontram-se registradas as seguintes anotações:

- "num jardim muito pequeno, como uma ilha, um jardineiro trabalha com a terra. Então, limpa o suor do rosto e cai em cima de sua obra. Desolação";
- "num pronto-socorro, os machucados e doentes, por causa da Queda, realizam movimentos com cadeiras de roda, muletas, gazes e ataduras. Alguém tem dor de ouvido";
- "uma desavença amorosa seguida de guerra, morte e corpos sendo estirados";
- "um parto dolorido (um parto no alto de algum lugar)";
- "a saída do Paraíso (em dupla): tomar contato com a terra, caminhar sem rumo, bater-se contra a parede, mudar de direção, tropeçar e cair num chão de pedras, machucar-se";
- "a partida de Deus ou a construção de um templo: no final da construção de uma igreja, um grupo de pessoas tenta colocar uma cruz no alto da torre, mas não consegue";
- *"várias tentativas para alçar voo, para sair do chão"*;
- "um homem observa um fio de fumaça subindo";
- "construir coisas que desmoronam";
- "o enrijecimento do pescoço";
- *"chamando o pai"*;
- *"uma pessoa chora; outra enxuga as lágrimas dela (depois se invertem os papéis)"*;
- "cena 'científica': o que é mais pesado para cair: o homem, a mulher ou a maçã?";

O DEPOIMENTO PESSOAL

- "uma pessoa tampa os olhos de outra, para que ela não veja o que há de ruim à sua frente (depois se invertem os papéis)";
- "dois homens cegos que se chocam continuamente";
- "uma menininha querendo ser como sua mãe";
- "um tríptico";
- "um homem está feliz dentro de sua ilha-jardim; alguém vem e o empurra para fora de lá".

É importante lembrar que essas ideias de cena não surgiram *ex nihilo*, nem vieram por meio de uma revelação divina ou por uma pretensa genialidade da direção. Como diretor, percebo que meu processo de criação é bastante estimulado por leituras e discussões teóricas e, principalmente, pelo material sujo e impreciso que vai surgindo das improvisações dos atores em sala de ensaio. Minha imaginação é provocada por elementos fora de mim, e o corpo do ator, nesse sentido, funciona como uma espécie de gatilho. A experiência e a presença do outro são, nesse sentido, enzimas para os meus mecanismos criativos.

Vários dos *insights* ou esboços de cenas descritos nasceram do material teórico e da experiência viva do ensaio. Enquanto diretor, ora vou editando, filtrando, selecionando as propostas, ora vou ampliando-as ou redimensionando-as. Outras vezes ainda, tais proposições servem apenas como ponto de partida para uma "viagem" imaginativa pessoal, que pouco ou nada tem a ver com a referência de origem. Nesse último caso é como se, por exemplo, começasse a ver uma improvisação, e, durante a sua execução, eu me afastasse mentalmente dela e me permitisse uma espécie de devaneio ou delírio próprio, indo por caminhos que podem não ter nenhuma relação explícita com aquilo a que estou assistindo. Contudo, é como se precisasse daquela provocação concreta para abrir um espaço interno de criação – o que, sem ela, não ocorreria.

Muitas vezes também, percebo que o trabalho ocorre por uma via negativa. A partir da observação do que os atores estão propondo, ou até mesmo de uma determinada abordagem teórica de algum especialista, instaura-se um processo de negação ou recusa daquilo que se me apresenta. Dessa forma, começa a ficar claro, não as possibilidades concretas de materializações cênicas, mas os caminhos que não quero trilhar, as formalizações indesejadas ou mesmo os pressupostos estéticos que não me interessam. E com isso, ainda que pelo viés da exclusão, o foco de leitura da encenação vai tornando-se mais definido.

Particularmente, me agrada a ideia ou o conceito de *estudo*, já mencionado anteriormente quando foram expostas as origens do Teatro da Vertigem como um "grupo de estudos". Interessa-me a perspectiva não apenas teórica do estudo, mas também prática, experiencial, relacional, a sala de ensaio como uma sala de estudos, que exige método(s) e paciência, mais que incorporações divinas ou arroubos de genialidade. E tudo faz parte desse estudo da direção: o tema, o corpo e a voz dos atores, as crises do processo, as metodologias, as proposições cênicas, as relações grupais etc. É dessa investigação que a criação vai surgindo e se delineando. Daí o fato de o processo criativo ser, antes de tudo, um processo de aprendizagem. Pois o conhecimento que temos do mundo se amplia ou se transforma durante os ensaios.

É importante notar que apenas uma pequena parte das ideias cênicas produzidas – em itálico – viriam a ser incorporadas no espetáculo. Isso não implica que as ideias descartadas não tenham tido serventia. Seja pela via negativa já apontada, seja como elementos transitórios em um percurso de investigação, todas as leituras, discussões, improvisações ou *workshops* nos alimentaram de alguma maneira. Portanto, por mais que não tenham resistido, incorporando-se ao roteiro final da peça, eles foram fundamentais à pesquisa em si e à origem de outros materiais cênicos, porventura selecionados. Não podem, nesse sentido, ser reduzidos a mero lixo de criação, refugo ou tempo perdido.

Costumamos inclusive brincar, no âmbito interno do grupo, que possuímos um estoque ou reserva de cenas, espécie de limbo criativo, onde todo o material cênico não utilizado permanece ali, à espera de um futuro espetáculo. Seiscentas cenas à procura de um autor – ou melhor, de uma peça que as desenvolva ou as incorpore. Porém, talvez ao contrário da perspectiva darwiniana, nem sempre as cenas que permanecem são as "melhores" ou as "mais fortes". Grande parte das vezes o critério definidor das escolhas encontra-se na coerência

O DEPOIMENTO PESSOAL

interna do todo, no ajuste entre as partes rumo à produção de sentido(s) e no equilíbrio estrutural ou composicional.

A fase investigatória das mitologias do Paraíso e da Queda se encaminhava, então, para as suas primeiras conclusões. Após inúmeros *workshops*, improvisações, leituras e debates, sentíamos a necessidade de articular um conjunto cênico. Ainda que soubéssemos que o levantamento de material não estava esgotado, acreditávamos que era chegada a hora de estruturação do todo. E, se fosse o caso, que a tentativa de tal estruturação nos norteasse na continuidade de criação de novas cenas. Era urgente objetivar o trabalho expressivo, construir sequências de cenas, organizar as diferentes partes, criar o esqueleto dramatúrgico, definir trajetórias, enfim, efetivar o esboço do futuro espetáculo.

O início dessa nova etapa do processo coincidirá com o fim dos ensaios no Espaço Colmeia. Na verdade, ela se iniciou ainda ali, mas terá seu principal desenvolvimento na sala de ensaios do Teatro Sérgio Cardoso. Essa mudança de fase também trará a saída da atriz Mônica Guimarães e a entrada dos atores Cristina Lozano e Matheus Nachtergaele. Será com essa nova composição de pessoas que trabalharemos até a estreia de *O Paraíso Perdido*. Era chegada a hora de construir nosso boneco de barro e assoprar nele vida.

4. O Processo Colaborativo

da física à metafísica

> A co-laboração, como característica da ação dialógica,
> que não pode dar-se a não ser entre sujeitos, ainda que
> tenham níveis distintos de função, portanto, de respon-
> sabilidade, somente pode realizar-se na comunicação.
>
> PAULO FREIRE, *Pedagogia do Oprimido*, p. 166.

Após longo período investigatório, tanto em relação à mecânica clássica quanto às mitologias da Criação e da Queda, foi-se tornando inadiável a estruturação e a composição de um roteiro a partir do material criado.

Apesar da pesquisa formal (física) e temática (Paraíso) ter tido a participação de todos os integrantes, seja com críticas a procedimentos metodológicos seja com sugestão de propostas e correção de rumos, é agora que o processo de construção da obra cênica dar-se-ia em toda a sua plenitude. Dramaturgo, atores e diretor, no embate corpo a corpo dentro da sala de ensaio, tentariam criar juntos um espetáculo. Essa maneira de trabalhar coletivamente, que perpassará a trajetória do Teatro da Vertigem, será denominada de *processo colaborativo*.

Tal dinâmica se constitui numa metodologia de criação em que todos os integrantes, a partir de suas funções artísticas específicas, e sob um regime de hierarquias móveis ou flutuantes, têm igual espaço propositivo, produzindo uma obra cuja autoria é compartilhada por todos.

No que ela se diferenciaria, então, da criação coletiva das décadas de sessenta e setenta do século passado? Se pensarmos no modelo geral dessa prática – perspectiva nem sempre apropriada e verdadeira, na medida em que houve diferentes tipos de criação coletiva, várias delas com traços bastante peculiares –, existia o desejo de diluição das funções artísticas ou, pelo menos, de sua relativização. Ou seja, havia um acúmulo de atributos por parte do mesmo artista ou uma transitoriedade mais fluida entre as diferentes funções. Portanto, no limite, não havia mais um único dramaturgo, mas uma dramaturgia coletiva, nem apenas um encenador, mas uma encenação coletiva, e nem mesmo um figurinista ou cenógrafo ou iluminador, mas uma criação de cenário, luz e figurinos realizada conjuntamente por todos os integrantes do grupo.

Se, enquanto projeto utópico, a criação coletiva é inspiradora e arrojada, sua prática revela uma série de contradições. Talvez a mais acentuada tenha sido a de que nem todos os participantes possuíam habilidades, interesse ou desejo de assumir vários papéis no âmbito da criação. Essa polivalência de funções acabava ocorrendo apenas no plano do discurso – teoricamente ousado e estimulador – mas pouco concretizado na prática. Assim, determinados indivíduos dentro do grupo assumiam, veladamente ou com pouca consciência do fato, as áreas de criação que se sentiam mais à vontade, fosse por alguma habilidade específica, fosse pelo prazer advindo daí. Contudo, isso não era assumido coletivamente e nem sempre visto com bons olhos.

Muitas vezes, também, essa perspectiva do "todo mundo faz tudo" escondia traços de manipulação. Por exemplo, determinado dramaturgo ou diretor pregava tal discurso coletivizante visando a camuflar um desejo de autoridade e, dessa forma, evitava confrontos e conflitos com os outros integrantes do grupo. Negar o poder pode ser uma forma de reafirmá-lo ou de exercê-lo, ainda que sub-repticiamente. Ditaduras ou tiranias podem também se instaurar de maneira difusa, escamoteadas atrás de um discurso de participação e liberdade.

A vertente oposta a essa é a da democracia artística exagerada, em que cada aspecto é debatido *ad nauseam*, sem haver alguém que encaminhe ou proponha uma síntese final sobre determinado quesito polêmico. Em geral, nesses casos, a contribuição de todos tem necessariamente de ser incorporada ao resultado final, muitas vezes levando a obras flácidas, e colocando em risco a clareza e a precisão do discurso cênico projetado.

O PROCESSO COLABORATIVO

Em casos assim, se os integrantes não tiverem maturidade o suficiente para dar sustentação a tal dinâmica grupal, as brigas e rupturas são inevitáveis, e o espetáculo pode acabar nem vindo à cena. Quantas companhias não se dissolveram traumaticamente pelas crescentes rusgas e incompatibilidade entre seus colaboradores devido ao desgastante exercício de infindáveis discussões artísticas?

Não pretendemos com isso desqualificar ou recusar a experiência da criação coletiva. Obras cênicas de valor foram criadas a partir desse modelo e, até hoje, existem importantes companhias que adotam tal modo de criação. Não há dúvida de que cada artista deve buscar a maneira de trabalhar com a qual mais se identifique. No caso do Teatro da Vertigem, nos orientaríamos em outro sentido, que parecia traduzir melhor as características e interesses dos integrantes do grupo. É claro que, em essência, estamos afiliados a alguns dos princípios da criação coletiva, porém vamos praticá-los de forma diferenciada. A defesa da manutenção das funções artísticas é exemplo disso.

Pretendíamos garantir e estimular a participação de cada uma das pessoas do grupo, não apenas na criação material da obra, mas também na reflexão crítica sobre as escolhas estéticas e os posicionamentos ideológicos. Não bastava, portanto, sermos apenas artistas-executores ou propositores de material cênico bruto. Deveríamos assumir também o papel de artistas-pensadores, tanto dos caminhos metodológicos como do sentido geral do espetáculo.

Em termos convencionais, o dramaturgo e o encenador são "aqueles que pensam", enquanto os atores são "aqueles que fazem". O conceito da obra parece, nesse caso, ser um atributo da dramaturgia ou direção, cabendo aos atores, quando muito, articularem a visão geral de suas personagens. Esse "ator-linha de montagem", que poucas vezes ou nunca se relaciona com o discurso artístico global, escravo da "parte" e alienado do "todo", não tinha lugar em nosso coletivo de trabalho nem em nossos possíveis interesses de parceria.

Pois, se dramaturgo e diretor necessitam sempre transitar do fragmento ao todo e do todo ao fragmento, por que seria diferente com os atores? Esse modelo de ator que mergulha cegamente em uma personagem, se alheando do discurso geral da peça, nos parecia obsoleto e limitador. Tal perspectiva também dizia respeito aos outros colaboradores artísticos, fosse ele o iluminador ou o diretor musical. Todos os integrantes, apesar de comprometidos com determinado aspecto da criação, precisariam engajar-se numa discussão de caráter mais generalizante. Em outras palavras, o ator não criaria apenas a personagem nem o iluminador criaria somente o seu projeto de luz, mas todos eles, individual e conjuntamente, criariam a obra cênica total levada a público.

Ainda a esse respeito, outro aspecto importante refere-se à própria dramaturgia. Muitos dramaturgos, por exemplo, escrevem o texto isoladamente, e o colocam à disposição de um diretor ou companhia que deseja montá-lo. Raramente acompanham os ensaios e, quando muito, abrem-se à possibilidade de cortes ou modificações sugeridas pelos atores ou direção. Presentes apenas nos ensaios gerais ou estreia, podem, finalmente, ver seus textos "de pé". Não é incomum, nesse modelo, ocorrer insatisfações quanto ao resultado final, que várias vezes produz um discurso cênico que pouco tem a ver com o discurso textual. Evidentemente, essa forma de criação é legítima e continua sendo válida e estimulante para muitos dramaturgos.

Porém, ao contrário, buscamos um dramaturgo presente no corpo a corpo da sala de ensaio, discutindo não apenas o arcabouço textual ou a escolha das palavras, mas também a estruturação cênica daquele material. Nesse sentido, pensamos a dramaturgia como uma *escrita da cena* e não como escrita literária, aproximando-a da precariedade e efemeridade da linguagem teatral. O que significa romper com o seu recorrente desejo de eternidade, para que evapore, assim, no suor da cena e no *hic et nunc* do fenômeno teatral. Ao invés do escritor de gabinete, exilado da ação e do corpo do ator, buscamos um dramaturgo da sala de ensaio, parceiro vivo e presente dos intérpretes e do diretor.

Tanto quanto os outros colaboradores, caberá a ele não apenas trazer propostas concretas – verbais, gestuais ou cênicas – mas também dialogar com o material que é produzido diariamente em improvisações e exercícios. O texto, aqui, não é

O PROCESSO COLABORATIVO

elemento apriorístico, mas objeto em contínuo fluxo de transformação. Daí a denominação de *dramaturgia em processo*. Da mesma maneira que atores e diretor necessitam dos ensaios para desenvolver suas obras, também o dramaturgo precisará deles. Tal perspectiva pressupõe tanto a produção de constantes reescrituras ou de diferentes versões e tratamentos do texto como a existência de um *espaço de improvisação dramatúrgica*. Nesse sentido, se faz necessário o rompimento com a ideia do texto fixo ou imutável, que cristaliza as propostas advindas dos ensaios. É claro que, numa fase posterior do processo, tal síntese ou concretização ocorrerá naturalmente, mas o importante aqui é a garantia de um espaço de experimentação dramatúrgica. Exatamente como os atores, o dramaturgo poderá exercitar esboços de cena, fragmentos de texto, frases soltas etc., cujo único compromisso é o da possibilidade do escritor improvisar e investigar livremente. Portanto, o material resultante poderá ser tão fugaz e provisório quanto os exercícios cênicos propostos pelos intérpretes. Se for o caso, será inteiramente descartado ou, então, aproveitado em parte, retirando dele algum elemento sugestivo. Evidentemente que tal dinâmica exige um novo tipo ou uma nova postura de dramaturgo na esfera do fazer teatral. Por exemplo, ele deverá ser tão desprendido quanto os atores e diretor, que no segredo da sala de ensaio são capazes de propor cenas inconsistentes, frágeis e de qualidade precária, mas fundamentais ao desenvolvimento da obra.

Da mesma forma, precisamos de atores e diretor que não considerem qualquer proposta de texto materializada numa página impressa de papel como o texto final, mas, simplesmente, como uma improvisação textual temporária. É muito comum, antes de se ir à cena experimentar uma proposta dramatúrgica, criticarmos ou prejulgarmos os esboços verbais advindos do escritor. Portanto, é fundamental que o núcleo dos intérpretes e a direção revejam seus conceitos e parâmetros, para que também eles possam abrir-se a um novo tipo de relação com a dramaturgia.

Se como diretor sou capaz de, ao observar a improvisação de um ator, selecionar algum mínimo elemento ou perceber os rumos que não devem ser seguidos, também poderia me relacionar com um exercício textual de forma igualmente aberta.

Nesse caso, é preciso encarar uma proposta de texto não como definitiva, mas, sim, como fonte de sugestões, de pistas para caminhos possíveis ou, ao contrário, de estradas que não levarão a lugar algum. O trabalho da direção poderia funcionar – e o dos atores também – como uma espécie de "antena" ou "radar" de pontos teatralmente potentes, ainda que presentes de modo potencial, nos esboços trazidos pelo dramaturgo.

Além disso, o enfrentamento das dificuldades e imperfeições do texto não deve provocar, logo de início, a sua recusa ou depreciação. Um fragmento dramatúrgico que, na primeira leitura, pode soar canhestro ou mal escrito, à medida que vamos nos apropriando dele, pode revelar surpresas ou possibilidades não imaginadas.

O processo colaborativo, portanto, busca não apenas outro tipo de dramaturgo, com estatuto de precariedade e provisoriedade igual ao dos demais criadores da cena, mas também outro tipo de ator e diretor, capazes de compreender o texto em toda a sua efemeridade, e percebendo o dramaturgo como um parceiro da cena em construção, *pari passu* com a criação dos intérpretes e do espetáculo. As palavras, os diálogos, as rubricas ou os roteiros de ação deixam de ser "inimigos" da cena – tal como pareceriam no chamado "teatro de encenador" ou no "teatro de imagem" – e tornam-se elementos úteis e tensionadores do processo criativo.

É importante salientar que *dramaturgia em processo* não é sinônimo de *processo colaborativo* na medida em que este apresenta caráter mais geral do que aquela, já que não é somente a dramaturgia o que está sendo desenvolvido conjuntamente, mas também todos os outros elementos que compõem a cena. A dinâmica do compartilhamento não é apenas entre os demais colaboradores e o dramaturgo, mas de todos com todos, simultaneamente: o ator traz elementos para a cenografia que, por sua vez, propõe sugestões para o iluminador, e este para o diretor, em contínuas interações. Portanto, trata-se de uma encenação em processo, de uma cenografia em processo, de uma sonoplastia em processo e assim por diante, que, juntos, compõem o que denominamos *processo colaborativo*.

Mas no que então ele se distinguiria da criação coletiva? Como já apontado, a principal diferença se encontra na manu-

O PROCESSO COLABORATIVO 137

tenção das funções artísticas. Se a criação coletiva pretendia a diluição ou a erradicação desses papéis, no processo colaborativo a sua existência é garantida, além de estar pactuada antes do início dos ensaios. Portanto, nesse modo de criação, existiria, sim, um dramaturgo, um diretor, um iluminador etc., que sintetizariam as diversas sugestões para aquela determinada área, propondo-lhe um conceito estruturador[1]. Além disso, diante de algum impasse insolúvel, teriam direito à palavra final concernente àquele aspecto da criação.

Porém, diferentemente de um tipo de teatro mais convencional, em que as funções apresentam limites rígidos, e as interferências criativas de um colaborador com outro são vistas como sinal de desrespeito ou invasão, no processo colaborativo tais demarcações territoriais passam a ser mais tênues, frágeis, imprecisas, com um artista "invadindo" a área de outro criador, modificando-a, confrontando-a, sugerindo soluções e interpolações. Nesse sentido, a contaminação criativa não só é bem-vinda a essa prática, como é, o tempo inteiro, estimulada.

Contudo, por outro lado, o processo colaborativo garante a existência de alguém, um especialista ou interessado em determinado aspecto da criação, que se responsabilizará pela coordenação das diferentes propostas, à procura de possíveis sínteses artísticas. Tal figura articulará o discurso cênico ou a concepção relativos à sua função e descartará elementos que não julgar convenientes ou orgânicos à construção da obra naquele momento. Ao mesmo tempo, tal perspectiva não aliena esse responsável ou coordenador artístico do restante da criação. Também ele trará sugestões e contribuições para as outras áreas e, principalmente, discutirá o(s) sentido(s) da obra como um todo. Portanto, sua atuação ocorre não apenas na "amarração" artística dentro de sua especificidade, mas também na discussão, apropriação e contribuições ao discurso cênico total do espetáculo.

No processo colaborativo, o coletivo de artistas é tanto no ponto de partida – ao propor ou endossar o projeto artístico a

---

1 Cabe notar que, dependendo do caso, uma determinada função poderá ser repartida ou compartilhada por mais de uma pessoa do grupo. Não é incomum, por exemplo, termos uma dupla de encenadores ou cenógrafos coordenando as suas respectivas áreas.

ser desenvolvido – quanto no ponto de chegada o autor daquilo que é mostrado ao público. Concomitantemente, porém, no interior desse coletivo, convivem as diferentes autorias individuais relativas a cada função. Ou seja, faz parte desse modo de criação o tensionamento dialético entre a criação particular e a total, no qual todos estão submergidos. Sem abandonar o estatuto artístico autônomo de um determinado aspecto da criação, a habilidade específica ou mesmo o gosto por certa área criativa, tal processo não reduz o criador a mero especialista ou técnico de função. Pois, acima de sua habilidade particular, está o artista de teatro, criando uma obra cênica por inteiro, e comprometido com o discurso e a prática a ela inerentes.

Na experiência do Teatro da Vertigem, o processo colaborativo se iniciou numa perspectiva tripartida, trazendo, para o centro da criação, atores, dramaturgo e diretor. Esse triângulo nuclear dava início aos trabalhos e, a partir de sua contribuição, os outros colaboradores iam se apropriando do processo. Não que eles estivessem alienados do que vinha sendo feito, mas sua presença, numa primeira fase dos ensaios, ocorria esporadicamente, mais na qualidade de observadores do que de propositores. Porém, à medida que o processo avançava, sua participação ganhava cada vez mais assiduidade e, então, passavam a integrar a criação em pé de igualdade com os artistas daquele tripé inicial.

Claro que num momento posterior da trajetória do grupo, experimentamos a presença e a contribuição artística de todos os criadores desde o primeiro dia de ensaio. Na verdade, essa é a situação que julgamos ideal. Porém, ao tratarmos de *O Paraíso Perdido* – e mesmo de toda a *Trilogia Bíblica* – é impossível não constatar o espaço preponderante da dramaturgia, interpretação e direção, na primeira etapa dos ensaios, em detrimento dos outros colaboradores.

Isso posto, caberia apontar as etapas constituintes do processo colaborativo, pelo menos da maneira como é praticado no Teatro da Vertigem. Poderíamos destacar três grandes momentos, a saber:

1. *Etapa de livre exploração e investigação*: as questões centrais do projeto são estudadas, improvisadas e experimentadas, muitas vezes numa abordagem de tentativa e erro, com o

O PROCESSO COLABORATIVO   139

objetivo de mapear o campo da pesquisa. Tal prática acarreta, fundamentalmente, o levantamento de material cênico, levando à identificação de parâmetros e possibilidades.

2. *Etapa de estruturação dramatúrgica*: ocorre a seleção do que foi levantado, visando à criação de partituras de ação, de esboços de cena e, em seguida, do roteiro propriamente dito. Essa etapa pressupõe o estabelecimento de, pelo menos, uma primeira versão do texto.

3. *Etapa de estruturação do espetáculo e de aprofundamento interpretativo*: a escrita da cena passa a ocupar o centro das preocupações, tanto no que diz respeito às marcações, espaço cênico, tratamento visual, sonoro etc., como no aprimoramento do trabalho do ator. O aspecto dramatúrgico continua a ser desenvolvido aqui, enquanto lapidação e acabamento, porém como foco secundário.

Retornando ao processo de *O Paraíso Perdido*, poderíamos identificar a pesquisa da mecânica clássica e da mitologia a respeito da Criação e da Queda como a primeira etapa acima descrita. Estaríamos, agora, a caminho da segunda e terceira etapas. Ao relatá-las, pretendemos apontar problemas e contradições dessa dinâmica de trabalho colaborativo. Além disso, procuraremos descrever as diferentes versões e alterações estruturais da construção dramatúrgica.

A questão que se colocava diante de nós tinha dupla face, ambas igualmente desafiadoras: como organizar e "costurar" todo o material levantado até então pelas improvisações e *workshops*, e de que maneira relacionaríamos o universo da mecânica clássica com aquele relativo ao Paraíso? As possibilidades eram inúmeras, na medida em que havíamos explorado muitas vias. Porém, o problema se agravava pela impressão de que ainda faltavam algumas cenas a serem criadas e de que, além delas, seria necessário o desenvolvimento de um novo material para funcionar como elo articulador.

No caso da relação física/Paraíso, alguns elementos apontavam para um possível diálogo: a questão da gravidade; o desequilíbrio dos corpos; as sequências coreográficas de quedas; a materialidade do corpo denso, incapaz de perceber dimensões mais sutis; e, por fim, a utopia da ciência e o fáustico desejo

140 A GÊNESE DA VERTIGEM

humano do conhecimento absoluto das leis do universo (a aquisição de conhecimento *versus* a perda da inocência). Vislumbrávamos, portanto, alguns entrecruzamentos, porém, a necessidade de relacionar uma instância à outra acabou por gerar uma enorme pressão durante a etapa de roteirização. O primeiro passo tomado foi a seleção, dentre todas as cenas apresentadas, daquelas que se revelaram mais pertinentes à discussão temática e/ou que resultaram teatralmente mais potentes. A primeira filtragem do material bruto dos ensaios ficou assim constituída:

- a lembrança de um homem (apenas um *ou* vários);
- voz em *off* de uma criança que lê o *Gênesis*;
- possíveis personagens: um homem angustiado, um órfão, dois irmãos, uma mulher solitária, o artista criador;
- a Queda do homem (sequência coreográfica de quedas);
- o enrijecimento do pescoço;
- A e B sentados: A levanta-se, não sabe para onde ir e, então, depois de um tempo, acaba por ficar parado. No fim, ambos estão parados, imóveis, olhando para a frente;
- um casal: O marido, um deficiente físico, mal para sobre as pernas. Quando a mulher se distancia dele, o homem começa a cair. Ela, então, corre para socorrê-lo. Dores e enrijecimento. Isso se repete várias vezes;
- a luta contra os elementos (a natureza inóspita): o chão (o primeiro momento em que o pé pisa o solo), a chuva, o vento, o frio e o calor;
- pessoas errantes: Uma delas choca-se contra a parede e bate a cabeça na parede. Então, corre até uma porta, mas está fechada;
- depoimento pessoal I e II (Marcos);
- cena "o medo";
- chamando o Pai (Johana);
- monólogo para um homem vendado I (Matheus);
- texto: a "transa" que para o tempo;
- texto: o amor pela terra;
- monólogo para um homem vendado II;
- monólogo para um homem vendado III;
- texto: "Gêmeas";
- cena "O Estrangeiro";
- improvisação de massa corporal aumentada;
- improvisação expressiva de *massa*: namoro (com o foco na rejeição do carinho);

O PROCESSO COLABORATIVO

- improvisação com cordas: alguém que se sente limitado;
- posição de queda (energia potencial);
- *workshop* sobre o Paraíso (Vanderlei);
- utilizar as fitas gravadas na rua com os depoimentos dos transeuntes;
- *workshop* "A primeira lembrança da vida";
- cena "as tentativas de alçar voo" (utilizando cordas);
- trabalho com a imaginação: "sendo uma criança";
- uma brincadeira cruel: Marcos contando a sua história;
- contar uma história de fadas cruel;
- cena de aniversário (Vanderlei e Lucienne);
- a velhice;
- cena A/B: A quer brincar, mas B não quer. Após um tempo, A assassina B;
- cena "guerra" (sem grupo fixo e sem som);
- cena "orações" (sem sons, mas com movimentação gestual trabalhada);
- retomar a cena "chamando o anjo";
- cena "chamando a mãe" (Vanderlei);
- cena "mentiras";
- pergunta/resposta: o que é o peso para mim? (relação peso/sofrimento);
- dança abstrata a partir da leitura do *Gênesis*: dançando com um pano branco (Lucienne);
- *workshop* da Johana, usando o texto que ela própria escreveu;
- *workshop* "Vertigem".

Como essa foi a primeira seleção do material levantado nos ensaios, ela ainda sofreria inúmeros acréscimos e cortes. Não existe o registro completo de toda essa série de modificações, porém não nos parece fundamental o acompanhamento detalhado de cada pequena variação. Por isso, serão identificadas somente as etapas principais do desenvolvimento dramatúrgico. De qualquer forma, é importante atentar para o fato de que a seleção acima apresentada comporta fragmentos das duas fases da pesquisa (mecânica clássica e mitologias do Paraíso e da Queda), além de incluir todas as modalidades de dinâmica realizadas (improvisações livres e expressivas, pergunta/resposta, *workshops*, jogos A/B etc.).

Diante de material tão vasto e díspar, o esforço para encontrar um fio estruturador foi enorme. A sugestão proposta pelo dramaturgo Sérgio surgiu após inúmeras discussões sobre o poema épico sumério *Gilgamesh*, com o qual havíamos trabalhado em algumas improvisações.

Nesse poema, em um determinado trecho da narrativa, Gilgamesh, rei de Uruk, encontra um barqueiro (Urshanabi) que o ajudará a atravessar o oceano das águas da morte em busca de Utnapishtim, detentor do segredo da vida eterna. Foi a partir da figura de Urshanabi e das improvisações realizadas com a sua imagem que chegamos à ideia de uma personagem-barqueiro que costuraria e integraria as várias cenas selecionadas.

Além disso, tal figura nos remetia àquela de Cáron, barqueiro da mitologia grega que se incumbia do transporte das almas dos mortos na travessia do rio Aquaronte. Contudo, parecia mais significativo para a peça que a jornada fosse empreendida pelo rio Lete, outro rio – ou fonte – do Hades, cujas águas, quando bebidas, faziam com que as almas se esquecessem de sua existência anterior, no exato momento da reencarnação[2]. Cabe lembrar que uma das ideias surgidas em relação ao espetáculo era a de que ele fosse uma espécie de rememoração, daí o interesse de que a navegação se desse pelo "rio do esquecimento".

A partir dessa ideia ou conceito foi esboçado o primeiro esqueleto do roteiro, constituído das seguintes partes:

- Barqueiro e Homem.
- Infância (as lembranças mais antigas).
- Barqueiro e Homem.
- As consequências da Queda.
- Barqueiro e Homem.
- A Queda.
- Barqueiro e Homem.
- A desobediência.
- Barqueiro e Homem.
- As tentativas de ascensão.
- Barqueiro e Homem.
- Paraíso como autoconhecimento.

Por essa estrutura, pode-se perceber que o espetáculo partiria da infância, sob uma perspectiva individual e psicoló-

---

2 Ver P. Harvey, *Dicionário Oxford de Literatura Clássica*, p. 304.

O PROCESSO COLABORATIVO 143

gica, para depois ir em direção à infância mítica, na origem da humanidade. Para tanto, utilizaria o recurso do *flashback*, só que em ordem alterada, indo, aos saltos, de um passado mais recente para outro, mais remoto. Apresentaria, portanto, nessa ordem, os sofrimentos advindos da Queda, a Queda em si e, só então, a desobediência original que a provocou. Isso feito, o espetáculo se reencaminharia para o tempo presente, porém abordando a nostalgia do retorno – por meio do desejo de união com a divindade perdida ou esquecida – para, finalmente, buscar o Paraíso dentro do próprio homem. Tal fecho foi pensado não na dimensão psicológica, mas metafórica de reencontro do homem consigo mesmo, de religamento com a sua essência e, ainda, da percepção de uma divindade que se encontra dentro e não fora, imanente ao próprio ser humano.

Alinhavando esse percurso, em clara chave alegórica, haveria os diálogos entre o Homem – personificando aqui a humanidade – e o Barqueiro, durante a travessia pelo rio Lete, rumo a um jardim mítico – referência, no caso, ao Éden bíblico. A jornada seria conduzida por uma aposta entre as duas figuras, aposta essa que desafiaria o Homem a rememorar a época em que ainda habitava o referido jardim, fato que ele reluta em aceitar.

Definido o roteiro, iniciamos o trabalho prático sobre ele, procurando descobrir como representaríamos essas duas personagens alegóricas, e como cada uma das cenas localizadas entre os diálogos seriam constituídas. Logo percebemos que tais cenas não se constituiriam apenas em uma *única* cena, mas, sim, em um bloco de cenas.

Chegamos a criar um cronograma para o desenvolvimento desse roteiro, que deveria ser realizado durante o período de quatro semanas, em julho de 1992:

- ◆ 6 a 12: duas cenas "Barqueiro e Homem", "Infância" e "As consequências da Queda";
- ◆ 13 a 19: "A Queda"; as duas cenas subsequentes do "Barqueiro e Homem" e "A Desobediência";
- ◆ 20 a 25: "As Tentativas de Ascensão"; as duas cenas finais do "Barqueiro e Homem" e "Epílogo" (Paraíso como autoconhecimento);
- ◆ 26 a 31: finalização, revisão e apresentação do primeiro esboço.

Evidentemente, por mais que trabalhássemos de forma intensiva, não foi possível cumprir o cronograma traçado. Nem mesmo as várias reuniões extras, realizadas entre a dramaturgia e a direção – a fim de otimizar a experimentação prática do roteiro com os atores – impediu que adentrássemos bastante no mês de agosto. É preciso ressaltar, nesse difícil momento de sínteses e estruturações, a importante interferência de Sérgio no processo de ensaio. Além do seu trabalho solitário, somaram-se inúmeros encontros com a direção, com o propósito de discutir cada escolha, cada necessidade do roteiro, mas também aquilo que deveria ser reimprovisado ou retomado.

Tal dinâmica, porém, não alijou os atores do processo de discussão. Era apenas uma saída para o problema da duração dos ensaios, os quais não eram suficientemente longos para comportar as frequentes reuniões de roteiro. Além disso, estávamos pressionados pelas datas do cronograma que tínhamos planejado, o que nos obrigava a acelerar o tempo o máximo possível. Nesse sentido, realizávamos uma espécie de "pré-trabalho", que consumia várias horas de elaboração, e levávamos aos atores propostas concretas para serem testadas. A partir das críticas àquelas proposições ou de novas sugestões, dramaturgo e diretor voltavam a se reunir e formulavam, novamente, as partes do roteiro.

Como trabalhávamos na perspectiva do processo colaborativo – apesar de não sabermos disso com clareza e sem ainda utilizar tal denominação –, Sérgio assumiu, por convite do grupo, a função de dramaturgo. Mais tarde, talvez em razão de sua pouca experiência na área, talvez pela quantidade de encontros extra-ensaios realizada para a elaboração do roteiro, definimos que ele continuaria a responder pela dramaturgia (textos, diálogos, perfil de personagens etc.), mas que a roteirização seria assumida conjuntamente com o diretor. Contribuiu para essa maior interferência da direção, o fato de que uma parte considerável do material produzido era gestual e coreográfica, prescindindo de qualquer formalização textual.

O 1º roteiro que foi produzido encontra-se disponível para consulta nos anexos. Além de ele comportar uma seleção mais refinada das improvisações e *workshops* realizados até então, apresenta diálogos escritos exclusivamente pelo dramaturgo,

O PROCESSO COLABORATIVO 145

mesclados a fragmentos literários extraídos da *Bíblia*, de poemas mesopotâmicos, de *O Paraíso Perdido*, de John Milton, e de várias outras fontes já citadas. O episódio entre Gilgamesh e Urshanabi foi a referência central para todos os entrechos dialogados do Homem e o Barqueiro.

A figura da Mulher aparece apenas no Prólogo, indicando aos espectadores não só o caminho a ser percorrido, mas o problema central da narrativa: a travessia do rio. Apesar da importância dessa participação, tal personagem não será retomada posteriormente, tornando sua aparição inicial um pouco mal resolvida.

Parecia evidente que Adão e Eva eram nossos protagonistas irrefutáveis, seja pelo *Gênesis* bíblico seja pelo poema épico de John Milton. Porém, as cenas dialogadas que alinhavavam o roteiro ocorriam apenas entre um homem e um barqueiro. A fim de superar a ausência de Eva como protagonista, recorreu-se ao Prólogo como o lugar possível para se destacar essa figura mítica feminina. Tal opção, contudo, revelou-se frágil do ponto de vista dramatúrgico, e foi a primeira de algumas inconsistências do roteiro.

Diferentemente de Gilgamesh que procura Utnapishtim – o único dos homens a quem os deuses concederam a vida eterna – o nosso Homem procura o Jardim. No caso, especificamente, o jardim do Éden ou o Paraíso. Apesar da busca da imortalidade também fazer parte de seus objetivos, outros interesses movem esse Homem: a busca de respostas a questões existenciais, a recuperação da dimensão sagrada, o desejo do religamento original e, principalmente, o reencontro consigo mesmo.

No poema sumério, o encontro entre o herói e o barqueiro Urshanabi é episódico, estando circunscrito à necessidade factual de travessia das águas da morte. Ao contrário, em nosso roteiro, todo o embate filosófico e existencial dar-se-á durante a travessia do rio do esquecimento, e o homem e o barqueiro assumem os papéis de protagonista e antagonista, respectivamente.

O texto da parte dialogada apresenta caráter metafórico e poético-filosófico bastante acentuado. Tal característica, além de revelar a influência do material literário com o qual vínhamos trabalhando, também reflete o gosto e o estilo de Sérgio naquele momento. O elemento dramático no roteiro, e gerador do conflito entre as duas personagens centrais, será materializado pela aposta lançada pelo barqueiro e pela disputa por quem a vencerá.

Quanto aos elementos que permearão esse embate, eles nasceram diretamente das improvisações em sala de ensaio. Por exemplo, a ideia do espetáculo como uma rememoração, estabelecendo uma ponte direta com o universo da infância, será aqui incorporada. O homem enceta a viagem de travessia no esforço de recuperar as suas lembranças mais antigas. É o barqueiro, logo no início da jornada, quem diz a ele "Aqui é o lugar da reminiscência. Porque esse é o rio do esquecimento". Ou ainda: "Lembra, há muito tempo… Você era criança. Ouve a canção?"

Tal rememoração levará diretamente ao primeiro bloco de cenas, todas elas inspiradas na infância dos atores. Os blocos seguintes, ao buscarem a memória de tempos ainda mais antigos, arcaicos e míticos, serão construídos em torno de três chaves temáticas: as consequências da Queda; a Queda em si e, por fim, a desobediência original. Apenas o bloco final de cenas abandonará o fluxo de reminiscências para buscar, no presente ou no futuro, por meio de visões ou imagens, as maneiras como os homens tentam se reencontrar com a dimensão sagrada.

Dessa forma, podem ser identificados três planos no roteiro: plano da realidade, plano da memória e plano da imaginação. Qualquer semelhança com *Vestido de Noiva*, de Nelson Rodrigues, talvez não seja mera coincidência. Porém, é claro, não chegamos a trabalhar especificamente com essa obra durante o processo.

Ao se dividir as partes do roteiro segundo esses três planos, surge a seguinte estrutura:

- ◆ diálogos Homem/Barqueiro: plano da realidade (tempo presente);
- ◆ blocos i, ii, iii e iv: plano da memória (tempo passado);
- ◆ bloco v: plano da imaginação (atemporal).

Percebe-se aí, também, a justaposição de dois tempos: um tempo psicológico, humano, ligado à história de vida de um homem, e um tempo mítico, ancestral, anistórico. Da fricção dessa dupla perspectiva resultará a dimensão temporal do roteiro, que apontava para uma zona híbrida, "entre tempos".

O PROCESSO COLABORATIVO

Outro elemento incorporado da sala de ensaio diz respeito ao treinamento com venda nos olhos. Fruto direto dele, em nosso roteiro, a personagem Homem terá de ser vendada para que possa disputar a aposta, fazer a travessia e, principalmente, lembrar-se dos fatos passados. E assim permanecerá durante quase todo o tempo. Apenas no Epílogo, quando percebe que perdeu a aposta, pois finalmente pode ver aquilo que estava obscurecido, é que o Homem retira a venda dos olhos: "Você me vendou para que eu lembrasse (olha para a venda). Mas o que foi desvendado será esquecido".

Tirar a venda dos olhos ganha o caráter simbólico de desistência do Éden, de recusa do Paraíso como lugar concreto, avistado ao longe e fora de si, a fim de trazê-lo para o interior do homem, ligado à experiência pessoal e à conquista do autoconhecimento. Portanto, deixamos de estar cegos e iludidos, para "vermos" e experimentarmos o Éden dentro de nós mesmos, num exercício de autopercepção. O Paraíso deixa de ser "topos" para se tornar "ontos". Essa mudança de perspectiva aponta para a transformação de nosso protagonista que consegue, finalmente, ver, recuperar a visão: "Andei cego a vida toda, com os olhos chamuscados pela pressa dos sentidos".

Mais um aspecto curioso decorre da pesquisa científica sobre "equilíbrio" (mecânica clássica) que, entre outros elementos, nos fez investigar o limite entre equilíbrio e desequilíbrio. Esse estado intermediário, fronteiriço, desestabilizador e de risco, além de ter provocado interesse no âmbito da investigação interpretativa, será trazido para o roteiro por meio de um longo monólogo do Homem, entre os Blocos ii e iii. Tal solilóquio, pela constante referência à situação de vertigem ("Sinto a vertigem do princípio, precipício do mundo" ou ainda "Vertigem, voragem da alma, a terra me atrai, eu quase desejo cair"), passou a ser denominado "Monólogo da Vertigem".

Alguns meses depois, à beira da estreia do espetáculo, vendo-nos diante da necessidade de dar um nome ao grupo, fizemos um levantamento de sugestões para ele. Entre eles, por clara influência do referido monólogo, apareceu "Teatro da Vertigem", em proposta trazida pela atriz Lucienne. Como não chegávamos a um consenso, por meio da discussão das diferentes sugestões, realizamos uma votação, que obteve o seguinte placar

148   A GÊNESE DA VERTIGEM

final: "Teatro da Vertigem" (4 votos), "Teatro de Atrito" (2 votos), "Os Ensaiadores" (2 votos) e "Projéteis Teatrais" (1 voto). Daí, por maioria simples, venceu o nome "Teatro da Vertigem", cuja origem remonta ao ir e vir entre a pesquisa em sala de ensaio (equilíbrio/desequilíbrio) e a formalização dramatúrgica ("Monólogo da Vertigem"). Como pode ser percebido, todas as sugestões de nome para o grupo passaram necessariamente pelo diálogo com a física (não nos esqueçamos, por exemplo, de que "O Ensaiador" é o título de uma das obras de Galileu Galilei que havíamos estudado).

Retornando à análise do roteiro, é possível identificar algumas de suas deficiências e falhas. A mais flagrante diz respeito à estrutura. Se olharmos como ela foi desenhada, percebemos um dado repetitivo e monocórdio orientando sua composição. Encontramos sempre a cena "Barqueiro e Homem" em alternância com um bloco temático de cenas: por exemplo, Cena "Barqueiro e Homem 1"/Bloco I (infância); Cena "Barqueiro e Homem 2"/Bloco II (as consequências da Queda); e assim por diante. Tal estruturação criava um efeito de previsibilidade e rotina, provocando certa monotonia na fruição.

Por sua vez, as cenas dialogadas dos protagonistas repetem demasiadamente a estratégia de rememoração por parte do Homem. A impressão resultante é de que elas giram continuamente em torno disso, desenvolvendo e aprofundando pouco outros elementos – salvo o caso da cena inicial e final. A própria questão da aposta torna-se diluída em função disso, perdendo força dramática e a consequente intensificação do conflito.

Quanto aos blocos de cena eles se revelam demasiadamente carregados e excessivos. Se cada diálogo entre o homem e o barqueiro constitui-se em uma cena, isso significa que, ao todo, temos seis cenas protagonizadas por eles. Enquanto isso, o menor dos blocos – o Bloco III (A Queda) – apresenta, por si só, a soma de cinco cenas. Ou seja, é evidente que a maior parte do roteiro, e do espetáculo, ocorre em torno e a partir dos blocos, o que cria certa descompensação e desarmonia dentro da estrutura. Por exemplo, é necessário que doze ou treze cenas diferentes aconteçam para que, então, nossos protagonistas voltem a se encontrar. E não se trata de microcenas, de instantâ-

O PROCESSO COLABORATIVO

neos teatrais ou imagéticos, mas de cenas com igual ou maior duração do que aquelas entre o homem e o barqueiro.

Para que se obtenha uma ideia mais precisa, cada bloco apresenta a seguinte quantidade de cenas: bloco I (7 cenas); bloco II (12 cenas); bloco III (5 cenas); bloco IV (10 cenas) e bloco V (13 cenas). Ao analisarmos o bloco I, percebemos que ele engloba, dentro de si, todos os blocos posteriores. Por exemplo, as cenas 1, 2 e 3 são materializações do Paraíso; a cena 4 representa a Desobediência; a cena 6, a Queda; a cena 5, as consequências da Queda e, finalmente, a cena 7 simboliza a tentativa de retorno ou ascensão. Ou seja, em um único bloco já encontramos o roteiro inteiro, e conhecemos, de antemão, tudo aquilo que seria – ou deveria ser - desenvolvido apenas posteriormente.

Se quantificarmos o número de cenas presentes no conjunto dos blocos, teremos a soma – nada econômica – de quarenta e sete cenas. Ao compararmos esse resultado com as seis cenas dialogadas do homem e barqueiro, que entremeiam os blocos, a diferença numérica resulta desproporcional. Ou seja, não há como negar o excesso de material escolhido e a falta de maior rigor no processo de seleção do que foi improvisado.

Esse é, justamente, um dos problemas ou contradições do processo colaborativo. Como todos são autores e, portanto, propositores de material teatral, ocorre a produção de uma enorme quantidade de cenas. Via de regra, tais cenas passam a ser bastante preciosas para quem as produziu. Especialmente pelo fato de terem origem em experiências pessoais ou na história de vida de cada ator. Por isso, o valor sentimental agregado a cada proposição é grande. Nesse sentido, é raro encontrarmos uma postura de desprendimento e desapego ao se discutir ou selecionar as cenas produzidas. Daí a necessidade de uma negociação firme, muitas vezes conflituosa e exaustiva, especialmente por parte do dramaturgo.

Por se tratar de discussão delicada, envolta numa série de componentes afetivos e emocionais, não é incomum a seleção final ser menos criteriosa ou sintética do que deveria. Às vezes, a fim de se evitar dissabores – presentes e futuros – ou mesmo com o intuito deliberado de agradar a algum componente do grupo, acaba-se incorrendo em excessos e elegendo-se mais material cênico do que necessário. Porém, é a própria obra que

sofre com isso, obrigada a incorporar elementos pouco orgânicos ou alheios a ela por critérios extra-artísticos.

Nesse sentido, além de um dramaturgo com mão firme,
que não tema os eventuais conflitos e confrontos decorrentes
da exclusão de cenas, o processo colaborativo solicita também
generosidade e desprendimento por parte de todos os criadores
que se aventuram nessa prática. Como diretor, também já con-
cedi ou abri mão de maior rigor na seleção de material a fim de
manter um bom clima de trabalho. Mas há que se lutar contra
isso em razão da qualidade do resultado cênico almejado.

A fim de concluir a análise do primeiro roteiro, cabe ainda
tratar sobre o final da cena 5 e a cena 6 (Epílogo). Antes de
tudo, parece-nos pouco desenvolvido o clímax da narrativa.
Apesar de anunciado e preparado desde a cena 1, o momento
em que o Homem finalmente recorda-se de já haver habitado
o Jardim e, consequentemente, reconhece ter perdido a aposta,
acontece de forma abrupta e pouco justificada. O desenvolvimento subsequente a essa revelação também não é explorado,
reduzindo-se a um pedido de perdão. Ou seja, todos os elementos, desde a perda da aposta e suas reverberações na personagem do Homem até a decisão de remar na direção contrária à
do Jardim, são apresentados rapidamente e de forma vaga.

Além disso, o final revela certa contradição. Ao mesmo
tempo em que o Homem defende a conquista do autoconhecimento como a materialização do Paraíso, perspectiva essa
claramente antropocêntrica, suas últimas falas apontam na
direção contrária. Ele diz: "No princípio, eu fui soprado no
barro". Ou ainda, no fecho do roteiro: "No princípio: Deus. E
o espírito sopra, ventando sobre o rosto da água". Essa visão
teocêntrica, verbalizada na fala final do homem, se apresenta
como a conclusão da personagem. Daí, a sensação contraditó-
ria que ela provoca, pois pretende reunir, de forma coincidente,
duas abordagens distintas. Por que, a mesma personagem, no
mesmo momento da narrativa, é, simultaneamente, antropocêntrica e teocêntrica?

Tal sobreposição de perspectivas, que parecem anular-se
uma à outra, refletem, na verdade, uma hesitação do grupo no
encaminhamento da discussão sobre o tema do Paraíso. Ainda
não estava claro, até aquele momento, como concluiríamos o

O PROCESSO COLABORATIVO 151

problema metafísico levantado, que partido tomaríamos, ou mesmo, se tomaríamos algum partido. O fim do roteiro apenas revelava tal oscilação ou incerteza.

Somente no encerramento dessa etapa, ao encenarmos na íntegra o primeiro roteiro, pudemos avaliar o resultado obtido e percebemos, então, que havia algo errado ali. Alguma coisa soava artificial, forçada, não orgânica. Após discussões com o grupo todo e uma avaliação por parte da dramaturgia e direção, concluímos que o problema encontrava-se na narrativa. Na verdade, no fato de existir uma narrativa.

Todo o processo, até então desenvolvido, constituía-se de uma série fragmentada de improvisações e cenas, cujo eixo era dado pelo tema do Paraíso e da Queda, e não por uma narrativa linear. Não existiam protagonistas nem narradores, e todo o material levantado era heterogêneo e autônomo. Ou seja, não dependíamos de um *workshop* para entendermos o seguinte. E por mais que lidássemos com obras literárias que narram determinados mitos, nossas improvisações nunca – ou quase nunca – produziam enredos ou contavam histórias. Evidentemente, tal constatação provocou uma crise dentro do processo, já que vínhamos trabalhando com as figuras do Homem e do Barqueiro há várias semanas. Mas o que fazer se, de fato, a existência desses dois protagonistas soava pouco convincente?

O passo seguinte parecia claro, por aterrador que fosse: jogar fora aquela estrutura. Por que não assumir o risco de uma dramaturgia fragmentada, aos farrapos, mais próxima de procedimentos da colagem do que do encadeamento causal aristotélico? Por que não abolir a ideia de construir uma narrativa com começo, meio e fim e da presença de personagens condutores?

É óbvio que relutamos para assumir tal decisão. Parecia termos perdido a batalha, que havíamos fracassado, que éramos incompetentes. Talvez, em alguma medida, isso fosse verdadeiro, porém, não desqualificava a experiência processual vivida até ali. Pois esse mecanismo de tentativa e erro, de avanços e retrocessos, de construir e jogar fora, é parte fundamental de uma dramaturgia em processo. Somente após a materialização de um esboço e de sua experimentação prática por todos os elementos do grupo é que somos capazes de avaliar o resultado obtido. Avaliações que são sempre *a posteriori*, feitas a partir de resultados continuamente temporários e provisórios.

É fácil olharmos para trás e constatarmos os erros ou desvios de rota cometidos depois de já termos passado pela experiência. O distanciamento no tempo permite uma avaliação mais afiada. Porém, quando nos encontramos no olho do furacão, sem sabermos exatamente, por mais que planejemos, para onde aquilo tudo vai nos levar, essa antevisão de falhas ou de escolhas equivocadas torna-se comprometida e embaçada.

Por outro lado, esses erros não deveriam ser considerados apenas pelo seu aspecto negativo, pois, na verdade, eles são necessários ao amadurecimento do percurso de construção da obra. Portanto, mais do que falhas ou desvios, eles são, sim, elementos inseparáveis do processo de criação. Podem funcionar como ruídos – ou enzimas – na estabilidade precária da obra, tornando-se fundamentais à prospecção de outros caminhos e alternativas. A via negativa pode ser tão ou mais fértil quanto os acertos de alvo.

No caso do primeiro roteiro, concluímos por abandonar as personagens do Homem e do Barqueiro, e da narrativa que os pautava. Além disso, como os blocos apresentavam um excesso de cenas, eles precisavam ser sintetizados. A própria ideia da existência de cinco blocos distintos parecia um exagero. Tudo deveria ser enxugado e rearranjado de forma mais econômica. Para tanto, trabalhamos intensivamente sobre o material que dispúnhamos, e chegamos à segunda proposta de roteiro.

A ideia norteadora foi trabalhar a partir do conceito de "movimentos", como na música. Ou seja, ao invés de uma narrativa convencional, linear e causal, o roteiro seria constituído por três grandes movimentos, sob os quais as cenas se agrupariam. Portanto, diferentemente dos cinco blocos de cena do roteiro anterior, seriam constituídos apenas três: "A Expulsão", "A Desobediência" e "O Retorno".

Em comparação ao primeiro roteiro, foi mantido o recurso da inversão da sequência cronológica, por meio de *flashback*. Partíamos da perda do Paraíso e das consequências advindas da saída do Éden (o Pós-Queda) para, numa espécie de rememoração, retornar às causas da expulsão do Jardim (o Pré-Queda). Depois disso, então, recuperávamos, no tempo presente, a

O PROCESSO COLABORATIVO 153

questão do desejo de retorno ou de reencontro com a dimensão sagrada. De forma concisa e esquemática, a segunda proposta de roteiro ficou assim delineada:

2º ROTEIRO

A Expulsão

- Texto do *Gênesis*.
- Queda do colo.
- Solo Marcos (sequência de quedas com venda nos olhos) + Monólogo do anjo caído.
- Olhando para o alto.
- Desolação/porta.
- Satã.
- Monodânica (monólogo de Daniella).
- Queda decupada (sequência coreográfica).
- Matheus in Concert.
- Cabra-cega + Texto do homem vendado.
- Monólogo da vertigem.
- Lacrimosa.
- Chamando o Pai.

A Desobediência

- Texto do *Gênesis*.
- Brincando com fogo.
- Castigo.
- Sendo como Deus.
- Vergonhas.
- A paixão segundo Evandro + Monofruto (monólogo do Fruto Proibido).
- Gêmeas.

O Retorno

- Texto do *Gênesis*.
- Gravidade individual.
- Orações.
- Gêmeos de Sérgio e Lúcia.
- Olhando para o alto II.
- Gravidade em grupo.
- Chamando o Pai.

154 A GÊNESE DA VERTIGEM

- *Birds* (ou aprendendo a voar).
- Texto do *Gênesis*.

Essa versão inicial do segundo roteiro sofrerá ainda várias modificações. Cortes serão feitos, cenas não selecionadas serão recuperadas enquanto outras novas serão acrescentadas e, por fim, diferentes combinações de ordenamento também serão experimentadas. De fato, até quase às vésperas da estreia ocorrerão modificações significativas no arranjo das cenas – o que acabou por provocar, é importante notar, instabilidade e reclamações por parte dos atores. Quanto à recuperação de cenas previamente descartadas, mantínhamos o "limbo de cenas", espécie de "banco de reserva" de material cênico, ao qual sempre nos remetíamos durante as reescrituras e reposições cênicas do roteiro.

Comparado ao primeiro, que possuía ao todo cinquenta e três cenas – incluindo aí as do Homem e Barqueiro –, o segundo roteiro apresentava um conjunto de vinte e nove cenas. Tal número é praticamente a metade do anterior. Não há, portanto, como negar que houve uma redução significativa no material cênico selecionado, por mais que ele ainda pareça extenso.

Como não havia mais personagens condutoras, a ideia que surgiu, a fim de criar conexões entre as diferentes partes do roteiro, foi a repetição de determinados motes ou cenas. Por exemplo, trechos do *Gênesis* estão no início de cada um dos blocos e, além disso, abrem e fecham o roteiro como um todo. O elemento das quedas, individuais ou em grupos, pela clara associação que estabelece com o tema da perda do Paraíso, também funcionava como "movimento-símbolo", perpassando toda a estrutura.

Além disso, podem ser apontadas outras reincidências ou repetições visando à criação de pontes entre os blocos: as cenas "Olhando para o alto I e II" (no primeiro e terceiro blocos, respectivamente); "Chamando o Pai I e II" (também no primeiro e terceiro blocos); as cenas espelhadas "Gêmeas" (segundo bloco) e "Gêmeos" (terceiro bloco); e, por fim, "Gravidade individual" e "Gravidade em grupo" (em pontos diferentes do terceiro bloco).

Pode-se perceber também o elemento recorrente da venda nos olhos. Aspecto fundamental do primeiro roteiro, onde a

O PROCESSO COLABORATIVO

figura do Homem permanecia todo o tempo às cegas, ele será aqui reaproveitado, de três diferentes maneiras: um solo composto por uma sequência de quedas com venda nos olhos; a cena da cabra-cega, onde todos os atores brincam com os olhos vendados; e o Texto do Homem Vendado. Nesse último caso, há uma clara referência àquela personagem do Homem, e o texto aqui utilizado era uma derivação daquele falado no primeiro roteiro.

Cabe notar que, outros trechos e fragmentos do roteiro original seriam trazidos para o segundo roteiro, bem como para a versão final. Mesmo recortadas, sem modificação, algumas das falas do homem e do barqueiro seriam transferidas para a voz de outras personagens ou utilizadas como texto em "off" ou, ainda, serviriam para momentos de transição. Exemplo disso é o solilóquio do Homem, no plano A – cena 3, do primeiro roteiro, que será reaproveitado integralmente como o "Monólogo da Vertigem", no bloco 1 – A Expulsão, no segundo roteiro.

Outro dado a ser destacado é o aparecimento da figura do Anjo Caído, que surgiu em um *workshop* de Matheus Nachtergaele, em que víamos um anjo com as asas quebradas, sentado no chão e apoiado contra um muro, sendo iluminado por uma luz de lanterna. Essa cena, colocada no início do bloco 1 – A Expulsão, será, ao longo do processo de desenvolvimento do segundo roteiro, desmembrada para os outros blocos como recurso de estruturação, por meio da repetição. Curiosamente, no roteiro final, essa personagem virá a se tornar o guia condutor do público no interior da igreja Santa Ifigênia.

Ao analisarmos atentamente esse segundo roteiro, notaremos a presença de grande número de monólogos. A razão disso pode ser rastreada no exercício do depoimento pessoal e na frequente solicitação de *workshops* individuais, adotada pelo processo de ensaio. No desenvolvimento dos espetáculos posteriores da trilogia bíblica, *O Livro de Jó* e *Apocalipse 1,11*, aprenderíamos a exercitar essa dinâmica da visão pessoal também por meio de cenas dialogadas e/ou de cenas com a presença de vários atores, sem perder de vista, é claro, o viés e a abordagem individual do ator que propõe a cena. Porém, o processo de *O Paraíso Perdido* experimentou pouco esse *modus faciendi*, resultando daí a grande quantidade de solilóquios.

156 A GÊNESE DA VERTIGEM

A fim de apresentar as constantes modificações que o segundo roteiro foi sofrendo, e também como forma de revelar o tipo de dúvida ou insatisfação que surgia à medida do seu desenvolvimento, descreveremos uma etapa intermediária de trabalho. Além das várias alterações na ordem das cenas e dos acréscimos e cortes de material, estão indicadas, em itálico, as anotações da direção sobre o roteiro que ora se materializava. Angústias, sugestões de melhoria e questionamentos podem ser identificados nessas anotações "à margem". Como essa é apenas mais uma versão, entre várias, não nos pareceu significativo a realização de uma análise específica sobre ela. Sua apresentação visa apenas a ilustrar, ou a deixar mais concreto, as inúmeras modificações que ocorriam ao longo do processo de dramaturgização.

BLOCO I
◆ Anjo Caído.
◆ Coro caótico.
◆ Homem vendado (ou Homem com balão) – (é essa a melhor imagem para o início e o fim?).
◆ Carregando o filho + Texto do *Gênesis*.
◆ Queda do colo – (os atores precisam interiorizar mais).
◆ Anjo I *(???)*.
◆ Cabra-cega – (os atores devem "estranhar" mais; é necessário maior pânico; deve haver quebra de tempo; sair do naturalismo; o anjo está dentro de cena? Ele blefa, brinca com as crianças?).
◆ Lucienne *in Concert* – (no final da cena, as pessoas começam a cair; Evandro gira no coro, para; será que o texto é dito durante o movimento?);
◆ Monólogo da Vertigem + *Quedas* – (é aqui mesmo? Como resolver a questão do elemento da infância?);
◆ Desolação – (enxugar a cena);
◆ Lacrimosa – (interiorizar e sintetizar a cena);
◆ Chamando o Pai – (o ator deve trazer mais a figura da criança e fixar a sequência de movimentos).

BLOCO II
◆ Revolta do Anjo – (com corrida);
◆ Adão e Eva;
◆ Coro dos porquês + vergonhas;
◆ Monofruto – (essa cena vai ficar?);

O PROCESSO COLABORATIVO 157

- Brincando com fogo (*Gênesis*) + Anjo II – (essa fusão é boa?);
- Castigo + Monólogo de Satã;
- Monodânica – (precisa interiorizar mais);
- Gêmeas;
- Chamando o Pai – (fixar a sequência);
- OBS.: experimentar o Monólogo de Satã depois de Castigo, em duas versões: opção 1: Vanderlei como pai ou opção 2: Vanderlei como filho.

BLOCO III
- Oração do anjo.
- Coro de orações.
- Engenho da asa – (fixar a sequência) + Texto dos pássaros – (o homem ilumina anjos na parede).
- Texto da gaiola.
- Anjo III.
- Brincando de voar.
- Artista – (vai ter ou não essa cena? O que será que falta aqui?).
- Gêmeos – (com Balão?).
- Homem Vendado + Coro.

Ao fim de várias semanas explorando a estruturação do segundo roteiro, e quase já às vésperas da estreia, conseguimos finalmente consolidar o que seria o roteiro final do espetáculo. Cabe notar que ele seria utilizado, com pequenas modificações, até o fim da temporada. Caso se deseje, ele pode ser consultado, na íntegra, nos anexos.

Ao analisarmos o roteiro final, o primeiro ponto que se destaca é a transformação do Anjo Caído em personagem central da peça, fato não justificado apenas por sua função condutora do público no interior da igreja. Tal figura foi ganhando, pouco a pouco – e quase imperceptivelmente – maior espaço e significação dentro do trabalho. Claramente ele estabelecia uma ponte com Satã, personagem que mais nos interessou no poema *O Paraíso Perdido*, de John Milton. Todavia, pretendíamos que o Anjo Caído mantivesse certa ambiguidade em sua caracterização, podendo tanto personificar Satanás quanto um ser celestial que havia caído do céu.

Por outro lado, nosso Anjo também recuperava a figura do Barqueiro, do primeiro roteiro, já que era ele quem conduzia o desenvolvimento das cenas e a trajetória da plateia pelo espaço.

A bem da verdade, pelo seu caráter ao mesmo tempo questionador e nostálgico, ele havia se transformado numa fusão entre o Homem e o Barqueiro, sintetizando elementos-chave dessas duas personagens.

O curioso, contudo, é perceber as voltas que o processo dá. Foi preciso abandonar o texto de Milton e recusar as figuras centrais do primeiro roteiro, para, num momento posterior, retomá-las. É claro que não retornamos exatamente ao *mesmo* lugar, como num círculo vicioso; porém, não há como negar a recorrência ou a recuperação de elementos antes refutados. Apesar de não serem idênticos àqueles existentes no ponto de partida, já que foram retrabalhados e adaptados a novas necessidades e contextos, guardam certa semelhança com o protótipo original. Ainda que à nossa revelia, a questão do "retorno" se impunha não apenas no plano temático ou mítico, mas também no aspecto processual.

A presença dos três movimentos ("Expulsão"; "Desobediência" e "Retorno") manteve-se como esteio estrutural dessa última versão. Contudo, as passagens entre um bloco e outro eram agora menos abruptas, revelando uma inédita conquista de fluidez nas transições. Daí o fato de não haver mais a identificação de blocos monolíticos de cenas, como no roteiro anterior.

É possível perceber também elementos que, se em essência pertenceriam a um bloco, acabaram por migrar para outros, com eixo temático diferente. Por exemplo, a cena das Gêmeas, com forte caráter de sofrimento e autopunição, se apresenta no "Bloco Desobediência", quando teria mais afinidade com o "Bloco Expulsão". Ou ainda, o monólogo do Homem com Balão, na "Expulsão", que, por seus traços acentuados de nostalgia, se afiliaria melhor ao "Bloco Retorno".

Alguns fragmentos de texto do segundo roteiro também se mantiveram no terceiro, mas foram reduzidos de tamanho ou passaram por um processo de reescritura. Como exemplo, poderia ser apontado o "Monólogo da Vertigem", que veio inalterado, em termos de extensão, do primeiro para o segundo roteiro, sofrendo, ali, apenas uma recontextualização. Porém, se o compararmos com a sua forma final, da última versão, fica evidente uma série de alterações. Vejamos, primeiramente, sua conformação inicial:

O PROCESSO COLABORATIVO

O bico do abismo se abre para me tragar. Sinto a vertigem do princípio, precipício do mundo. A terra não é terra, é sombra distante, despencada, longínqua. Não posso chegar mais perto, tenho medo de cair, que um sopro me derrube. Tenho a volúpia do medo, e nem consigo olhar para cima, tonteio, nada me sustenta, não sei mais voar. A terra, vermelha terra que fui, embaixo é pedra, cascalho cortante. O abismo me fita. "Afasta de mim teus olhos, que teus olhos me perturbam". Vertigem, voragem da alma, a terra me atrai, eu quase desejo cair. Entornar, derramar, verter. Olho para baixo, agora sem medo, e vejo a massa sangrenta, a carne informe, os estilhaços de dentes nos membros moídos. Eu explodi na pedra como um ovo vermelho. Olho para cima e decido pular. Os pés desgarram do chão, já não há peso. Sucção, soltura, vazio. As pernas debatem inúteis. O vazio me sobe à boca por dentro. Sou o ar e passo absoluto, em pleno peso. Já não sou pássaro, não sei mais voar. Vou explodir como um ovo de sangue. (*Monólogo da Vertigem*, primeiro e segundo roteiros.)

Já na versão final do roteiro, esse monólogo foi reduzido a menos de um quarto do seu tamanho original:

O bico do abismo se abre para me tragar. Sinto a vertigem do princípio. *O precipício do mundo*. Não posso chegar mais perto. A terra me atrai. [*eu*] Quase desejo cair. *Já pressinto embaixo* a *matéria* sangrenta, a carne informe, os estilhaços de dentes nos membros moídos. *Eu* vou explodir *na pedra*[3] como um ovo de sangue.

Os trechos do *Gênesis* – que no segundo roteiro têm uma indiscutível função alinhavadora, iniciando cada um dos blocos, e abrindo e fechando o roteiro como um todo –, na versão final aparecem mais diluídos e assimetricamente espaçados. Se, por um lado, sua presença se torna mais difusa, por outro se reduz certo caráter de previsibilidade que tais inserções tinham na versão anterior.

Quanto ao número de cenas do segundo e terceiro roteiros, pode-se constatar que ele praticamente não se alterou. Na versão anterior havia vinte e nove cenas, enquanto na atual são trinta. Na verdade, sob uma ótica rigorosa, houve sim uma redução numérica de cenas no último roteiro. Porém, como consi-

---

3   Todas as palavras em itálico representam as modificações ou inserções textuais, quando comparadas à versão original.

deramos as intervenções monológicas do Anjo Caído, a título de quantificação, como cenas isoladas – o que não é exatamente apropriado, pois tais intervenções, algumas vezes, funcionam mais como um comentário de transição, abrindo ou fechando uma cena – temos, de acordo com esse critério, de endossar o mencionado cômputo de trinta cenas.

Outro aspecto a ser ressaltado é que o elemento da infância, como eixo simbólico estruturador, torna-se mais visível nessa versão final. O fato de ela estar mais conectada ao espetáculo em si, parece ser a explicação para a presença acentuada desse elemento. Pois o último roteiro materializa não apenas a visão dramatúrgica, mas também a ótica da encenação, que vinha optando por uma leitura do Paraíso e da Queda pelo viés do universo infantil. As cenas que explicitamente trazem tal abordagem são: "Homem com balão"; "Queda do colo"; "Cabra-cega"; "Chamando o Pai" (i e ii); "Cena da desarrumação dos bancos"; "Brincando com fogo"; "Cena dos castigos"; "Coro 'Pai' com velas na mão" e "Mulher com balão".

Quanto ao final da peça, podem-se perceber claramente duas perspectivas postas lado a lado. Primeiramente, a personagem do Anjo Caído se humaniza, ao lançar fora as suas asas e descer por uma corda até atingir o chão. Simbolicamente ele se transmuta em homem. Ao mesmo tempo, o ser humano recupera a dimensão sagrada, presente tanto na ação da pessoa que recolhe as asas do anjo jogadas no chão, quanto na última cena do roteiro. Nela, a Mulher com balão reafirma o aspecto divino e mítico ("No princípio bastava um sopro"), e conclui a peça erguendo lentamente seus braços em direção ao alto.

Essa sobreposição de planos – o divino que se humaniza e o humano que se diviniza – realiza uma síntese entre duas esferas, a profana e a sagrada, buscando o restabelecimento da aliança entre o homem e Deus. Tal perspectiva ainda não havia se colocado de forma tão clara e afirmativa durante o desenvolvimento da dramaturgia. Lembremo-nos, por exemplo, de como o fim do primeiro roteiro parecia confuso e vago.

Poderíamos ainda revelar duas curiosidades ou coincidências relativas ao roteiro final. A primeira diz respeito à frase que o Anjo Caído profere no terceiro movimento da peça ("O Retorno"): "Por que indagar minha culpa e examinar meu pecado,

O PROCESSO COLABORATIVO 161

se tudo foi modelado à sua imagem e semelhança?" Tal frase, retirada da *Bíblia*, provinha do poema sapiencial *O Livro de Jó*. Evidentemente, nesse momento, nem imaginávamos a possibilidade de montar esse texto. Porém, foi o processo de *O Paraíso Perdido* que nos colocou em contato com ele. Qual uma semente, que iria frutificar no segundo espetáculo do grupo, Jó se encontrava latente, embrionário, nessa fala do Anjo.

Outra coincidência "antecipadora" diz respeito ao texto do Homem Atrás dos Tubos do Órgão. Nele, a personagem diz: "Nada nos abandona, nada nos deixa. A cela é escura e o nosso destino é de incessante ferro. Mas em algum canto da prisão, pode haver um descuido, uma fresta". É curioso que o dado da prisão já apareça aqui, na voz desse Homem. Além dessa cena, ainda na versão final do roteiro, tanto as figuras de Adão e Eva e, depois, das Gêmeas, encontram-se atrás de grades de ferro. Tal referência prisional, que espoca nesses momentos, parece apontar para o terceiro espetáculo da trilogia, *Apocalipse 1,11*, realizado no interior de um presídio.

É preciso apontar ainda um grave problema que enfrentamos: a administração do tempo. Apesar da dimensão que tal problema tomou durante a construção do espetáculo, ele não se vincula apenas ao processo de *O Paraíso Perdido*. Esse é um perigo que ronda, de maneira geral, o processo colaborativo. De forma específica, a questão ou impasse diz respeito ao tempo despendido, no âmbito da dramaturgia em processo, para a investigação e exploração temática.

Como não existe o argumento ou a estrutura prévia sobre a qual desenvolver a peça, é necessário um longo período de improvisações e experimentação para ir-se esboçando o arcabouço de ações e o texto propriamente dito. Apesar de se constituir em desafio estimulante à criação, isso pode se tornar um entrave caso não haja um controle do tempo para cada etapa de construção da obra.

Períodos demasiadamente longos de improvisação e reestruturações frequentes do roteiro fazem com que atores e diretor sejam demandados, prioritariamente, enquanto dramaturgos, mais do que em suas funções específicas. Em razão disso, passa-se a ter pouco tempo para o aprofundamento do trabalho interpretativo e da encenação. A maior parte dos ensaios é consumida na resolução de problemas dramatúrgicos, reservando-se pouco ou nenhum tempo para a apropriação e aprimoramento do material levantado.

No caso de *O Paraíso Perdido*, onde todos éramos marinheiros de primeira viagem em processos dessa natureza, tal desequilíbrio na distribuição do tempo provocou crise entre os atores. Na medida em que fazíamos alterações importantes no roteiro até quase a estreia, os atores tiveram um curto período para a assimilação do texto e da estrutura das cenas – isso sem mencionar a falta de tempo para a construção das personagens. Tal fato provocou desgaste nas relações de trabalho e acirramento dos ânimos, problema perfeitamente justificado e compreensível, uma vez que quem estaria em exposição direta ao público era justamente os intérpretes. Eles se sentiam fragilizados e insuficientemente amadurecidos nos seus respectivos papéis, para aquele iminente confronto com a plateia.

Faço um *mea culpa* pelo ocorrido, já que não parece justo responsabilizar apenas o dramaturgo por essa questão. Apesar das várias críticas feitas pelos atores à pouca eficiência ou morosidade da dramaturgia no fechamento do roteiro, isso, na verdade, refletia uma inexperiência de todos. Ninguém ali dominava os procedimentos específicos para a construção de uma dramaturgia em processo.

É claro que não tínhamos conhecimento nem distanciamento emocional para perceber tais injunções. Porém, esse é um problema de alcance bastante maior, muito frequente em processos colaborativos. O risco de se experimentar o roteiro indefinidamente e de não fixar prazos e limites para que outras necessidades possam ser atendidas é enorme nesse modo de criação.

Evidentemente, sabemos que dramaturgia, encenação e interpretação vão amadurecendo conjunta e simultaneamente, sendo artificial a separação rígida desses campos em um processo de criação compartilhada. Também é clara a impossibilidade de terminarmos *integralmente* o trabalho em uma dessas áreas para começarmos a outra na medida em que elas se retroalimentam e se interconectam todo o tempo. Contudo, é possível, sim, garantir um espaço mais equânime para o desenvolvimento de setores específicos da criação ou, pelo menos,

O PROCESSO COLABORATIVO 163

assegurar que eles sejam minimamente atendidos e aprofundados ainda antes da abertura ao público. Mesmo que, para isso, devamos alongar a duração total do projeto ou, até, eventualmente, adiar a estreia.

Se a experiência de precariedade artística, vivida à beira da estreia de O Paraíso Perdido, deixou sequelas em todos, por outro lado provocou a adoção de procedimentos diferentes nos espetáculos seguintes. Em O Livro de Jó e em Apocalipse 1,11, novas dificuldades surgiriam, porém o desequilíbrio na distribuição do tempo para as diferentes áreas e etapas da criação seria evitado ou minimizado. Havíamos compreendido que um processo de ensaio não é sinônimo apenas de criação dramatúrgica.

Faríamos ainda outros aprendizados em relação ao processo colaborativo. Por exemplo, o excesso de discussão pode ser uma tônica em práticas coletivas dessa natureza, e, portanto, precisa ser evitado. Além disso, teorizações e confrontos argumentativos não devem, de maneira alguma, substituir a experimentação prática e concreta. É fundamental deixar que o resultado cênico seja o principal balizador dos caminhos e das opções a serem tomadas. Daí, a necessidade de ouvir e responder ao que a cena pede, mais do que a conjecturas mentais.

Outro elemento importante é a disponibilidade dos criadores em relação às propostas e sugestões trazidas. Devemos lutar contra prejulgamentos de qualquer espécie e, ao contrário, experimentar, defender e abraçar a ideia do outro como se ela fosse nossa. Sabemos que se trata de tarefa árdua, mas, ainda assim, factível. Especialmente se compreendermos que a prática coletiva se nutre dessa pluralidade contrastante de visões e que experimentar cenicamente uma ideia alheia não significa concordar com ela, mas, sim, conhecê-la por dentro antes de descartá-la, se for o caso, é claro.

Quanto ao papel da direção numa perspectiva grupal e processual, nos deparamos com alguns desafios. Por exemplo, como fazer para que a participação de todos seja mais engajada e equilibrada? Como não inibir o fluxo de proposições, estimulando qualquer material a ter voz, quer sejam clichês, estereótipos, materializações formais ingênuas e de mau gosto, quer sejam ideias conceitualmente arrojadas e transgressivas? Como

164   A GÊNESE DA VERTIGEM

criar uma zona de confiança e cumplicidade para o exercício do risco? E, ainda, se é nocivo o improvisar indefinidamente, como também não cristalizar formalizações cênicas cedo demais? Tais questionamentos, surgidos no bojo do processo de *O Paraíso Perdido*, necessitariam ainda de vários anos para serem amadurecidos.

São muitas as tensões no interior do processo colaborativo, e necessitávamos praticá-lo e experimentá-lo outras vezes para que pudéssemos compreender melhor os seus mecanismos. Por isso, se o Paraíso pode ser visto, metaforicamente, como Infância, *O Paraíso Perdido* significou, da mesma forma, a nossa infância teatral. Saímos dele – ou dele fomos expulsos – ávidos de mais conhecimento, mas também com maior consciência de nossas limitações. Ao perdermos a inocência, ganhamos o mundo.

5. A Ressignificação do Espaço

igreja, teatro e cidade

> *Assim, abandonando as salas teatrais existentes, usaremos um hangar ou um celeiro qualquer, que reconstruiremos segundo os procedimentos que resultaram na arquitetura de certas igrejas e certos lugares sagrados.*
>
> ANTONIN ARTAUD, *O Teatro e Seu Duplo*, p. 123.

Antes de analisarmos a ocupação cênica realizada na igreja Santa Ifigênia, é importante recuperar as razões que nos levaram à utilização de outros espaços, que não o palco italiano, para a representação teatral. A motivação veio, antes de tudo, do tema tratado. Na medida em que falávamos da perda do Paraíso, da expulsão do Jardim do Éden e, por conseguinte, da separação homem/Deus, o espetáculo pretendia fazer um jogo às avessas com o espectador. Ou seja, levá-lo de volta ao território sacro.

Desse modo, a peça, em sua dimensão ficcional, trataria do exílio e do desterro, enquanto o lugar da representação apontaria para o retorno ou o reencontro com o *topos* sagrado. A ideia, portanto, era criar uma tensão com o conteúdo abordado, e não uma redundância ou ilustração. Por isso mesmo, para criar esse confronto de significações, o local da representação não poderia constituir-se em "espaço neutro" – apesar de, conceitualmente, não acreditarmos na existência de tal categoria.

Por essa razão é que o significado (simbólico, histórico, institucional) do lugar era mais importante que suas possibilidades cênico-arquitetônicas. Abríamos mão de uma arquitetura mais "teatral" em prol do sentido, ou sentidos, que um determinado local pudesse evocar. Daí, o espaço escolhido ser o único possível para aquela encenação.

Em outras palavras, a pretensa neutralidade da "caixa preta" do palco italiano não nos convinha. Necessitávamos, para a fricção de sentidos almejada, um local de representação com força autônoma, que pudesse se colocar em pé de igualdade com o núcleo temático da peça.

Contudo, por que uma cenografia teatral, construída na tradicional "caixa preta", não seria suficiente para alcançar o que desejávamos? Talvez porque tivéssemos a necessidade de um elemento de "realidade" que uma construção cenográfica, por mais verossimilhante que fosse, jamais seria capaz de atingir. O cenário de um templo budista ou sinagoga, realizado com o máximo de exatidão e fidedignidade, não conseguiria superar ou substituir a experiência sensível intrínseca a esses locais. Por isso, mais do que um jogo de representações, buscávamos a concretude do imanente.

A ideia-chave era criar uma zona híbrida, de intersecção, entre o "real" ou a "realidade" do espaço e o "ficcional" ou o "teatral", advindo do roteiro e do espetáculo. Esse terreno intermediário e movediço poderia ser capaz de desestabilizar o espectador e interferir concretamente na sua percepção, afetando, assim, a leitura e recepção da obra.

Seria equivocado, por outro lado, afirmar que nosso intuito fosse o da instauração de um hiper-realismo. Tal juízo seria aplicável se, no desejo de obter o máximo de veracidade para o local da ação proposto pela dramaturgia, transportássemos a peça literalmente até ele. Seria assim, por exemplo, se montássemos *Um Mês no Campo*, de Turguêniev, ou *Tio Vânia*, de Tchékhov, numa propriedade rural, ou ainda *Barrela*, de Plínio Marcos, dentro de uma prisão. Isso não era, de fato, nossa prerrogativa.

É evidente que o espaço de uma igreja se aproximava do universo bíblico sobre o qual trabalhávamos. Porém, se ele materializava o "território sagrado", o conteúdo das cenas lá apresentadas abordava, ao contrário, o "terreno profano ou dessacralizado". O lugar-igreja, na perspectiva ficcional do roteiro, não representava a "Casa de Deus", mas sim o local exterior ao Jardim do Éden, do desterro, do exílio, onde a divindade não

A RESSIGNIFICAÇÃO DO ESPAÇO 167

mais habitava. Portanto, uma terra sem Deus, ou, na melhor das hipóteses, segundo a definição bíblica, "um solo maldito". Nesse sentido, o trabalho propunha a re-significação do espaço, contrapondo à sua dimensão "sagrada", institucional e simbolicamente aceita a dimensão "dessacralizada" do roteiro – no que concerne à topografia ficcional nele proposta. Portanto, haveria uma dicotomia entre o "espaço ficcional" (o lugar onde acontece a ação da peça) e o "espaço da representação" (o local físico e arquitetônico onde sucede o espetáculo). Porém, em nosso caso, ambos estariam subordinados à discussão do tema. São autônomos entre si, mas, ao mesmo tempo, dependentes da problemática de que se quer tratar. E é justamente da colisão entre essas categorias de lugar, que as questões da peça se amplificarão ou se iluminarão.

Quanto às necessidades espaciais para a realização de *O Paraíso Perdido*, cabe fazer um breve histórico das dificuldades enfrentadas para a obtenção do local pretendido. Como desejávamos um assim considerado "espaço sagrado", fosse por razões institucionais, simbólicas, fosse de crença pessoal daqueles que o frequentam, partimos em busca de edifícios religiosos dos mais variados credos. Visitamos templos budistas, sinagogas, mesquitas, igrejas protestantes e, por fim, católicas. Com exceção dessa última, todas as anteriores, por uma razão ou por outra, negaram-se à possibilidade de receberem uma peça teatral em suas dependências.

Os budistas, que acreditávamos que seriam os mais abertos a tal ideia, foram os mais refratários. Nem se dispuseram a dialogar ou a discutir a proposta. Entre os judeus, após algumas malsucedidas tentativas, conseguimos uma audiência com o rabino Henry Sobel, um dos principais nomes da Congregação Israelita Paulista. Apesar de, pessoalmente, considerar a ideia interessante, julgou que ela poderia encontrar resistências ou objeções dentro da comunidade judaica mais ortodoxa. Além disso, por razões religiosas, o espetáculo não poderia ser apresentado em uma sinagoga às sextas e sábados, o que tornava tal opção ainda mais problemática. Quanto aos muçulmanos, apesar da auspiciosa recepção no Centro Cultural Islâmico e na Sociedade Beneficente Muçulmana de São Paulo, a proposta não obteve boa repercussão. Entre outras razões, havia o fato de que não é permitida a presença de mulheres menstruadas em uma mesquita, o que criaria uma situação constrangedora com possíveis futuras espectadoras. Entre os protestantes, ainda que uma das atrizes fosse filha de pastor, houve forte resistência à discussão da ideia. Rechaçou-se tal possibilidade logo na primeira reunião, e fomos desaconselhados a insistir nela. Por fim, restaram os católicos.

Existia uma impressão, dentro do grupo, de que a Igreja Católica seria a mais impermeável a uma proposição dessa natureza. Daí a sensação de desânimo que cercou a audiência com dom Paulo Evaristo Arns, então cardeal arcebispo de São Paulo. Éramos movidos quase que apenas pela obrigação burocrática de esgotarmos todas as possibilidades. Contudo, para nossa surpresa, dom Paulo relatou-nos o quanto havia se impressionado, em sua juventude, com um espetáculo que assistiu no interior de uma catedral em Paris. Em seguida, afirmou que não só apoiava a ideia, como se dispunha a escrever uma carta recomendando o projeto. Porém, acrescentou que, por razões legais, lhe era vetado obrigar um pároco a receber o espetáculo, e que podia, no máximo, manifestar sua aprovação. Portanto, cabia ao grupo convencer um padre a abrigar a peça dentro de sua igreja.

Partimos, então, para uma nova maratona. Visitamos quase todas as igrejas de São Paulo, porém, sem nenhum sucesso, pois os padres se mostravam avessos a tal possibilidade. Estávamos a ponto de desistir, vivendo a mais grave crise do processo – justamente pela inexistência de um local para a estreia – quando encontramos padre Paulo Homero Gozzi, pároco da igreja Santa Ifigênia. Como grande apreciador de teatro e de música, ele concordou imediatamente em receber o espetáculo. Pediu-nos apenas que aguardássemos alguns dias para que os membros da comunidade fossem avisados. De qualquer forma, garantia o início dos ensaios para a semana seguinte, exatamente a partir do dia 12 de outubro de 1992.

Evidentemente, a notícia de que em poucos dias estaríamos ensaiando *in situ* provocou a superação da crise interna do grupo, crise que quase pôs em risco a continuidade do trabalho. Como um passe de mágica, um novo ânimo tomou conta de todos.

A RESSIGNIFICAÇÃO DO ESPAÇO 169

Passemos, então, à discussão sobre a entrada do grupo dentro do espaço e as questões relativas ao seu uso cênico. Para nossa surpresa, o início do trabalho na igreja foi bastante desalentador. Não em relação ao padre ou à comunidade paroquial – que nos receberam de forma generosa e aberta – mas ao clima reinante nos próprios ensaios.

Aquele local, por sua atmosfera antiga e religiosa, causava-nos constrangimento. Ninguém conseguia falar alto e os atores tinham receio de tocar nos objetos e, até mesmo, de andar livremente pelo espaço. A sensação era de desconforto e inibição. Parecia contraditório que o lugar que tanto ansiávamos, nos criasse limitações aparentemente insuperáveis. Enfrentávamos, de forma inesperada, uma situação paradoxal em relação ao espaço.

Cabe notar que tal constrangimento advinha do espaço em si, ou de nossa relação com ele, e não por motivo de algum fator externo. Como a igreja Santa Ifigênia encerrava suas atividades habitualmente às 19h30, permanecíamos ensaiando lá das 20h00 até a madrugada, por volta das 2h00 ou 3h00. A região do entorno, por se tratar de zona comercial, ficava inteiramente silenciosa e tranquila durante a noite. Os padres ou os paroquianos também nunca apareciam durante os ensaios, o que, se ocorresse, poderia justificar certa inibição de nossa parte. Em outras palavras, ninguém nos vigiava ou controlava. Nem mesmo a mudança do horário de ensaio, que se transferiu da manhã para a noite – o que, com certeza, afetava o relógio biológico dos atores e os seus ciclos de sono e vigília – conseguia explicar o tônus baixo e a falta de energia presentes no trabalho.

Na verdade, as razões eram outras. Estávamos sofrendo a influência do ambiente físico da igreja (pouca luminosidade, cheiro de velas, dimensão arquitetônica grandiosa, local frio etc.) e do seu significado cultural, simbólico e institucional (local religioso, marcado pela atitude devocional e contemplativa; ambiente solene e de respeito, em que centenas de católicos exercem sua fé e praticam seus rituais). Além disso, o espaço evocava, naturalmente, nossas próprias lembranças pessoais, quer como praticantes (ou ex-praticantes), quer como convidados que fôramos para alguma celebração (primeira comunhão, casamentos, missas de sétimo dia etc.). Quem, como criança, não se lembrava de ter sido reprimido pelos pais para fazer silêncio ou ficar quieto em alguma dessas ocasiões de culto? Tudo isso somado, ainda que ocorresse de forma pouco consciente, provocava aquela sensação de desconforto e retração.

Não bastassem essas dificuldades, enfrentávamos ainda um problema suplementar. A proximidade do fim de ano, data pouco propícia para a realização de estreias, aliada aos indícios de cansaço apresentados pelo grupo e ao desejo inadiável de finalização do projeto, fez com que acordássemos o início da temporada para a primeira semana de novembro. Ou seja, teríamos cerca de vinte dias, descontadas as folgas, para nos apropriar e adaptar a peça dentro da igreja. Se se tratasse de uma montagem em palco italiano talvez esse tempo fosse suficiente. Por exemplo, o período que habitualmente é concedido a produções desse tipo, para arranjos técnicos e ensaios gerais, é de dez a quinze dias. Porém, o caso aqui era outro – ainda mais se considerarmos a inexperiência do grupo em relação a criações *site specific*.

Portanto, além dos obstáculos mencionados, somava-se a pressão da data de estreia. Sem consciência da armadilha que criamos para nós mesmos, tal opção também contradizia os princípios norteadores do início do processo de pesquisa. Pois, naquele momento, havíamos defendido a inexistência de prazos inflexíveis para o término da investigação, fosse ela científica ou artística. Porém, agora, paradoxalmente, engessávamos o fim do processo em limites temporais rígidos. Desnecessário ressaltar que, como resultado direto de tal precipitação, faltou amadurecimento cênico ao trabalho, no momento de sua estreia.

Contudo, o primeiro problema a ser vencido era a paralisia criativa que o espaço provocava nos atores. Várias tentativas foram feitas nesse sentido: exercícios de exploração espacial com os olhos vendados; canto coral com acompanhamento do órgão da igreja; danças circulares e sagradas; e ainda, improvisações específicas voltadas para alguns "nichos" (confessionário, púlpito etc.) e para alguns objetos (os bancos da igreja, as portas laterais e centrais etc.). Dessa forma, pouco a pouco, conseguimos que os atores se soltassem e ganhassem intimidade com o ambiente. Essa estratégia de apropriação consumiu quase dez

A RESSIGNIFICAÇÃO DO ESPAÇO

dias e, somente após esse período, foi possível observar os atores correndo dentro da igreja, projetando a voz, gritando, se jogando no chão, subindo nos bancos e explorando cada canto daquele lugar com liberdade e desenvoltura.

Antes que tal cumplicidade com o espaço fosse conquistada, tornava-se difícil, ou pouco eficaz, a adaptação do roteiro àquela arquitetura tão peculiar. É claro que, durante esse período inicial, experimentamos uma ou outra cena em áreas específicas da igreja. Porém, o trabalho de espacialização e marcação só progrediu após essa etapa. Cheguei também a realizar, ainda nessa primeira fase, uma série de esboços, em planta baixa, do possível mapeamento das cenas e do percurso do público ali dentro. A ideia era criar um conceito tanto para a distribuição espacial das cenas como para o deslocamento dos espectadores.

Tomando como referência o teatro medieval, pretendíamos construir um "drama de estações" contemporâneo. Como uma espécie de Paixão, não de Cristo, mas do Homem, o espetáculo deveria assumir um caráter processional, com a plateia acompanhando as cenas em pé, e se deslocando de um ponto a outro dentro da igreja. Nesse sentido, foram planejados dois eixos de "localização geográfica": o lugar das cenas e o lugar do público.

Quanto ao primeiro eixo, a ideia era conseguir, no início da peça, a máxima aproximação ator/espectador, quase como que impedindo esse último de perceber a totalidade do ambiente. Já no final do espetáculo, haveria, ao contrário, o máximo distanciamento das cenas em relação à plateia, para que ela, enfim, recuperasse a visão integral do espaço.

Outro aspecto, ainda, era a conjugação do elemento humano e divino, com o intuito de encontrar uma solução espacial para esse duplo. A ideia projetada foi que, no epílogo, um conjunto de pessoas cantasse no alto do coro, como que flutuando na parte superior da nave da igreja. O humano pareceria, então, ter se elevado. Em contraposição, a figura celestial do anjo desceria por meio de uma corda, também do alto do coro, até atingir o chão. Ou seja, haveria a humanização de um ser divino. Tais imagens encontrar-se-iam sobrepostas, sendo observadas simultaneamente.

172 A GÊNESE DA VERTIGEM

Em relação ao eixo espacial do público, o plano era que ele se iniciasse fora do interior da igreja, numa espécie de antessala, para só depois, então, adentrar o recinto religioso. Após uma longa deambulação por diferentes áreas, que incluiriam as naves centrais e laterais, o fundo da igreja e, até mesmo, uma escada íngreme que levava ao coro, os espectadores seriam conduzidos ao altar, e lá permaneceriam até o fim do espetáculo. Ou seja, a plateia percorreria uma trajetória que se iniciaria no espaço menos sacralizado (a antessala) até o mais sacralizado (o altar). Simbolicamente, seria como se o público, ao final, reencontrasse ou recuperasse a dimensão do sagrado.

Como parte desse eixo, haveria um momento, no meio da peça, onde seria negado, pela primeira vez, o acesso dos espectadores a um determinado local. Na abertura do bloco Desobediência, o Anjo Caído se revoltaria contra o Criador e correria em direção ao altar. Aí então, assim que ele passasse pelo corredor central, os bancos seriam empurrados, um em direção ao outro, fechando a passagem e impedindo a plateia de acompanhar o Anjo até o altar. Ou seja, no exato instante da desobediência de Adão e Eva, ocorreria, em termos do uso espacial, a maior ruptura entre o humano e o divino, por meio da construção dessa barreira de bancos.

Assim, como nesse exemplo, pretendíamos criar sentidos e significações no espaço, tanto pela localização das cenas em si quanto pelo lugar onde o público ocupava a cada momento. Encontrado o conceito espacial, orientador do mapeamento topográfico de atores e espectadores, a investigação cênica poderia ter prosseguimento, buscando, então, o aprimoramento das marcações e da relação dos atores com os móveis e objetos ali presentes. Infelizmente, não houve tempo hábil para realizar tal aprofundamento antes da estreia. Pois, se na primeira semana havíamos lutado contra a inibição que o lugar-igreja provocava, o período restante foi utilizado para fixar o percurso espacial do roteiro e a sua materialização *in loco*.

Foi nesse momento, por exemplo, que a personagem Anjo Caído ganhou a dimensão de protagonista, já que percebemos a necessidade de haver um condutor para o público ali dentro. Sob nosso ponto de vista, seria nocivo ao diálogo entre o conteúdo temático e a re-significação da arquitetura, se o público,

A RESSIGNIFICAÇÃO DO ESPAÇO 173

ao entrar na igreja, se sentasse nos bancos como quem assiste à missa. Pretendíamos, justamente, subverter a relação espacial convencionalmente estabelecida entre fiéis e sacerdotes. Para isso, então, precisaríamos de um indicador ou guia que pudesse propor à plateia uma forma diferente de permanecer dentro da igreja. Daí a solução de transformar a personagem Anjo nesse condutor.

Dada a complexidade do trabalho e o reduzido tempo disponível, foi somente várias semanas após a estreia que conseguimos concluir o processo de investigação espacial. Isso sem mencionar o amadurecimento das interpretações, o refinamento na construção dos papéis e, principalmente, a apropriação do texto.

Em relação a esse último aspecto, enfrentamos ainda um desafio suplementar. Além das constantes mudanças que o roteiro sofria, fosse por razões intrínsecas a ele, fosse por necessidades decorrentes de sua adaptação à arquitetura da igreja, surgiu um problema inesperado: a acústica do lugar. Qualquer texto falado era prejudicado pelo efeito do eco, que embaralhava a compreensão do que era dito. Tal limitação obrigou os atores a encontrar outra rítmica de fala, nesse caso mais pausada que a normal, e a redobrar o cuidado com a dicção.

Contudo, demoramos várias semanas para apreender esses novos mecanismos de projeção de voz e de elocução, o que comprometeu o entendimento do texto na fase inicial da temporada. Infelizmente, mesmo depois, o máximo que logramos foi atenuar o problema, mas não resolvê-lo integralmente.

A partir da experiência do uso do espaço na igreja, foi possível identificar algumas das principais interferências que a utilização de um "local específico" provoca. Destacamos três áreas de intersecção onde isso aparece de forma mais acentuada:

- *A relação espaço/texto*: o espaço afeta a dramaturgia, que tem de ser reescrita e adaptada às condições arquitetônicas específicas. Por exemplo, novos textos devem ser criados para que se possa efetuar o deslocamento de uma determinada personagem – e/ou do público – de uma área a outra no local de representação. Tal necessidade, no caso de *O Paraíso Perdido*, provocou o acréscimo de várias falas ao Anjo

Caído, já que era ele o condutor dos espectadores na igreja. Às vezes, na tentativa de dialogar com a estrutura espacial do edifício, cenas são mudadas de ordem, enquanto outras, já descartadas, retornam. Além disso, a fim de tirar proveito de um determinado nicho arquitetônico que possa ser útil para as questões tratadas no espetáculo, a dramaturgia necessitará escrever um material inédito (como foi o caso do monólogo do Anjo Caído na antessala da igreja). Por fim, em função da atmosfera proporcionada pelo local, o roteiro poderá ajustar-se a ela, atenuando elementos que não precisariam ser realçados, ou, ao contrário, reforçando aspectos que ficaram fragilizados ou foram "engolidos" pelo lugar.

◆ *A relação espaço/ator*: o espaço afeta a interpretação, ao proporcionar ao ator uma situação atmosférica e objetual específica, diferente daquela construída cenograficamente. A entrada no local escolhido pode ser inibidora para os intérpretes, fazendo-se necessária a criação de estratégias para a superação dessa timidez, tais como exercícios e improvisações direcionadas. Por outro lado, a experiência desestabilizadora que o "espaço específico" provoca, pode também ser aproveitada a favor das interpretações. Por exemplo, o bloco Retorno, cujo eixo era o sentimento da nostalgia do sagrado, foi bastante auxiliado pela arquitetura de inspiração gótica da igreja Santa Ifigênia. Tal ambiência, sem dúvida, favoreceu os atores a encontrarem o referido sentimento. Ou seja, construções arquitetônicas podem facilitar ou induzir construções emocionais. Por outro lado, a presença física do ator no espaço e sua relação com os objetos ali presentes também promove o redimensionamento ou mesmo a redescoberta do lugar. Vários foram os depoimentos de espectadores que, apesar de já conhecerem a igreja Santa Ifigênia, se surpreenderam com seu tamanho, beleza ou acústica[1]. Nesse sentido, se o espaço

---

1 Pode-se exemplificar tal avaliação, com o depoimento por escrito do prefeito de Curitiba, Rafael Greca, quando da apresentação de *O Paraíso Perdido* na Catedral Metropolitana daquela cidade. Nesse documento, que fazia parte de uma pesquisa de opinião realizada pelo grupo ao término de cada sessão, o prefeito afirmava: "Sublime metáfora de trevas e luz que ampliou a arquitetura da catedral do meu batismo".

A RESSIGNIFICAÇÃO DO ESPAÇO 175

afeta o ator, também este afeta o espaço, humanizando-o e teatralizando-o simultaneamente. O corpo do intérprete re-significa o corpo arquitetônico. E vice-versa.

+ *A relação espaço/público:* o espaço afeta a recepção dos espectadores, interferindo na sua leitura da obra, pois ele evoca as memórias pessoais, os condicionamentos culturais e, mesmo, as projeções do espectador em relação àquele local. A experiência *site specific* tem a capacidade também de provocar todos os sentidos da plateia, já que descondiciona as referências teatrais usuais. Isso ocorre devido à presença de diferentes parâmetros arquitetônicos e visuais; à modificação na percepção sonora e auditiva (o eco dentro da igreja que, se por um lado atrapalhava a voz falada, por outro, ajudava o canto e a música); à existência de odores característicos (o cheiro de vela); às variações de temperatura em um ambiente não climatizado (o mármore e o piso de cimento acentuavam a sensação de frio); ao contato físico com texturas e objetos, de natureza diferente dos encontrados em salas de espetáculo, além da exposição mais acentuada à presença corporal dos outros espectadores. O espaço também carrega uma história – conhecida ou não, mas que se encontra inscrita em suas paredes – e uma carga emocional específica, que dialogarão com a subjetividade de cada indivíduo da plateia[2]. Além disso, a contingência do deslocamento, seja para poder ver uma cena, seja para adquirir um ângulo melhor de visão, ou simplesmente modificá-lo, rompe com a passividade física do "estar sentado", estimulando um maior engajamento corporal na recepção. Tudo isso somado promove uma experiência imersiva para o espectador, acentuando o caráter vivencial e não apenas contemplativo. Rompe-se a separação convencional espetáculo/público, já que tudo é cena, é presença, e todos, inclusive os atores, são também espectadores. Além disso, em peças de caráter processional, a "existência física" da plateia e a presença concreta dos corpos dos espectadores obrigam

2 Uma curiosidade, relativa a esse aspecto, foi a recusa de muitos espectadores em pisarem na área do altar, pois julgavam, com isso, estarem cometendo algum tipo de desrespeito ou sacrilégio.

A GÊNESE DA VERTIGEM

a reestruturação de marcações, uma vez que aparecem problemas de deslocamento e de visibilidade, difíceis de serem previstos. Mesmo a definição da quantidade de público por sessão, ainda que possa ser estimada, necessita ser testada concretamente.

Poderíamos abordar também algumas questões específicas da relação espaço/encenador. Por exemplo, enquanto diretor, sinto a necessidade de realizar um estudo prévio do local, sem a presença dos atores ou dos outros colaboradores. Parece-me fundamental permanecer em silêncio no lugar, percebendo a sua atmosfera e a sua "respiração", sem ainda projetar nada ou mesmo imaginar o espetáculo ali dentro. Simplesmente estar presente ali, durante um período de tempo, vivenciando o local ou "respirando junto" com ele. No caso de *O Paraíso Perdido*, realizei algumas vezes essa "meditação espacial" na igreja Santa Ifigênia, em geral durante o período da tarde.

Somente depois disso, inicio o processo analítico de estudo do espaço. Primeiramente, identifico aspectos bem concretos, tais como as formas e volumes, as linhas arquitetônicas, as cores, as texturas, os odores característicos, as fontes de luz (naturais e artificiais), a quantidade e o tipo de objetos ali presentes, além da maneira como estão distribuídos e, finalmente, a presença ou o contraste da figura humana em seu interior.

Depois dessa etapa – ainda sem a presença dos atores – procuro perceber a atmosfera geral, os "climas" inerentes a determinadas áreas do espaço, as reações subjetivas ou "emocionais" que o ambiente me provoca e, por fim, coloco a imaginação em marcha. Levanto, então, possibilidades de lugar para uma ou outra cena, para uma ou outra personagem, conjecturando, assim, sobre como poderia ser a espacialização do roteiro ali dentro.

Como encenador, necessito desse tempo de calma e isolamento para dar início à apropriação do local. O "ruído" do ensaio, a cobrança de propostas ou soluções, a expectativa dos atores e dos outros criadores criam uma pressão que atrapalha minha aproximação ao lugar. É claro que os elementos aqui descritos não se sucedem de forma tão organizada, didática e linear. Longe disso. Na verdade, eles se misturam, interferem

A RESSIGNIFICAÇÃO DO ESPAÇO

uns nos outros, competem entre si e se complementam. Às vezes, no meio da "meditação" no espaço, irrompe uma ideia, uma imagem, um *insight*. Então, paro e faço uma anotação ou esboço rápido. Nada é muito organizado, pelo menos não nesse momento. Além disso, o trabalho prévio no local me auxilia, mais tarde, nos ensaios de exploração espacial com os atores. Não por já trazer a eles propostas concretas e fechadas, mas por ter vivenciado uma espécie de aquecimento específico da direção.

Quanto à questão do estabelecimento de tensões com o aspecto funcional do lugar, poderíamos, por exemplo, analisar a forma de utilização dos bancos da igreja. Na verdade, explorávamos os seus dois níveis de altura – o do assento e o da parte superior do encosto – fazendo com que os atores, em pé sobre eles, ganhassem destaque e visibilidade. Além disso, os bancos poderiam ser agrupados a fim de criar barreiras ou impedimentos, movimentados caoticamente como objetos autônomos e, ainda, rearticulados dentro do ambiente, criando novos recortes espaciais. De qualquer maneira, eles não seriam usados como bancos de igreja, finalidade para a qual foram construídos, nem pelos atores, nem pelo público. Outro exemplo dessa abordagem não funcionalista foi a utilização do púlpito. Lugar criado originalmente para a homilia, ele não seria, na peça, destinado a nenhum tipo de pregação ou sermão. Ao contrário, seria utilizado pela percussionista.

Em relação às necessidades técnicas e administrativas, tivemos de contornar alguns problemas. Como a igreja funcionava normalmente durante o dia, nenhum refletor poderia ser deixado no chão ou em algum lugar visível. Por essa razão, parte da iluminação teria de ser instalada e desinstalada para as apresentações. Os bancos também, ao final do espetáculo, necessitariam ser reposicionados, já que haveria missa pela manhã. Os instrumentos e objetos de sucata utilizados pelos músicos também deveriam ser colocados e retirados diariamente. Aliás, a música do espetáculo era inteiramente ao vivo, o que incluía os sinos e o órgão da igreja. Por fim, o espaço precisaria ser limpo, antes e depois de cada sessão. Para cumprir todas essas tarefas dispúnhamos de cerca de uma hora e meia antes da peça, e uma hora depois do seu término. Não era muito tempo, mas o grupo logo se acostumou a essa limitação de horário.

178 A GÊNESE DA VERTIGEM

Contudo, um aspecto fundamental em relação ao espaço só se revelaria mais tarde. Justamente na estreia e nas semanas subsequentes foi que entendemos plenamente as consequências da utilização de uma igreja para um espetáculo teatral. Qual Adão e Eva, realizamos uma ação de transgressão. Ainda que inadvertidamente.

Relato a seguir, sob um ponto de vista endógeno, uma vez que há farta documentação na mídia sobre o caso, os fatos principais concernentes à nossa estreia na igreja Santa Ifigênia[3]. Tudo começou dois dias antes, com uma série de telefonemas para a igreja, por parte de pessoas contrárias à realização do espetáculo ali dentro. No dia seguinte, véspera da primeira apresentação, apareceu um pequeno grupo de fiéis, pertencentes à Renovação Carismática, pleiteando uma reunião com o pároco e o diretor da peça. Durante tal encontro, o grupo de católicos tentou nos demover da ideia de estrear o espetáculo. Citavam, como argumentos, trechos da *Bíblia*, especialmente do *Antigo Testamento*, aos quais padre Paulo Gozzi contrapunha outros, retirados do *Novo Testamento*. Ninguém, evidentemente, conseguiu convencer ninguém. Inclusive, diante de nosso insistente convite para que assistissem à peça – a fim de avaliarem que não havia nada de ofensivo nela – contrapuseram que somente o fariam caso o Espírito Santo se manifestasse e assim os aconselhasse. Tal encontro tornou-se, alguns anos mais tarde, inspiração para a cena "Repente Bíblico", de *Apocalipse 1,11*.

No dia da estreia propriamente dita surgiu, ao fim da tarde, outro grupo de fiéis conservadores, portando uma grande imagem de Nossa Senhora. Às 19h30, horário em que a igreja oficialmente encerrava suas atividades religiosas, tal grupo resolveu permanecer lá e se recusava a sair. Várias tentativas de convencimento foram feitas, outros padres foram convocados, e até mesmo monsenhor Arnaldo Beltrami, da Cúria Metropolitana, veio em nosso auxílio. Porém, nada adiantou.

Também nós tentamos dialogar com eles, inclusive propondo-lhes uma apresentação fechada da peça, a fim de que pudessem avaliá-la. Eles, contudo, permaneciam irredutíveis. O clima foi se tornando nervoso, intensificado pela presença

---

3   O espetáculo *O Paraíso Perdido* estreou no dia 5 de novembro de 1992.

A RESSIGNIFICAÇÃO DO ESPAÇO

dos convidados da estreia, que já aguardavam o início do espetáculo. Isso acarretou uma atitude mais agressiva por parte dos atores e músicos. Eles começaram a cantar as músicas da peça, tentando sobrepujar as orações e os cânticos dos fiéis. Claramente uma provocação, tal atitude não surtiu efeito positivo.

A situação beirava o insustentável, com os atores maquiados e com figurinos, chorando pelos cantos, ora desanimados, ora revoltados, quando, repentinamente, o grupo inteiro dos fiéis se levantou e foi embora. Eram 23h30 e, entendemos depois, eles precisavam pegar o último metrô, que passava à meia-noite. Como a maior parte dos convidados ainda permanecia lá, nos apoiando, fizemos um rápido aquecimento, preparamos o espaço (luz, som, bancos etc.) e estreamos à 1h00 da madrugada.

No dia seguinte, o mesmo problema. Na verdade, o grupo de fiéis – que contava com cerca de trinta pessoas – realizaria seu protesto até o fim dessa primeira semana. Porém, novos fatos sucederam. À sequência de telefonemas, tanto para a igreja como para a Cúria, seguiu-se uma série de telegramas de protesto. Tal fato fez com que os bispos de São Paulo, reunidos em Itaici para uma convenção da CNBB (Conferência Nacional dos Bispos do Brasil), cancelassem a temporada do espetáculo. Como dom Paulo Evaristo Arns se recuperava de um grave acidente de carro, tal decisão foi tomada sem a sua participação.

Portanto, no segundo dia da peça, porém antes da apresentação, um dos representantes dos bispos ligou para o padre Paulo comunicando-lhe a suspensão do espetáculo. Decidi realizar a sessão assim mesmo após, é claro, a saída do mencionado grupo fundamentalista de fiéis e, depois dos aplausos, foi avisado ao público presente e aos atores – poupados dessa informação até aquele momento – de que a temporada estava cancelada. Desnecessário descrever a comoção que tal comunicado provocou.

Durante a madrugada, passado o choque inicial, organizamos o contra-ataque. Foi decidido que, pela manhã, ligaríamos para vários artistas, intelectuais e jornalistas, em todo o Brasil, a fim de que eles, por sua vez, também telefonassem e enviassem telegramas de apoio ao espetáculo. Tal estratégia, felizmente, deu resultados. Quando, no período da tarde, telefonamos para Itaici, solicitando aos bispos que revissem a proibição, soubemos

180 A GÊNESE DA VERTIGEM

que tinham chegado a uma nova resolução: um grupo de religiosos, composto por padres, freiras, teólogos e representantes de pastorais, iria assistir à peça naquela noite, para então julgar se o trabalho deveria ou não ter prosseguimento. Os momentos que antecederam e sucederam essa apresentação foram marcantes. Tínhamos a impressão de uma volta à Inquisição ou à ditadura militar. O espetáculo, planejado inicialmente para trinta espectadores, recebeu mais de cem pessoas naquela noite. Recordo-me da presença, além dos religiosos, de Celso Curi, João Cândido Galvão e Marcelo Coelho. Estávamos todos muito apreensivos, pois corríamos o risco de ter de abandonar um trabalho, construído ao longo de vários meses. A sessão transcorreu sob forte nervosismo e, após os aplausos, formou-se um grande círculo na nave central da igreja, para que os religiosos se manifestassem e chegassem a um veredicto. João Cândido Galvão, estrategicamente, encabeçou a discussão tecendo comentários bastante elogiosos à peça. Seguiram-se, então, para nosso alívio, várias considerações positivas por parte dos presentes. Se algum religioso era contra, optou pelo silêncio, pois não me recordo de nenhum juízo desabonador. Ao final, todos votaram favoravelmente pela continuidade da temporada.

No dia seguinte, tivemos apenas a visita do grupo fundamentalista de fiéis – cuja manifestação de protesto, àquela altura, estava se tornando "folclórica". Chegávamos, portanto, ao fim da primeira semana, com a sensação de que os problemas estavam sendo contornados. Ledo engano.

Dois dias depois, ao sair de casa, o porteiro do prédio me entregou uma carta sem remetente. Estranhando o fato, abri-a ali mesmo, e li o seu conteúdo. Tratava-se de uma carta anônima de ameaça de morte. Sem saber que atitude tomar, reuni-me com padre Paulo Gozzi e monsenhor Arnaldo Beltrami. Por sugestão desse último, fomos procurar o advogado José Carlos Dias[4], que já havia auxiliado a Cúria Metropolitana em questões relativas aos direitos humanos.

---

4   José Carlos Dias é um advogado criminalista que se notabilizou pela luta contra a ditadura militar e pelos direitos humanos. Foi presidente da Comissão de Justiça e Paz de São Paulo, secretário da Justiça no governo de Franco Montoro e ministro da Justiça no governo de Fernando Henrique Cardoso.

A RESSIGNIFICAÇÃO DO ESPAÇO 181

Por seu aconselhamento e do também advogado Luiz Francisco Carvalho Filho[5], que trabalhava junto com ele, foram tomadas as seguintes providências: entrar imediatamente em contato com o secretário de Segurança Pública do Estado de São Paulo, abrir inquérito policial e investigativo, e divulgar o episódio à imprensa. Também me aconselharam, por medida de segurança, que ficasse fora de casa nos próximos dias. Tal incidente, infelizmente, havia atingido uma dimensão pessoal e familiar.

No dia seguinte, outras cartas de igual teor chegaram, além de telefonemas anônimos para minha casa e para a igreja, ameaçando a integridade física dos atores e espectadores. Diante dessas novas evidências, a Secretaria de Segurança Pública tomou medidas mais drásticas: destacou algumas viaturas para fazerem ronda na igreja Santa Ifigênia, mobilizou o Comando Antibomba da Polícia Civil para rastreamento de explosivos no interior da igreja e, por fim, indicou dois policiais para revistarem o público antes de cada sessão. Tínhamos, de fato, perdido o Paraíso.

A lembrança mais traumática que guardo dessa segunda semana de temporada foi ter sido acometido, subitamente, de violenta crise de vômito. Estava com medo e, pela primeira vez, começara a duvidar da validade daquilo que tínhamos criado. Nem eu, nem os outros integrantes do grupo imagináramos que tamanho problema pudesse ocorrer. Não podíamos supor que tantas forças conservadoras se levantariam contra o espetáculo. Felizmente, a hesitação que me acometeu foi passageira e dela, nem os atores tiveram conhecimento.

A única consequência positiva do que sucedeu nessa semana foi a desistência dos protestos por parte daquele grupo de fiéis. A presença maciça de policiais e viaturas deve tê-los intimidado pois eles nunca mais retornariam à igreja. Paralelamente a essa agitação, uma série de debates televisivos e matérias de jornal discutiam a legitimidade e o sentido de se apresentar uma peça de teatro no interior de uma igreja. Vozes a favor e contra, inclusive no âmbito da campanha eleitoral para a prefeitura de São Paulo naquele momento, se manifestaram.

---

5 Advogado criminalista e escritor, ele foi diretor da Biblioteca Mário de Andrade e articulista da *Folha de São Paulo*.

Felizmente, a ala progressista, formada por artistas, intelectuais, jornalistas e até mesmo religiosos foi se sobrepondo às forças retrógradas. Prova disso foi que, na terceira semana de temporada, as cartas e telefonemas anônimos cessaram, e, como consequência, a ação da polícia também pôde diminuir.

Muitas pessoas reiteraram as vantagens que tamanha exposição na mídia oferecia ao trabalho. Contudo, a experiência vista de dentro foi outra. Pois, além do desgaste pessoal, familiar e profissional, que todos nós sofremos, a polêmica do espetáculo recaía, *exclusivamente*, sobre a utilização ou não do espaço da igreja para fins teatrais. Ou seja, a discussão sobre a dimensão do sagrado, numa perspectiva contemporânea, fora relegada a segundo plano, quando não esquecida. A agitação e o burburinho desviavam o foco daquilo que era central para o grupo.

Contudo, por outro lado, isso não foi inteiramente negativo. Descobríamos, sem tê-lo planejado, o poder de mobilização que o teatro dispõe. Ele se nos apresentava como um instrumento extremamente potente de inserção na cidade. Naquele momento, por meio desse episódio, o teatro parecia recuperar uma dimensão que sempre foi dele – mas que nos parecia embaçada ou esquecida – de arte pública. Era como se não apenas artistas, espectadores e críticos discutissem a cena que se produzia, mas toda a comunidade. Tal percepção e experiência nos marcaram profundamente.

Esse poder de interferência nas instituições e de diálogo com a cidade, apesar de descoberto de forma traumática, e não intencional, repercutirá no trabalho do grupo. Arrisco a dizer que, se não tivéssemos enfrentado tão grandes resistências, o grau de engajamento, posicionamento e entrega para os espetáculos posteriores, não teria sido o mesmo.

É importante ainda, para finalizar a discussão sobre o período de ensaio na igreja, tratar do trabalho dos outros criadores. Se, nesse momento, a direção capitaneava a investigação do espaço e os primeiros esboços de marcação, Sérgio tentava finalizar o roteiro e identificar os ajustes e as necessidades dramatúrgicas solicitadas pelo local. Era preciso, por exemplo, desenvolver a trajetória da personagem Anjo Caído, responsável por guiar o público. Entre as dúvidas em relação a esse papel, nos perguntávamos se o ator Matheus Nachtergaele faria outras personagens

A RESSIGNIFICAÇÃO DO ESPAÇO

do roteiro; se, ao caminhar pelo espaço, ele veria as imagens dos anjos pintadas nas paredes da igreja e, ainda, como tornar orgânica e justificada a condução dos espectadores.

Havia a preocupação também de o roteiro estar "metafórico" demais. Tal receio provocou o mapeamento do conjunto do material, e chegamos à conclusão de que ele apresentava três mecanismos de simbolização distintos, assim registrados no caderno de direção: "representação ilustrativa (o anjo; o fruto proibido); metáforas simples (cena 'gravidade'; cena 'queda do colo' etc.) e metáforas distantes (os depoimentos pessoais em forma de monólogo; as cenas 'realistas', como a da 'mulher no confessionário' etc.)". Essa era uma preocupação mais da dramaturgia do que da direção ou dos atores, já que o trabalho intensivo no espaço não deixava tempo, naquele momento, para ilações mais abstratas.

Ao mesmo tempo, Lúcia e Lucienne concentravam seus esforços na finalização do trabalho corporal: limpeza e fixação da sequência de movimentos, burilamento gestual, ajustes nas frases coreográficas em decorrência das limitações e possibilidades espaciais e o fechamento da partitura das cenas de conjunto. Cuidavam também para que houvesse harmonia e sincronicidade no aspecto coral.

Laércio Resende, compositor e diretor musical, vinha há alguns meses desenvolvendo um treino vocal e sonoro com os atores. À medida que a estreia se aproximava, porém ainda antes da entrada na igreja, começou a ensaiar as músicas que havia criado para a peça. O treino musical, como todo o restante do trabalho, tornara-se mais direcionado e pragmático. Ao iniciarmos os ensaios dentro da igreja, Laércio passou a desempenhar várias funções: explorava sonora e acusticamente o lugar, praticava as canções com os atores, treinava as partituras com os músicos convidados e, por fim, exercitava ele mesmo as suas composições, já que faria o acompanhamento com o órgão. Ou seja, se desdobrava entre o compositor, o regente, o diretor musical e o intérprete. Existem registradas algumas observações da direção em relação ao seu trabalho:

"Rever a música de abertura e a cantiga de ninar para a cena 'Chamando o Pai'"; "o canto do Vanderlei está ruim"; "a música do

'Lucienne in Concert' tem de ser mais alegre, sem o uso do órgão"; "a música da 'queda do colo' não poderia ser mais trágica?"; "algumas intervenções sonoras dentro do espaço estão muito tímidas"; "o coro está desafinando"; "pensar em composições para serem tocadas durante a movimentação do público pelo espaço".

Quanto à criação dos figurinos, idealizada por Fábio Namatame, houve uma tentativa, logo que entramos na igreja, de realizá-los de forma distinta da convencional. As roupas seriam feitas de papel, coladas diretamente no corpo dos atores. Isso provocava, à medida que eles se movimentavam, rasgos e rachaduras no material, criando um efeito de precariedade com forte apelo visual. As fotos do programa da peça mostram os atores vestidos segundo tal proposição. Porém, como esse procedimento demandaria muito esforço e tempo de preparação, além do perigo de expor as partes íntimas dos atores dentro de um local religioso – o que poderia ser considerado como um sacrilégio por parte dos padres e fiéis – buscou-se outra solução. O figurinista, então, idealizou um traje que fosse composto de fragmentos de roupas usadas, de vários tipos, todas em cor da pele. Nele, a sugestão de precariedade e de "corpo exposto" também estava presente, mas sem a literalidade da proposta anterior.

Em relação à luz, criada por Guilherme Bonfanti, antiga parceria artística, anterior ao Teatro da Vertigem, e Marisa Bentivegna, ela começou a ser concretizada no momento da entrada na igreja. Na verdade, os iluminadores acompanhavam os ensaios do grupo de vez em quando, encontrando-se a par do que estava sendo desenvolvido. Contudo, por uma privação técnica e material, já que não dispúnhamos de nenhum equipamento de luz na sala de ensaio, não havia meio de eles desenvolverem sua criação.

Esse quadro modificou-se, evidentemente, no momento em que entramos na igreja. Apesar dos exíguos recursos de produção, os iluminadores foram driblando as limitações econômicas e materiais da montagem, especialmente acentuadas por se tratar de um espaço não convencional. Nesse tipo de espaço, torna-se necessária a instalação de toda a estrutura técnica, como varas, fiação para conexões, teste da caixa de força,

A RESSIGNIFICAÇÃO DO ESPAÇO 185

aluguel de gerador etc., que além de dificultar a montagem, a torna bem mais dispendiosa.

Veio desse momento a proposta, por parte dos *designers* de luz, de utilizar fumaça no interior da igreja. Tal elemento marcou visual e simbolicamente o espetáculo, cujo aspecto místico e misterioso tornava-se intensificado pelo uso desse recurso. Também veio dos iluminadores a palavra final concernente à sugestão do ator Matheus Nachtergaele, de que o Anjo portasse lanternas fluorescentes nos braços. Foram encontradas algumas anotações da direção em relação à luz:

Apagar as velas "oficiais" da igreja; apagar a luz dos altares e a luz de emergência, durante a apresentação; a luz na cena "quedas--vertigem" está muita seca, acaba mostrando demais; a luz no segundo monólogo do Anjo, no coro, tem de ser mais forte; a luz da cena "Satã" revela demais enquanto a cena da Daniella está no escuro.

Existem registradas, também, várias das observações feitas pelo diretor aos atores, durante o período de adaptação na igreja. Por serem muitas, já que vínhamos trabalhando intensivamente, não julguei apropriado transcrevê-las todas aqui. Ao contrário, pareceu mais significativo identificar nelas os elementos recorrentes, tentando extrair daí os aspectos valorizados pela encenação.

De forma geral, essas avaliações vão apontando o que funciona ou não no trabalho dos atores, às vezes apenas por meio de um "isso está bom" ou "isso está ruim", sem fornecer maiores explicações. Também tem um peso importante a questão das motivações, ou seja, o que leva o ator a realizar determinada ação, qual a finalidade dela, qual o sentido de tal movimento ou de tal fala, qual a razão que o move em cena. Os atores são estimulados a responder às perguntas "quando", "onde" e "por que", ao realizarem a sua partitura cênica, devendo justificar cada uma de suas ações. Eles também são instigados a reavaliar suas sequências de movimento, à luz de uma perspectiva pessoal (eu faria assim?).

Como diretor de *O Paraíso Perdido*, e em função da linguagem específica desse trabalho, valorizava alguns elementos em detrimento de outros. Por exemplo, havia uma ênfase na busca de imagens e de interpretações mais "dramáticas" ou "trágicas". Por outro lado, incomodava-me a falta de verdade em cena e as caracterizações pouco verossímeis, bem como o fato de os atores pensarem demais na hora de fazer e de jogarem pouco uns com os outros. Também me preocupava bastante com o tempo-ritmo das cenas (pausas excessivas; lentidão ou rapidez exagerada; atraso nas deixas). Prezava as sincronias, além de ser bastante atraído por ordenamentos e estruturas geométricas. Procurava ainda repetir o máximo possível uma cena até me sentir satisfeito com ela. Por fim aparecem, nos comentários registrados, muitas sugestões de cortes de cenas e falas. Talvez estivesse implícito aí o temor pela falta de tempo para amadurecer o trabalho interpretativo e o receio em relação à acústica da igreja.

É curioso perceber que muitas dessas preocupações não vão permanecer no meu horizonte de trabalho. Elas parecem espelhar uma maneira de olhar a cena relativa àquele espetáculo. Ainda assim, sob a ótica do olhar processual – e de seus condicionantes contextuais e históricos – pareceu significativo apresentar esses aspectos. A título de exemplificação, apresentaremos dois registros de comentários, feitos pelo diretor aos atores, ambos após a entrada na igreja. O primeiro é anterior à estreia, e o segundo, algumas semanas depois de iniciada a temporada:

"Vanderlei tem que ser mais preciso ao dar a entrada para a 'Cabra-cega'"; "temos que trabalhar com as ligações de cena"; "os volumes das falas estão baixos demais para o espaço da igreja"; "é necessário mais precisão na dicção"; "cuidado com alguns movimentos, porque eles estão ficando mecânicos"; "no 'Monólogo Satã' está faltando mais raiva"; "também está faltando mais jogo, mais contracenação, mais reações às ações dos outros"; "a arrumação dos bancos está demorando 10 horas!"; "falta mais fluidez com as palavras, por exemplo, o texto inicial está muito quebrado"; "não estou entendendo algumas das falas: problema de dicção + volume baixo + acústica da igreja"; "as deixas estão imprecisas"; "vocês devem fazer menos barulho para subir nos bancos"; "Lucienne, você está antecipando a reação na cabra-cega: já vai para o centro antes de ser pega"; "algumas ações estão chochas"; "Johana, você está exagerada na hora em que vai buscar seu filho"; "Matheus, você não pode se

A RESSIGNIFICAÇÃO DO ESPAÇO

deslocar no meio da cena 'Lacrimosa' para não tirar o foco da cena e, além disso, o seu tom grave no texto inicial está muito baixo"; "algumas divisões de texto estão estranhas".

No outro trecho, o tom de cobrança se acentua:

"O aquecimento vocal não é só para o canto, mas também para a voz falada"; "esse não é um espetáculo que dá para ligar no automático; há a necessidade de uma preparação, ou seja, aquecimento vocal e corporal"; "há também a necessidade de uma postura mais humilde; a bola está muito alta por causa da imprensa"; "o espetáculo tem um quê de oração, de liturgia e, portanto, estabelecemos uma relação diferenciada com o público"; "o espetáculo não está num nível bom"; "não há lugar para a falsidade: se você não estiver com vontade de chorar, não chore! A mesma coisa com o riso"; "o 'Coro Caótico' perdeu dramaticidade, perdeu sonoridade"; "a queda do colo tem de ser mais necessária; às vezes sinto que fica só o movimento pelo movimento"; "precisamos reensaiar a 'cabra-cega'"; "as quedas perderam tragicidade"; "a cena 'desolação' está sem tônus, e o desenho de movimento não está preciso; ela voltou a ficar meio 'hippie'"; [...] "o 'Coro Orações' está melhor, mas todos têm de parar juntos no final; está faltando também o sentido global da cena, que é a busca religiosa".

Os comentários acima, ainda que marcados por uma crítica dura, às vezes agressiva, visavam à recuperação de alguns elementos essenciais do trabalho que vinham se perdendo. Na verdade, tivemos de ensaiar durante bastante tempo após a estreia, para que conseguíssemos finalizar o espetáculo. É claro que, durante o período da polêmica e das ameaças, eles foram suspensos. Mas à medida que as manifestações contrárias à peça foram se atenuando, retomamos os ensaios. Somente após o terceiro mês, os ensaios de acabamento e finalização foram diminuindo.

Pude acompanhar quase todas as apresentações e, ao longo da temporada, sempre que necessário, realizava um ou outro ensaio de manutenção. Na maior parte das vezes, contudo, o simples comentário feito ao ator sobre um determinado problema, já era suficiente para que ele o solucionasse.

Cabe ainda uma última observação: o Teatro da Vertigem passou a ser conhecido pelo uso de espaços inusitados ou não convencionais e isso como que se tornou "a" característica do grupo. Não me parece, porém, que tal visão consiga sintetizar o nosso trabalho. Ainda que a polêmica surgida na estreia de *O Paraíso Perdido* possa ter contribuído para tal percepção, isso só revela, novamente, o desvio de foco que ela provocou. Pois basta observarmos as etapas do processo aqui descritas para ficar evidente que a questão do espaço cênico é apenas um dos elementos no trabalho de pesquisa do grupo. Um aspecto importante, sem dúvida, mas não o único.

Em *O Paraíso Perdido*, havíamos não apenas descoberto um espaço dentro da cidade, no caso, uma igreja, mas também *o espaço da cidade*. Evidentemente, a compreensão disso – e da dimensão de todo o percurso processual que realizamos para a criação do espetáculo – não ocorreria na estreia nem nos primeiros meses de temporada. Porém, não éramos mais inocentes. Havíamos, finalmente, provado do fruto do conhecimento.

6. Êxodo

O processo descrito e analisado até aqui se concluiu. E, por sua natureza processual, também não se concluiu. Ainda que tenha se precipitado em um espetáculo, continuou gestando outros procedimentos e embriões de obras. Um processo deixa sempre uma zona de indeterminação, de incompletude, de incerteza, necessária à fecundação de novas indagações e de novos problemas. Um processo, também, não se circunscreve rigidamente ao seu tempo de duração. Apesar de ser possível perceber o seu ciclo, sua historicidade, nele, algumas coisas emergem somente muitos anos depois.

Não imagino processos de ensaio que não sejam transformadores. No caso de *O Paraíso Perdido*, abandonáramos de vez certa generalidade em relação ao dito *teatro de pesquisa*. Apesar dos obstáculos e imprecisões diante da vasta quantidade de conceitos e temas que investigamos, é inegável o quanto avançamos na prática da pesquisa em arte. De todos os processos que havia realizado até então, quer como ator ou como diretor, esse me pareceu ter sido o mais radical no exercício da investigação. Não necessariamente com os melhores resultados. Mas não importa. Nunca antes havia tido a sensação tão plena de diretor-pesquisador.

A aproximação com o universo da ciência, por meio da física teórica, descortinou um campo de interdisciplinaridades que pouco havia experimentado em minha formação universitária – por paradoxal que isso seja. Ciências exatas, humanas e biológicas se interceptaram aqui de maneira inaudita. Talvez o interesse pela retomada de tais imbricamentos fosse uma característica presente em minha geração, mais do que algo motivado por esse processo. Porém, de fato, ele se constitui no nosso primeiro campo de experiência prática dessas interconexões.

O Paraíso Perdido foi o laboratório-ateliê de um grupo de artistas-pesquisadores experimentais. Mais do que a ciência na arte ou a arte na ciência, almejávamos uma arte-ciência, como que desejosos de um novo campo do conhecimento. Há que se desculpar tal pretensão. Porém, o exercício do risco nos faz acreditar em transformações e vislumbrar futuros antes impossíveis. Em nosso projeto (de) *Paraíso*, o teatro perderia seu isolamento artístico e reencontraria o diálogo com diferentes disciplinas e contextos.

Experimentamos também a recuperação do sagrado através da experiência confessional. Mito, memória e crítica mesclados no *depoimento pessoal*. A história de cada ator e a sua visão – ou cegueira – de Deus, tendo de ser traduzidas em uma improvisação ou *workshop*. A subjetividade e a realidade se associavam e se confundiam na montagem de uma cena. Tal abordagem, acima de tudo, reinstalou em nossa prática um ator propositivo, crítico e pesquisador. Ator-autor da Criação, ele também. O que causou, sem dúvida, um redimensionamento do papel da direção e da dramaturgia.

Aliás, a figura do "dramaturgo vivo", que andava exilada das salas de ensaio, é trazida de volta. Buscamos reconfigurar um novo-velho modelo: uma dramaturgia da cena e para a cena. Não mais a eternidade dos textos impressos, mas a fugacidade da palavra em ato. Um dramaturgo cuja voz permaneceria gravada, não tipograficamente, mas sonora e imageticamente na memória dos espectadores. O Verbo se fazendo barro, se fazendo sopro e, então, se desfazendo. A palavra precária, em processo, em gerúndio, en-caminhada ao seu estatuto teatral.

Descobrimos também o *processo colaborativo*, tanto como postura ideológica, quanto como dinâmica de criação. Um viés

ÊXODO

contaminando o outro e o retroalimentando. Se houve a recuperação da noção política de coletivo, houve também a afirmação de uma obra artística polifônica. Uma sociologia da criação aliada a uma estética da socialização. Um fazer pleno de pontos de vista, muitos deles contraditórios e inconciliáveis. Uma resultante marcada por tensões criativas, especialmente pela não delimitação do grau de interferência na criação alheia. O que não implicava em desrespeito, pois um processo de tal natureza traz em si, endogenamente, o seu projeto ético. Ele estimula o conhecimento de si e do outro e o exercício de uma liberdade responsável, bases da conduta ética.

Percebemos ainda, na prática, que o processo colaborativo se situava no meio do caminho entre o "especialista artístico" e o "artista polivalente". Aí residia a sua potência e, também, a sua fragilidade. E, a fórceps, à beira da estreia, descobrimos que tal processo não poderia ter uma duração delimitada demais, já que, necessariamente, possuía um tempo de gestação maior que o convencional.

A investigação cênica do espaço da igreja demandou outra atitude dramatúrgica, interpretativa e cênica, às quais não estávamos habituados. Exigiu também outra atitude de recepção por parte do público. Nosso *Paraíso*, ao final das contas, era processual e processional. Praticava uma ideia de teatro que invadia a cidade e, ao mesmo tempo, teatralizava o cotidiano. Além, é claro, de romper com a perspectiva funcionalista e revitalizar o espaço urbano degradado do centro de São Paulo.

Após um largo percurso de buscas, poderia ser indagado: aonde desemboca tanta pesquisa? A resposta é simples: uma parte, de fato, se perde, outra, se materializa no corpo dos atores – ainda que de forma não explícita – e uma última parte, a menor delas, se concretiza em cena. Parafraseando Lavoisier, muito se cria, muito se perde, muito se transforma. A reciclagem da criação é, aqui, um princípio do fazer.

Esse trabalho pretendeu contribuir para o estudo sobre processo de criação e metodologias de ensaio. Porém, aí embutido, se encontra também um desejo pedagógico. Na condição de diretor e professor, às vezes diretor-professor, outras vezes professor de direção, me impus, aqui, outro desafio. O de tentar contribuir para uma pedagogia da encenação. Seara essa onde professor e diretor coabitam, sem esquizofrenia.

O processo de *O Paraíso Perdido* – dentro de certa perspectiva – ainda não terminou. Continua, até hoje, alimentando e ecoando na nossa trajetória de criação. Por isso, não é possível, aqui, também chegarmos a uma conclusão. Esse *Êxodo* que dá nome ao título, além de conter a ideia de "última parte", procura trazer ainda a conotação de partida, exílio, peregrinação. De uma jornada que nos levaria inadiavelmente aos outros processos-espetáculos do Teatro da Vertigem.

Da mesma forma que esse trabalho pretendeu analisar um processo já consumado, espero ainda que ele possa lançar sementes para o futuro do grupo. Revisitamos o passado também para olharmos para frente. Fechamos uma página para a abertura da próxima. Do passo seguinte. De uma nova bifurcação. De, quem sabe, um Paraíso, novamente a ser reconquistado – ou perdido.

Anexos

1. OFICINA YASHI

Essa oficina foi planejada tanto para atores e bailarinos profissionais como para estudantes de teatro e dança, não devendo exceder o número de trinta participantes. Quanto às questões metodológicas, pretendíamos não trabalhar com todos os conceitos da mecânica clássica que havíamos pesquisado, dada a exiguidade de tempo. Projetamos também uma estrutura básica composta dos seguintes elementos: leitura dos conceitos, pesquisa prática, improvisações livres e expressivas, construção de sequências de movimentos e, por fim, discussão geral com os alunos. Algumas dinâmicas seriam realizadas em silêncio enquanto outras utilizariam música como estímulo.

Roteiro Geral

Primeiro dia

- ♦ Apresentação do grupo e da pesquisa.
- ♦ Aquecimento.

194 A GÊNESE DA VERTIGEM

- Força de contato *versus* força de campo.
- Força-peso e massa.
- Discussão final.

Segundo dia

- Aquecimento.
- Equilíbrio e desequilíbrio.
- Queda.
- Avaliação geral.

Roteiro Detalhado

Primeiro dia

Apresentação do Grupo e da Pesquisa:
- Apresentação dos integrantes.
- Discussão sobre o porquê da pesquisa da mecânica clássica e a sua especificidade em relação ao trabalho corporal.
- Breve histórico do desenvolvimento da pesquisa.
- Ilustração prática: A presença da física clássica na vida cotidiana (apresentação da sequência preparada pelo ator Marcos Lobo).

Aquecimento (30 minutos):
- Série de exercícios coordenados por Lúcia e Lucienne, utilizando-se de elementos da *observação ativa*.

Força de contato versus *força de campo* (2 horas):
- Explicação do conceito de força.
- Pesquisa científica (individual).
- Pesquisa científica (em dupla); (importante: durante a pesquisa lembrar aos participantes que eles estão realizando uma experimentação objetiva e, novamente, trazer elementos da observação ativa).
- Explicação da 1ª consequência da força.
- Jogo A/B: A quer se movimentar enquanto que B não quer que A se movimente (após um tempo, se invertem os papéis).
- Explicação da 2ª consequência da força.

ANEXOS

- Pesquisa científica (em dupla): deformação no rosto (importante: trabalhar a partir da dinâmica ativo/passivo, procurando estabelecer um diálogo entre os dois participantes).
- Pesquisa científica das características da força (em dupla): a. ponto de aplicação; b. duração; c. intensidade; d. sentido e direção (importante: as duplas sempre caminham em linha reta, de uma extremidade à outra da sala. No caminho de ida, A faz o trabalho enquanto B "recebe" – apesar de também ele estar em estado de observação. Quando os dois chegarem na parede oposta da sala, se invertem os papéis, e a dupla retorna).
- Explicação do conceito de *forças de contato*.
- Improvisação livre (individual): *força de atrito* (importante: caminhar pelo espaço, percebendo as diferentes superfícies, e criar ações a partir delas. Durante a improvisação lembrar que "a força de atrito é uma reação, uma resistência passiva". Lembrar também que essa é uma improvisação livre, portanto os participantes podem estar mais à vontade para propor e jogar com o conceito da física).
- Improvisação livre (em dupla): *força de compressão* (importante: o verbo estimulador da improvisação é "penetrar").
- Improvisação expressiva (em trio): *força de tração*, a partir do tema "sala de torturas" (importante: vai se revezando a pessoa que é torturada).
- Breve conversa com os participantes.
- Jogo A/B: A quer agir em/sobre B, mas sem tocá-lo (após um tempo, se invertem os papéis).
- Explicação do conceito de *forças de campo*.
- Improvisação livre (em dupla): "luta eletromagnética" (importante: lembrar que "polos iguais se repelem enquanto que polos diferentes se atraem").
- Leitura da definição do *Dicionário Aurélio* para "força dramática".
- Improvisação expressiva: "força dramática".
- Improvisação expressiva: "a força da palavra"; (*importante*: em ambas as *improvisações expressivas*, o trabalho deve começar individualmente e, depois, à medida do necessário, permitir a livre associação entre os participantes).

Força-Peso e Massa (1 hora):

+ Breve introdução ao conceito.
+ Jogo (desafio): ficar um segundo fora do chão (importante: primeiramente tentativa individual, com todos juntos, durante um minuto; depois, um de cada vez, numa diagonal, com cronometragem).
+ Leitura do conceito de *força-peso*.
+ Pesquisa científica (individual).
+ Pesquisa científica do conceito com o auxílio de aparelhos (quatro grupos de pessoas). O circuito de aparelhos será constituído de: a. corda presa no teto; b. "roiter"; c. barra; d. "lonja".
+ Pesquisa científica (em dupla): a partir de um exercício de improvisação de contato (*condução*: A é apoio; B realiza a seguinte sequência de movimentos: leve transferência do próprio "peso" sobre o outro; transferência total do próprio "peso" sobre o outro; transferência total do próprio "peso" retirando os pés do chão. Depois, se invertem os papéis. Por fim, A e B passam a ser apoio e volante, alternadamente, criando um diálogo improvisado entre eles).
+ Improvisação livre (em dupla): a partir da proposição "transportar o outro".
+ Improvisação expressiva (individual, mas podendo se relacionar com as pessoas em volta): "O inferno são os outros" (importante: o foco é o peso).
+ Improvisação expressiva (individual): "O peso dos anos".

Discussão final (30 minutos).

Segundo dia

Aquecimento (30 minutos):

+ Série de exercícios onde se trabalha a relação com o chão.
+ Sequência de rolamentos.

Equilíbrio e desequilíbrio (1 hora e 30 minutos):

+ Leitura do conceito.
+ Pesquisa científica do conceito com o auxílio de materiais (individual).

ANEXOS

- Pesquisa científica (em dupla).
- Pesquisa científica do conceito com o uso de vendas nos olhos (nova dupla).
- Pesquisa científica do conceito com o uso de uma corda única para todos os participantes (dois grupos diferentes, trabalhando simultaneamente).
- Improvisação livre (em trio): a partir da proposição "equilibrar o outro".
- Improvisação expressiva: "desequilíbrio mental".

Queda (1 hora e 30 minutos):
- Improvisação livre: trabalhar a transição entre *equilíbrio* e *queda* a partir da proposição "escorregar e tropeçar".
- Exercício: escorregar pelo corpo do outro.
- Pesquisa científica (individual).
- Apresentação da queda mais interessante, encontrada na pesquisa científica individual, para o restante do grupo.
- Pesquisa científica do conceito com o auxílio de materiais (três grupos de pessoas, um para cada aparelho; depois se revezam). O circuito de aparelhos será constituído de: a. "roiter"; b. "minitramp"; c. "plinto" (importante: todos os participantes, em cada aparelho, devem realizar quedas em pé, de frente, de costas, com giros e quedas a partir de uma "explosão").
- Exercício: realização de um circuito de quedas. Tal circuito será constituído de: a. queda com eixo reto; b. "patina, patina e cai no lugar"; c. cai sentado, faz uma "vela", e então cai do lado contrário; d. queda "ataque cardíaco"; e. queda que vem de uma "estrela" em colapso; f. vai olhando para trás até cair; g. vai ajoelhando e cai de frente; h. queda em torno do eixo.
- Pesquisa científica do conceito com o uso de vendas nos olhos e o auxílio de materiais (colchão; "plinto" em altura média e "plinto" em altura máxima).
- Improvisação expressiva: "queda cômica e queda dramática".
- Improvisação expressiva: a partir da expressão "falling in love" ("cair de amores"; "ficar apaixonado").

Avaliação Geral da Oficina (30 minutos).

2. *O PARAÍSO PERDIDO*: 1º ROTEIRO

Texto e roteiro – Sérgio de Carvalho
Direção e roteiro – Antonio Araújo

Plano A
Prólogo

MULHER (*à plateia*) – A direção é esta, sigam em frente e não há como errar, porém, vai ser preciso atravessar o rio, e isso é impossível. Quem quer que tenha vindo, desde os dias antigos, nunca foi capaz de transpô-lo. Só o sol, ou o vento, podem cruzá-lo, mas vocês não têm o coração tão quente nem a alma tão leve. Esqueçam. Mas, se quiserem tentar, procurem o barqueiro, só ele conhece os múltiplos afluentes, só ele pode levá-los. Está à beira das águas, como sempre, preparando o barco... Fixem seus olhos no fundo dos olhos dele e, se for possível, talvez ele os conduza. Mas se não for possível, tanto melhor, não insistam, voltem para casa.

Cena 1
BARQUEIRO (*polindo o remo*) – Em princípio, não havia princípio porque o tempo ainda não existia, e o rio não corria – estava inteiro lá imóvel, da fonte à foz sem desaguar. Depois do princípio, quando há tempo, eu lá estava cortando a pele das águas com a mesma lâmina que ora afio. O rio principia na puxada do remo e a artéria só sangra quando se tira a faca. A princípio, não havia memória.

Ah, mais um que não chega sozinho. Tem o burburinho do mundo no ouvido.

(*ao homem*) O que faz aqui?
HOMEM – Vim procurá-lo.
BARQUEIRO – Eu não estou. Saí. Me responda: "que anjo mau parou na porta do teu sorriso?"
HOMEM – O medo da morte, a procura, a conversa infindável comigo mesmo, andei muito. Estou cansado e me sinto só.
BARQUEIRO – Mesmo com tantas vozes na cabeça?
HOMEM – Sei que você pode me conduzir ao Jardim.
BARQUEIRO – Não é para você. Você não sabe nada de lá.

ANEXOS

HOMEM – Lá eu terei respostas, porque não haverá mais perguntas.

BARQUEIRO – A frase é engenhosa, mas seu coração não está nisso. Volte para casa. O lugar da imortalidade não é para mortais.

HOMEM – Preciso atravessar o rio, me leve até o outro lado.

BARQUEIRO – Que rio é este que você quer transpor?

HOMEM – Não sei, mas sei que você é o barqueiro.

BARQUEIRO – Isso é evidente como um remo fincado no crânio, mas por que eu te levaria ao Jardim de novo? Você já teve e recusou aquela vida.

HOMEM – Estou aqui pela primeira vez. Nunca nos vimos.

BARQUEIRO – Eu já te transportei nessa mesma barca de casco podre. A água faz buracos na madeira, assim como a cada dia teus olhos se tornam o oco das órbitas. Não minta para mim. Eu nunca me esqueceria de um rosto estúpido como o seu.

HOMEM – O que é isso? Eu pago o que você pedir.

BARQUEIRO – O custo é alto para quem quer voltar.

HOMEM – Não entendo por que diz isso. Nunca estive lá. Faça o preço.

BARQUEIRO – O que tem para me dar?

HOMEM – É em ouro que você recebe?

BARQUEIRO – Costuma ser, mas não para você.

HOMEM – Eu dou tudo, exceto a vida.

BARQUEIRO – Como primeira oferta é um bom começo. Talvez se possa fazer negócio.

HOMEM – O que quer?

BARQUEIRO – Você não respondeu: por que só percebemos o paraíso quando o perdemos?

HOMEM – Qual é o trato? Fale.

BARQUEIRO – Você já esteve lá e quis sair. Posso provar.

HOMEM – Não pode.

BARQUEIRO – Se eu te fizer lembrar, o que tenho em troca?

HOMEM – Eu quero apenas que me conduza, eu quero ver o outro lado.

BARQUEIRO – Para outra recusa? "Onde estás, ouvi teu passo no jardim, tive medo... quem semeou a angústia na planície dos meus olhos?" O óbolo da passagem é este: eu te conduzo, eu te guio, cortando a pele das águas e revirando as vísceras do tempo, e te provo e te digo: você esteve lá. Fácil, não é? Eu te levo, mas se por um lapso, um acaso, num átimo, eu te fizer lembrar, você beberá da água turva e me servirá para sempre. Entende?

HOMEM – Entendo. Se você não me provar nada, farei a travessia de graça?

BARQUEIRO (*sorrindo*) – De graça. Aceita?

HOMEM – Aceito.

BARQUEIRO – Ou vai oscilar, como um barco sem leme?

HOMEM – Eu tenho certeza do que foi. Só não tenho do que será.

BARQUEIRO – Devia ter mais cuidado com o que é. Enquanto é. Se embarcar, não haverá volta no trato.

HOMEM – Vamos.

BARQUEIRO – Suba e recolha a corda. Vamos, venha até aqui.

HOMEM – O que é isso?

BARQUEIRO – Venha. Isso é preciso para que você se relembre.

HOMEM – Prefiro ficar de olhos abertos.

BARQUEIRO (*venda o homem*) – Você verá o que esqueceu.

HOMEM – O que eu esqueci?

BARQUEIRO – "No mundo já não há lembrança das coisas que se foram. E das coisas que hão de ser, também delas não haverá lembrança".

HOMEM – Me sinto estranho.

BARQUEIRO – Aqui é o lugar da reminiscência. Porque esse é o rio do esquecimento.

HOMEM – Não entendo.

BARQUEIRO – Conte o que você vê.

HOMEM – Estou tonto.

BARQUEIRO – Você já esteve lá, lembra, há muito tempo.

HOMEM – Imagens começam a surgir para mim.

BARQUEIRO – Lembra... Há muito tempo...

HOMEM – Eu ouço vozes.

BARQUEIRO – Procure a sua lembrança mais antiga.

HOMEM – Eu era bem pequeno.

BARQUEIRO – Lembra, há muito tempo...

HOMEM – Eu era criança. Não sei se a lembrança é minha ou se alguém me contou depois.

BARQUEIRO – Você era criança. Ouve a canção?

HOMEM (*canta um trecho*)

ANEXOS

BARQUEIRO – Cante o resto. Eu preciso dela para que eu durma também.

Plano B
Bloco 1 – Infância

Cenas:
1. Texto do *Gênesis*.
2. Imagem: criança é embalada no colo da mãe.
3. O jogo de cabra-cega.
4. A proibição de se brincar com fogo.
5. O castigo.
6. A criança cai do colo. A cantiga é entoada no chão.
7. Criança chama pelo pai.

Plano A

Cena 2

HOMEM – Era medo, terror do escuro e eu me lembro, às vezes meu pai surgia e lembro da mão dele, uma palma enorme, os dedos compridos... passavam devagar na minha cabeça.

BARQUEIRO – Você precisa olhar mais longe, ver a outra margem.

HOMEM – A minha mão era muito pequena perto da do meu pai.

BARQUEIRO – Ainda é a superfície, afunde a cabeça.

HOMEM – O polegar dele era quase toda minha mão.

BARQUEIRO – No princípio, o rio era o olho d'água, o manancial que sobe da terra. No princípio, outro tempo, o olho d'água.

HOMEM – Do que você está falando?

BARQUEIRO – Que você devia cair, para que as águas o levassem.

HOMEM – Fazia anos que eu não me lembrava mais disso.

BARQUEIRO – A gente perde mais coisas do que pensa.

HOMEM – Eu não me esqueço das coisas que vi.

BARQUEIRO – Ainda não recolheu toda a corda. Puxe mais.

HOMEM – Vê? Nada na memória que remeta ao Jardim.

BARQUEIRO – Espere. O coração vem à tona como a âncora, cheio do lodo do fundo.

HOMEM – Somente memórias embaçadas, de brincadeiras chuvosas, de solidão dentro do quarto.

BARQUEIRO – Vozes... Ouve? Ouve esses sons?

HOMEM – Nenhum indício, nenhum sinal, nenhuma prova de que estive lá.

BARQUEIRO – Eu te digo: uma coisa é o que se experimenta na vida, outra é aquilo que corre ao largo. O outro rio, do tempo vertical.

HOMEM – Que rio é este?

BARQUEIRO (*aponta*) – Quando as águas se bifurcam, saímos do afluente. É a memória do outro tempo.

HOMEM – Que tempo? Eu já contei as minhas lembranças.

BARQUEIRO – Segure as bordas, o leme vai mudar a rota, cuidado para não cair. O velho barco não é lá muito firme.

Plano B
Bloco II – As Consequências da Queda

(O bloco retrata a saída do Paraíso. O percurso do exílio – em que o tempo é contado segundo uma escala macro-histórica – é abordado sob a forma simbólica de uma *via crúcis*.)

Cenas
1. A luta contra os elementos da natureza.
2. Os percalços do caminho: cena com a porta de saída do Éden.
3. As pernas fraquejam de tanto andar: cena "aprendendo a andar".
4. O medo: os medos antigos.
5. O trabalho pela subsistência: a busca de alimento.
6. A necessidade da ciência e da tecnologia.
7. A guerra, a morte, o luto: brincadeiras de luta, luta com estilingue.
8. Desolação. Choro. O defrontar-se com a morte.
9. A dor do parto.
10. Cena dos "porquês" (1): o homem se questiona sobre a vida (a visão científica).
11. Os olhos que não veem mais os anjos.
12. Chamando pelo Pai.
    (*Cenas-reserva*: cena "ego" e cena "as perspectivas positivas da queda".)

ANEXOS

Plano A

Cena 3

HOMEM – O bico do abismo se abre para me tragar. Sinto a vertigem do princípio, precipício do mundo. A terra não é terra, é sombra distante, despencada, longínqua. Não posso chegar mais perto, tenho medo de cair, que um sopro me derrube. Tenho a volúpia do medo, e nem consigo olhar para cima, tonteio, nada me sustenta, não sei mais voar. A terra, vermelha terra que fui, embaixo é pedra, cascalho cortante. O abismo me fita. "Afasta de mim teus olhos, que teus olhos me perturbam". Vertigem, voragem da alma, a terra me atrai, eu quase desejo cair. Entornar, derramar, verter. Olho para baixo, agora sem medo, e vejo a massa sangrenta, a carne informe, os estilhaços de dentes nos membros moídos. Eu explodi na pedra como um ovo vermelho. Olho para cima e decido pular. Os pés desgarram do chão, já não há peso. Sucção, soltura, vazio. As pernas debatem inúteis. O vazio me sobe à boca por dentro. Sou o ar e passo absoluto, em pleno peso. Já não sou pássaro, não sei mais voar. Vou explodir como um ovo de sangue.

Plano B
Bloco III – A Queda

(Este bloco é constituído basicamente por imagens físicas de quedas, e se caracteriza por uma composição gestual mais lírica e abstrata.)

Cenas:
1. Sequências de quedas individuais: voluntárias e involuntárias (o suicídio levando a uma queda).
2. Sequências de quedas em duplas: voluntárias e involuntárias (tropeço, empurrões, rasteiras; pregando um susto; brincadeiras que levam a quedas; a curiosidade pelo abismo).
3. Sequências de quedas coletivas: dominós de pessoas (um erro que se perpetua de uma geração para outra).
4. Quedas com contagem do tempo (elas devem pontuar todo esse bloco): Queda = Tempo + História.

5. Quedas em que se chama pelo Pai (as pessoas caem e olham para cima).

Plano A

Cena 4

HOMEM – Não pode ser.

BARQUEIRO – Os tais indícios...

HOMEM – Não há provas.

BARQUEIRO – Afloram os restos do naufrágio.

HOMEM – Eu devo ter sonhado com isso.

BARQUEIRO – À flor d'água.

HOMEM – Um sonho mau.

BARQUEIRO – São lembranças reais, não é ilusão.

HOMEM – Não há como saber.

BARQUEIRO – Quando se cava no leito do rio, se encontra tanto o ouro real como o ouro do tolo.

HOMEM – Você não sabe a diferença.

BARQUEIRO – O seu ar não é mais de um estúpido. Agora sabe discernir o verdadeiro do falso.

HOMEM – Essas imagens não são minhas.

BARQUEIRO – De quem mais seriam?

HOMEM – Eu não lembraria além da infância.

BARQUEIRO – Chega de tagarelice... Você está perdendo.

HOMEM (*tentando tirar a venda*) – Eu não quero ver mais nada.

BARQUEIRO (*impedindo*) – Há mais o que recordar.

HOMEM (*sacode o barqueiro*) – Pare com isso.

BARQUEIRO – O mais importante ainda não apareceu. Falta a prova. Ou você prefere voltar?

HOMEM – "Me leve" até o Jardim, como foi combinado.

BARQUEIRO – O nosso trato tinha um preço, lembra?

HOMEM – Quanto falta para chegarmos?

BARQUEIRO – Posso avistá-lo daqui. Olhe, fixe os olhos no escuro.

HOMEM – O Jardim não pode ser rodeado de tanta dor. Eu nunca estive lá.

BARQUEIRO – Será? Mas como alguém pode partir de um lugar que nunca esteve?

ANEXOS

Plano B
Bloco IV – A Desobediência

(Este bloco trabalha com imagens relativas ao ato deflagrador da Queda Adâmica.)

Cenas:
1. Monólogo do homem com a árvore do conhecimento (*workshop* da nudez).
2. O fruto proibido (o vômito da maçã; a gincana de Deus: comer uma maçã pendurada por um fio, sem colocar as mãos).
3. A escolha (o "livre-arbítrio"; o *páthos* da escolha).
4. A vergonha da nudez (*ou* a descoberta do sexo): um casal se vê um ao outro nus. Os dois caem no chão.
5. "Ouvi teu passo no jardim": o homem chamado a prestar contas (Gn 3, 10).
6. Sendo como Deus: o homem constrói bonecos de barro, insufla-lhes ar pelas narinas e lhes dá nomes (o pecado do orgulho; criar com a palavra).
7. O discernimento do Bem e do Mal: o homem como um juiz, julga o que é bom e o que é ruim (uma criança repetindo regras dos adultos).
8. Jogando a culpa no outro.
9. Parecendo com Deus: o homem diante do espelho. Ele se vê e se pergunta: "Eu sou Deus?", "Esta é a imagem de Deus?", "Qual é a semelhança com Deus?".
10. Cena dos "porquês" (2): o homem se questiona sobre os desígnios de Deus.

Plano A

Cena 5
BARQUEIRO (*olhando ao longe*) – Estamos próximos, bem próximos.
HOMEM – Não faz sentido. Eu não sabia...
BARQUEIRO – É ali, na direção daquelas árvores.
HOMEM – A árvore... Como eu poderia saber?

BARQUEIRO – Só se sabe quando se saboreia, mas aí é tarde, tarde demais.

HOMEM – Eu quero desembarcar.

BARQUEIRO – Quer? Há uma corda a seus pés...

HOMEM – É o Jardim? Chegamos mesmo?

BARQUEIRO – Ao lado da corda tem uma âncora. Pegue-a.

HOMEM – Ancorar? Por que não arrasta o barco para a terra?

BARQUEIRO – Pegue a âncora. (*quando o Homem se agacha, o Barqueiro o segura pelo pescoço.*) Você perdeu. É hora.

HOMEM – Por quê? Nós chegamos, você disse...

BARQUEIRO – Disse que não era sua primeira travessia.

HOMEM – Eu sei, mas eu nunca...

BARQUEIRO – E então por que voltar? Ir ao Jardim para quê?

HOMEM – Eu não me lembrei da vida lá.

BARQUEIRO – Aceitou o trato. E sabe que perdeu.

HOMEM – Me deixe descer, nós chegamos.

BARQUEIRO – Você vai beber das águas. Elas são turvas, mas o gosto não é tão amargo assim. Vai só se esquecer de tudo. Para alguns é um alívio, não mais lembranças, não mais tristezas... A sombra escura do esquecimento...

HOMEM – O Jardim... Agora entendo... o que dizia...

BARQUEIRO – "Que anjo mau parou na porta do teu sorriso com a espada na mão?"

HOMEM – Eu rogo...

BARQUEIRO – É hora.

HOMEM – Me perdoa.

BARQUEIRO – Beba.

HOMEM – Eu tenho sede e rogo, por você e por mim. Livra-me da obscuridade desse rio. A boca está seca, mas o esquecimento é a própria morte... Perdoa-me pai... Me mostra tua mão, traz ela em concha e molha meus lábios, de outra água, de outra fonte, segura minha cabeça, pai, não me deixa cair do teu colo, repousa os teus olhos nos meus, para que eu me cale, vazio e ávido. Perdoa, livra-me do mal do esquecimento. Dá-me a torrente da lembrança e eu sorrirei de novo.

ANEXOS

Plano B

Bloco v – As Tentativas de Ascensão

(Já fora do plano da memória, o homem imagina ou refaz alguns dos caminhos de retorno à sacralidade perdida. Orações e cânticos estabelecem o fio narrativo do bloco.)

Cenas:
1. Cena das orações (*e/ou* cena de contemplação, *e/ou* uma liturgia).
2. *Mea culpa.*
3. As tentativas obsessivas de se vencer a gravidade (alpinismo; subir numa árvore, num mastro, numa escada).
4. Crendices pessoais: a familiaridade com Deus; um homem carrega vários santos, velas, terços etc.; as superstições; pagando uma promessa.
5. O cientista procura Deus com um telescópio.
6. O teólogo discorre sobre Deus (*ou* O teólogo explica Deus).
7. Homens tentam colocar uma cruz na vertical *ou* O final de construção de uma igreja (um grupo tem de colocar uma cruz no alto da torre) ou A entrada no templo (um homem tenta arrombar a porta ou entrar pelas janelas da igreja, mas as portas se fecham na sua cara).
8. A confissão: um homem confessa seus pecados num confessionário.
9. As várias tentativas de alçar voo.
10. "Um fogo perpétuo arderá sobre o altar, sem jamais apagar-se" (Lv 6,6): a travessia do fogo; o domínio do fogo; a incombustibilidade.
11. O monge à procura da beatitude: a vida mística e o êxtase místico.
12. O batismo: um homem tenta se limpar da culpa da queda.
13. Chamando pelo Pai.

Plano A

Epílogo

HOMEM – Os rios chegam ao mar, o fim do seu percurso, e, no entanto, continuam a correr. "O olho não se sacia de ver,

208 A GÊNESE DA VERTIGEM

nem o ouvido se farta de ouvir". Agora eu sei. Posso ver.
Não preciso mais disso. (*tira a venda*)

BARQUEIRO – O olho da alma atravessa a obscuridade.

HOMEM – Você me vendou para que eu lembrasse. (*olha para a venda*) Mas o que foi desvendado, será esquecido.

BARQUEIRO – Olhe, então. Lá está: o Jardim.

HOMEM (*vira-se de costas*) – E das coisas que hão de ser, também delas não haverá lembrança.

BARQUEIRO – Veja o quanto estamos próximos. Recolha a âncora.

HOMEM – Não precisa de truques. Eu bebo, sem resistência. Perdi, não é mesmo?

BARQUEIRO – Recolha a âncora. Vamos à terra.

HOMEM (*puxa a âncora e olha para ela*) – "E a terra era lodo torvo".

BARQUEIRO – Vamos, homem. Largue isso. Já estamos em movimento.

HOMEM – O lodo das águas amargas.

BARQUEIRO – Ao jardim, nosso destino.

HOMEM – O que pretende? Eu perdi, não é? Desistiu de cobrar seu preço?

BARQUEIRO – Algumas remadas e estamos lá.

HOMEM (*toma o remo*) – Se for assim, eu remo... Posso me conduzir sozinho.

BARQUEIRO – Sabe remar?

HOMEM – Isso nunca se esquece. Afunda-se a pá na água, e encontra-se o ritmo.

Começa a remar no sentido contrário.

BARQUEIRO – Onde está indo? É pro outro lado. Nas árvores.

HOMEM (*ergue o remo*) – Quando a espada está quase furando a garganta, ele diz: ergue-te, eu te perdoo.

BARQUEIRO – Ah, sempre o mesmo...

HOMEM – Não. Outro.

BARQUEIRO – Resistem para nascer e resistem para morrer.

O Homem não responde.
Recusa tudo que se lhe dá de graça.

ANEXOS

HOMEM – Agora não importa. Nem o rio é o mesmo, nem nós somos os mesmos. Não é?

BARQUEIRO – "Nos mesmos rios, correm outras e novas águas. Mas também almas são exaladas do úmido".

HOMEM – Eu devo voltar, embora, a esta altura da viagem, não sabia ao certo qual é o ponto de partida e qual é o de chegada.

BARQUEIRO – Desistiu?

HOMEM – Não. Mas é preciso voltar. Andei cego a vida toda, com os olhos chamuscados pela pressa dos sentidos. Queimei etapas, ardi em febre, atritei com o mundo. O sabor nos escapa quando a voracidade é grande, a língua se entorpece, e a experiência é breve demais. Contração: a chama no altar se apaga, no desejo do vento. Distensão: a chama oscila e perdura na brisa. No princípio, eu fui soprado no barro. Depois, a chama, a fonte, o vento, a experiência da liberdade.
No princípio o que era? O fogo ou a água? (*sorri*)

BARQUEIRO – A experiência da liberdade.

HOMEM – No princípio: Deus. E o espírito sopra, ventando sobre o rosto da água.

Fim

210 A GÊNESE DA VERTIGEM

3. O PARAÍSO PERDIDO: 2º ROTEIRO

A Expulsão

1. Texto do Gênesis.
2. Queda do colo.
3. Solo do Marcos (sequência de quedas com venda nos olhos) + Monólogo do Anjo Caído.
4. Olhando para o alto.
5. Desolação/Porta.
6. Satã.
7. Monodânica (monólogo de Daniella).
8. Queda decupada (sequência coreográfica).
9. Matheus in Concert.
10. Cabra-cega + Texto do Homem vendado.
11. Monólogo da Vertigem.
12. Lacrimosa.
13. Chamando o Pai.

A Desobediência

1. Texto do Gênesis.
2. Brincando com fogo.
3. Castigo.
4. Sendo como Deus.
5. Vergonhas.
6. A Paixão segundo Evandro + Monofruto (monólogo do Fruto Proibido).
7. Gêmeas.

O Retorno

1. Texto do Gênesis.
2. Gravidade Individual.
3. Orações.
4. Gêmeos de Sérgio e Lúcia.
5. Olhando para o alto II.
6. Gravidade em Grupo.
7. Chamando o Pai.
8. Birds (ou Aprendendo a voar).
9. Texto do Gênesis.

ANEXOS

4. *O PARAÍSO PERDIDO*: ROTEIRO FINAL

Criação: Teatro da Vertigem
Dramaturgia e roteirização: Sérgio de Carvalho
Direção e roteirização: Antonio Araújo

Os textos, bem como o roteiro, são devedores da leitura de escritos de John Milton, Rainer Maria Rilke, T. S. Eliot, Vicente Huidobro, Jorge Luís Borges, William Shakespeare, Lya Luft, Menotti del Picchia e livros da *Bíblia* (*Gênesis, Ezequiel, Eclesiastes*).

Entra o público. O anjo está pendurado em um portal.

ANJO CAÍDO:
Quando eu caí, as asas não verteram água nem sangue. Eu me verti de mim pelo corte. Pela fenda escorri para a terra, pesado, ausente. Descobri o corpo tarde demais. Conheci a dor sem o medo ou o riso dos fracos.
A terra morre na água, o ar morre no fogo. Já não carrego a espada pelo jardim. Já não sou pássaro, não sei mais voar.

O anjo cai no chão. Levanta-se com dificuldade e anda cambaleante em direção à nave central da igreja. O público o acompanha por toda a sua trajetória. O anjo para, interrompido por um forte ruído.

CORO CAÓTICO (*Casais correm e gritam na semiescuridão.*)

Silêncio. O anjo vê um homem que segura um balão. Vai ao encontro dele.

HOMEM COM BALÃO:
Perdi tantas coisas, que creio não poder mais encontrá-las. Perdi o sopro, o desejo do retorno... E o que me pertence já morreu. O vento de Deus não cobre mais o abismo. Estou só, mas vejo agora as cores dos tempos de antes: eu corro brincando pelo jardim e pressinto o anjo com a espada na mão.
O dia está quase acabando.Quando a criança chora, ela ganha ou perde o mundo?
(*O homem solta o balão.*)

ANJO CAÍDO (*olhando em direção ao balão*):
"E Iahweh Deus expulsou o homem do Jardim do Éden. Ele o baniu e colocou diante do jardim, para guardar o caminho da árvore da vida, um querubim e a chama da espada fulgurante. Iahweh Deus disse: agora és maldito e expulso do solo fértil. Seremos fugitivos errantes sobre a terra".

Entra um homem carregando em seus braços uma mulher. O anjo ri, e corre em direção a ele. O homem se senta ao lado de dois outros casais. O anjo os observa.

ANEXOS

QUEDA DO COLO: *Três pais sentados ninando seus filhos.*
Depois de um tempo, os filhos caem do colo de seus pais.
Segue-se uma sequência coreográfica a partir desse núcleo
de movimento.

O anjo passa pelos filhos caídos no chão. Ouve um chamado.
Corre em direção a ele.

CABRA-CEGA: *Várias crianças brincam de cabra-cega,*
todas elas vendadas. Depois de um tempo, todas as crianças,
com exceção de uma, retiram as próprias vendas, param
de brincar e, silenciosamente, vão embora, deixando sozinha
a criança que ficou vendada.

ANJO CAÍDO (*falando para a criança vendada*):
Perdeste. Que anjo mau parou na porta do teu sorriso ?

A criança vendada pega um revólver. Lentamente aproxima o
cano de sua cabeça, preparando o suicídio.

CRIANÇA VENDADA (*com o revólver na cabeça*):
Eu não voltarei mais, não é?
Não, não... Eu estou morta.
É inútil chorar por mim.

A criança começa a cantar e sobe ao coro.

O anjo vê um homem no alto do coro, próximo do parapeito,
aparentemente à beira de um desmaio. Tem a respiração
ofegante. Depois de um tempo, começa a falar.

MONÓLOGO DA VERTIGEM:
O bico do abismo se abre para me tragar. Sinto a vertigem do
princípio. O precipício do mundo. Não posso chegar mais perto.
A terra me atrai. Quase desejo cair. Já pressinto embaixo a matéria
sangrenta, a carne informe, os estilhaços de dentes nos membros
moídos. Eu vou explodir na pedra como um ovo de sangue.

O homem grita como que se jogando do alto. Blecaute.

CORO QUEDAS: *Embaixo do coro da igreja, ocupando o espaço em cruz da nave central, um grupo de pessoas realiza uma sequência coreográfica de quedas, acompanhada de gritos.*

Silêncio.

ANJO CAÍDO:
E se eu caísse?
Talvez o abismo se abrisse para evitar a minha morte.
Uma fenda, o ferimento original: será por este corte que se espalhou a dor, a treva e a doença?
Contemplamos o abismo das nossas entranhas expostas.

O anjo vê um grupo de pessoas em pé, sobre os bancos da igreja.

CENA DA DESOLAÇÃO: *Sequência coreográfica em que um grupo de pessoas olha, ora para o alto, ora para baixo, ora desistem de olhar, ora se abandonam. Depois de um tempo, uma das pessoas se destaca do grupo e corre até a porta central da igreja. Tenta abri-la, mas não consegue. Desiste.*

ANJO CAÍDO (*do púlpito*):
Estivemos no Éden, o jardim de Deus. Eu era o querubim com a espada na mão. O anjo ungido que andava de um lado para outro, velando a porta. A porta! E se ela ainda estiver aberta?

O anjo corre em direção à porta central e tenta em vão abri-la. De repente, ouve um choro. Vai em direção a ele.

LACRIMOSA: *Um homem chora sem parar. Outro homem tenta consolá-lo. Não consegue. Então ele também começa a chorar, e é deixado sozinho pelo primeiro.*

O anjo começa a cantar e caminha pelo meio do público. Depois de um tempo, ouve, ao longe, o grito de uma criança que chama pelo pai. Corre até ela. Abre uma grande porta.

ANEXOS

CHAMANDO O PAI: *Uma criança no chão grita*
por seu pai. Ele não vem.

Depois de um tempo, o anjo, sem conseguir ajudar a criança,
fecha a porta e a abandona. Caminha em direção à nave
central da igreja. Para. De repente, vê um homem e uma
mulher em dois nichos diferentes, atrás de grades.

IMAGEM DE ADÃO E EVA: *Adão e Eva, atrás de grades,*
têm vergonha de seus próprios corpos nus.
Tentam se cobrir inutilmente.

O anjo se rebela e corre aos gritos em direção ao altar.
Os bancos se fecham atrás dele, encurralando-o no altar.

CENA DA DESARRUMAÇÃO DOS BANCOS: *Um conjunto*
de bancos é arrastado no meio do público, fazendo com que
este se movimente e abra caminho. Um grande espaço vazio é
aberto no meio da igreja.

ANJO CAÍDO (*do altar*):
As leis da criação são tuas, mas por que eu tenho que estar de
acordo? Por quê? Qual o pecado que não estava previsto nas
tuas tramas, no teu jogo de criação? Quem trouxe o nada para o
mundo, se só tu existias? Quem fez isso? Quem fez isso? As leis
da criação são tuas, mas por que eu tenho que estar de acordo?
Por quê?

BRINCANDO COM FOGO: *Um grupo de crianças*
entra sorrateiramente no espaço vazio formado pela retirada
dos bancos. Vêm escondidas de seus pais. Fazem um grande
aviãozinho de papel. Brincam com ele pelo espaço.
Depois de algum tempo, ateiam fogo nele, e continuam
a brincadeira ainda mais excitadas.

CENA DOS CASTIGOS: *Os pais chegam, descobrem a travessura*
de seus filhos e ficam irados pela desobediência deles. Castigam
os filhos violentamente. Sequência coreográfica de castigos.

FILHO CASTIGADO (*após a surra*):
Quem é este que eu chamo de pai?
Ele existiu primeiro e se prevalece dessa vantagem para me fazer crer que tudo dele provém. Eu duvido. Duvido! Tanto mais longe dele quanto melhor. O que amaldiçoar senão esse seu generoso amor, suas sentenças sobre o que fazer ou comer. Por que caminhos fugirei da sombra, da cólera infinita, do infinito desespero? Qualquer caminho por onde eu fuja me conduz ao inferno. Eu próprio sou o inferno.

Ouve-se ao longe uma mulher que canta. O anjo vai até ela.
A mulher está dentro de um confessionário e tem as mãos
sujas de sangue.

MULHER NO CONFESSIONÁRIO:
Eu sou a menina que caiu do colo, aquela arrancada do ventre.
A criança ungida com sangue. Eu sou a mulher que dá à luz. Aquela que gera seus filhos em meio à própria dor. A mãe dilacerada.
Só a mim cabe a culpa? Só a mim cabe o grande mal?
Mas agora eu recuso o castigo. Recuso a dor da criação. (*Mostrando as mãos ensanguentadas.*) Arranco do ventre a vida. (*Blecaute.*)

CENA DAS GÊMEAS: *Do lado oposto ao confessionário,*
o anjo vê duas mulheres atrás de grades. Elas parecem entoar
uma distorcida canção de ninar. Começam a se autoflagelar,
batendo cada vez mais forte sobre seus seios e genitais.
A luz vai caindo sobre elas.

Ouve-se novamente uma criança chamando pelo pai.
O anjo corre em direção a ela. Abre uma grande porta.

CHAMANDO O PAI (2): *Uma criança sentada no chão*
grita por seu pai. Ele não vem.

Depois de um tempo o anjo, novamente sem conseguir ajudar
a criança, fecha a porta e a abandona uma vez mais.
Então caminha em direção a um grande vitral iluminado,
entoando uma oração.

ANEXOS

ANJO CAÍDO:
Não espero, não espero retornar, não espero.
Já não há lembranças das coisas que se foram, e das coisas que
hão de ser, também delas não haverá lembranças. Não espero,
não espero retornar, não espero. Por que indagar minha culpa
e examinar meu pecado, se tudo foi modelado à sua imagem e
semelhança? Não espero, não espero retornar, não espero. Por
que deveria o velho pássaro abrir as suas asas, asas que não são
mais de voar? Não espero, não espero retornar ao amargo da
alma, não espero. Ensina-me a ficar. Ensina-me a ficar...

CORO DAS ORAÇÕES SOBRE OS BANCOS: *Sequência
coreográfica em que um grupo de pessoas faz uma série de gestos
de orações e movimentos devocionais. Depois de algum tempo,
vão para trás dos bancos, ora surgindo, ora desaparecendo
detrás deles, tentando completar um sinal da cruz. Todos
desaparecem, ficando apenas um homem e uma mulher.*

MULHER COM LANTERNA NA MÃO (*correndo pela igreja
e iluminando imagens de anjos nas paredes, sempre
acompanhada pelo homem*):
A memória costuma deixar partes para trás. Era uma vasta visão.
O correr do rio aéreo de pássaros. Pássaros de todos os tipos,
bandos voando na mesma direção.
E nós, distantes, pequenos, da terra olhando para o alto. (*Chegam
ao altar. A mulher ilumina o homem com a lanterna. O homem,
por sua vez, sobe no altar, abre os braços e esboça um voo, como
se quisesse ser um anjo.*)
Devíamos ser como os pássaros que migram, porque mudam
de lugar.
Não seria isso? Não é a mudança a nossa desesperada missão?

CORO DA ELEVAÇÃO: *Sequência coreográfica em que
um grupo de pessoas tenta vencer a gravidade e subir ao céu.
Elas entram correndo, tentam subir pelas paredes, tentam
escalar em cordas para chegar ao alto da igreja, tentam
fazer pirâmides humanas. Depois de um tempo, formam
um grande círculo na nave central e jogam, algumas vezes,
as suas cordas para cima. Então, ficam pulando*

218 A GÊNESE DA VERTIGEM

repetidamente com os braços para o alto.
A luz vai caindo sobre eles.

*Ouve-se um barulho que vem do órgão da igreja. O anjo vai
até lá. O público pela primeira vez sobe no altar. Um homem
está atrás dos tubos do órgão. O anjo desaparece.*

HOMEM ATRÁS DOS TUBOS DO ÓRGÃO:
Nada nos abandona, nada nos deixa.
A cela é escura e o nosso destino é de incessante ferro.
Mas, em algum canto da prisão, pode haver um descuido, uma
fresta.
Nada nos abandona, nada nos deixa.

*O público está todo no altar. O anjo ressurge atrás dos
espectadores, só que no fundo da igreja, no alto do coro.*

ANJO CAÍDO (*segurando suas asas na mão*):
"Eu me verti de mim para ti. Agora me faço da tua matéria,
terra. Também no barro me tornarei. (*Jogando as asas no chão.*)
Fica com isso, não preciso mais. Já não sou pássaro, conquistei
a queda. E se houver um tempo de retorno, eu volto. Subirei
empurrando a alma com meu sangue, pelas paredes do labi-
rinto. Até transbordar, de novo, o coração."

O anjo canta. Entra um casal correndo.
Eles ficam girando no centro da igreja.

CENA DO CASAL GIRANDO: *Sequência coreográfica em que
um homem e uma mulher ficam girando ininterruptamente na
nave central da igreja. Eles gritam de alegria. Depois de
um tempo, a luz cai sobre eles. (Blecaute.)*

CORO "PAI" COM VELAS NA MÃO: *Entra um grupo de pessoas
com velas na mão, procurando algo. De vez em quando, alguma
delas chama pelo pai. Elas atravessam a igreja, lentamente,
apenas iluminadas pela luz das velas. Vão saindo. A última das
pessoas, já um pouco afastada do grupo, encontra as asas do
anjo caídas no chão. Ela as recolhe e sai.*

ANEXOS

*A porta central se abre. Entra uma mulher segurando um
balão. Ela caminha lentamente até a nave central. Para.*

MULHER COM BALÃO:
A euforia do voo, a euforia do anjo perdido em mim.
Por um instante, de perturbadora alegria, penso no movimento
das coisas que caem. Eu saí nua do ventre da minha mãe e meus
pulmões, então, se abriram. No princípio bastava um sopro.

*A mulher solta o balão. Atrás dela, o anjo desce por uma corda
do alto do coro. A mulher abre os braços e começa a girar
lentamente. O anjo atinge o chão. A mulher para de girar.
No alto do coro, um grupo de pessoas canta. A mulher vai
fechando os braços lentamente em direção ao alto, até suas
palmas quase se tocarem. Blecaute.*

CORO FINAL

Fim

220 A GÊNESE DA VERTIGEM

5. FICHA TÉCNICA DO ESPETÁCULO

Criação
Teatro da Vertigem

Dramaturgia
Sérgio de Carvalho

Roteirização
Antonio Araújo e Sérgio de Carvalho

Atores
Cristina Lozano
Daniella Nefussi
Eliana César
Evandro Amorim
Johana Albuquerque
Lucienne Guedes
Marcos Lobo
Marta Franco
Matheus Nachtergaele
Sérgio Mastropasqua
Vanderlei Bernardino

Músicos
Fabiana Lian [voz]
Flávia Campos [voz]
Laércio Resende [órgão]
Magda Pucci /Marcos A. Boaventura [percussão]
Marta Franco [voz]
Miguel Barella / Paulo Scharlack [guitarra]
Isaías Cruz / Atílio Marsiglia [violino]

Figurinos, adereços e visagismo
Fábio Namatame

Iluminação
Guilherme Bonfanti
Marisa Bentivegna

Composição e direção musical
Laércio Resende

ANEXOS

Coordenação de pesquisa corporal
Antonio Araújo
Daniella Nefussi
Lúcia Romano
Lucienne Guedes

Direção Coreográfica
Lúcia Romano
Lucienne Guedes

Assessoria corporal
Cibele Cavalcanti (Laban)
Lúcia Romano (Laban)
Marcelo Milan (Acrobacia)
Maria Thaís (Acrobacia)
Tica Lemos (Improvisação de Contato)

Consultoria Teórica em Física
Andréa Bindell

Concepção Gráfica
Uni-Design e Arquitetura

Produção Executiva e Administração
G. Petean & Danilo Ravagnani

Divulgação
G. Petean & Danilo Ravagnani e Teatro da Vertigem

Fotografia
Eduardo Knapp

Concepção e Direção Geral
Antonio Araújo

Esse espetáculo estreou no dia 5 de novembro de 1992 na igreja
Santa Efigênia, em São Paulo.

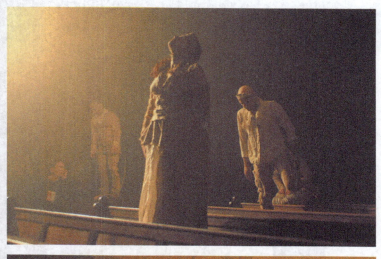

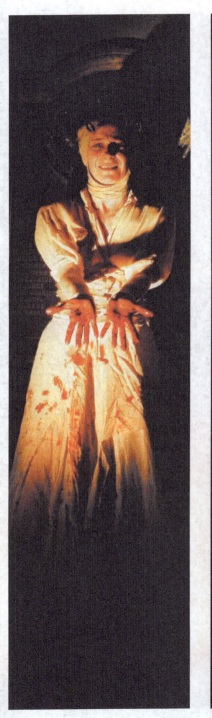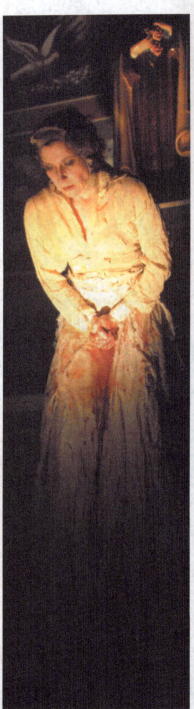

Bibliografia

GERAL

ANÔNIMO. *Gilgamesh: Rei de Uruk*. São Paulo: Ars Poetica, 1992.

ARTAUD, Antonin. *O Teatro e Seu Duplo*. São Paulo: Max Limonad, 1987.

BACHELARD, Gaston. *A Formação do Espírito Científico: Contribuição para uma Psicanálise do Conhecimento*. Rio de Janeiro: Contraponto, 1996.

BAKER-WHITE, Robert. *The Text in Play: Representations of Rehearsal in Modern Drama*. Cranbury: Associated University Presses, 1999.

BALL, William. *A Sense of Direction: Some Observations on the Art of Directing*. New York: Drama Book Publishers, 1984.

BANU, Georges. *Les Répétitions: Un siècle de mise en scène. De Stanislavski à Bob Wilson*. Bruxelles: Alternatives théâtrales/Académie Expérimentale des Théâtres 52-53-54/ Décembre 1996/ Janvier 1997.

BARTOW, Arthur. *The Director's Voice: Twenty-One Interviews*. 4. ed. New York: Theatre Communications Group, 1995.

BENEDETTI, Robert L. *The Director at Work*. New Jersey: Prentice Hall, 1985.

BENJAMIN, Walter. *Obras Escolhidas, v. 1: Magia e Técnica, Arte e Política*. 6. ed. São Paulo: Brasiliense, 1993.

BLACK, George. *Contemporay Stage Directing*. Fort Worth: Holt, Rinehart and Winston, 1991.

BLY, Mark (ed.). *The Production Notebooks: Theatre in Process*. New York: Theatre Communications Group, 1996, v. 1.

BOGART, Anne. *A Director Prepares: Seven Essays on Art and Theatre*. New York: Routledge, 2002

BRAUN, Edward. *The Director and the Stage: From Naturalism to Grotowski*. 2. ed. London: Menthuen Drama, 1995.

224 A GÊNESE DA VERTIGEM

CATRON, Louis E. *The Director's Vision: Play Direction from Analysis to Production*. Mountain View: Mayfield Publishing Company, 1989.

CEBALLOS, Edgar (org.). *Principios de Dirección Escénica*. Ciudad del Mexico: Grupo Editorial Gaceta, 1992. (Col. Escenología.)

CLURMAN, Harold. *On Directing*. New York: Fireside, 1997.

COHEN, Renato. *"Work in Progress" na Cena Contemporânea*. São Paulo: Perspectiva, 1998.

COHEN, Robert; HARROP, John. *Creative Play Direction*. 2. ed. Englewood Cliffs: Prentice Hall, 1984.

COLE, Susan Lezler. *Directors in Rehearsal: A Hidden World*. New York: Routledge, Chapman and Hall, 1992.

COLE, Toby; CHINOY, Helen Krich. *Directors on Directing: A Source Book of the Modern Theatre*. New York: Macmillan Publishing Company, 1976.

CONDEE, William Faricy. *Theatrical Space: A Guide for Directors and Designers*. London: Scarcrow, 1995.

CORRÊA, José Celso Martinez. *Primeiro Ato: Cadernos, Depoimentos, Entrevistas (1958 – 1974)*. São Paulo: Editora 34, 1998.

DELGADO, Maria M.; HERITAGE, Paul (orgs.). *Diálogos no Palco: Vinte e Seis Diretores Falam sobre Teatro*. 1. ed. Rio de Janeiro: Francisco Alves, 1999.

DESANTI, J. T. Galileu e a Nova Concepção da Natureza. In: CHÂTELET, François (org.) *História da Filosofia. V.3: A Filosofia do Mundo Novo, Séculos XVI e XVII*. Rio de Janeiro: Zahar, 1974.

DIETRICH, Jonh E. *Play Direction*. Englewood Cliffs: Prentice Hall, 1953.

DORCY, Jean. *A la rencontre da la mime et des mimes: Decroux, Barrault, Marceau*. Paris: Les Cahiers de Danse et Culture, 1958.

ELIOT, T. S. *Complete Poems and Plays*. London: Faber&Faber, 2002.

FELDENKRAIS, Moshe. *Consciência pelo Movimento*. São Paulo: Summus, 1977.

FÉRAL, Josette. *Mise en scène et jeu de l'acteur: Entretiens Tome 2: Le Corps en scène*. Montréal: Éditions Jeu/Éditions Lansman, 1998.

_____. *Mise en scène et jeu de l'acteur: Entretiens Tome 1: L'Espace du texte*. Montréal: Éditions Jeu/Éditions Lansman, 1997.

FERNANDES, Sílvia. *Grupos Teatrais: Anos 70*. Campinas: Editora da Unicamp, 2000.

_____. *Memória e Invenção: Gerald Thomas em Cena*. São Paulo: Perspectiva/Fapesp, 1996.

FERNANDES, Sílvia; AUDIO, Roberto (orgs.). *Teatro da Vertigem: BR-3*. São Paulo: Perspectiva/Edusp, 2006.

FRERER, Lloyd Anton. *Directing for the Stage*. Chicago: NTC, 1996.

FREIRE, Paulo. *Pedagogia do Oprimido*. 17. ed. Rio de Janeiro: Paz e Terra, 1987.

FREUD, Sigmund. *Cinco Lições de Psicanálise*. Rio de Janeiro: Imago, 1997.

GALIZIA, Luiz Roberto. *Os Processos Criativos de Robert Wilson*. São Paulo: Perspectiva, 1986.

GARCIA, Silvana. *Teatro da Militância*. São Paulo: Perspectiva, 1990.

GASKILL, William. *A Sense of Direction*. New York: Limelight Editions, 1990.

GEORGE, David. *Grupo Macunaíma: Carnavalização e Mito*. São Paulo: Perspectiva, 1990.

GIANNACHI, Gabriella; LUCKHURST, Mary. *On Directing: Interviews with Directors*. New York: St. Martin's Griffin, 1999.

GUINSBURG, Jacó. *Da Cena em Cena*. São Paulo: Perspectiva, 2001.

BIBLIOGRAFIA 225

_____. *Stanislávski, Meierhold & Cia.* São Paulo: Perspectiva, 2001.

GUINSBURG, Jacó; FARIA, João Roberto; LIMA, Mariângela Alves de (coords.). *Dicionário do Teatro Brasileiro: Temas, Formas e Conceitos.* São Paulo: Perspectiva/Sesc SP, 2006.

HARVEY, Paul (org.). *Dicionário Oxford de Literatura Clássica.* Rio de Janeiro: Jorge Zahar, 1987.

HERÁCLITO de Éfeso. *Os Pré-Socráticos.* Tradução de José Cavalcante de Souza. São Paulo: Abril, 1978. Coleção Os Pensadores.

HODGE, Francis. *Play Directing: Analysis, Communication and Style.* 3. ed. Englewod Cliffs, New Jersey: Prentice Hall, 1988.

JIMENEZ, Sergio. *El Evangelio de Stanislavski Segun sus Apostoles, los Apócrifos, la Reforma, los Falsos Profetas y Judas Iscariote.* México: Grupo Editorial Gaceta, 1990.

JONES, David Richard. *Great Directors at Work: Stanislavsky, Brecht, Kazan, Brook.* Berkeley: University of California Press, 1986.

KAHN, David; BREED, Donna. *Scriptwork: A Director's Approach to New Play Development.* Carbondale and Edwardsville: Southern Illinois University Press, 1995.

KIRBY, Michael. Rehearsal Procedure Issue: An Introduction. *The Drama Review*, v. 18, n. 2, jun. 1974.

LABAN, Rudolf. *Domínio do Movimento.* 2. ed. São Paulo: Summus Editorial, 1978.

_____. *Choreutics.* London: MacDonald and Evans, 1966.

_____. *A Vision of Dynamic Space.* Laban Archives in Association with The Ealmer Press London & Philadelphia: Falmer Press, 1984.

LIMA, Mariângela Alves de. *Quem Faz o Teatro. Anos 70: Teatro.* São Paulo: Europa, 1980.

MAGALDI, Sábato. *Nelson Rodrigues: Dramaturgia e Encenações.* São Paulo: Perspectiva, 1987.

MAROWITZ, Charles. *Directing the Action: Acting and Directing in the Contemporary Theater.* New York: Applause Theatre Book, 1991.

MILARÉ, Sebastião. *Antunes Filho e a Dimensão Utópica.* São Paulo: Perspectiva, 1994.

MILTON, John. *Paraíso Perdido.* Rio de Janeiro: Ediouro, 1990.

MITCHELL, John D. *The Director-Actor Relationship.* New York: Institute for Advanced Studies in the Theatre Arts Press in association with Florida Keys Community College, 1992.

MITTER, Shomit. *Systems of Rehearsal: Stanislavsky, Brecht, Grotowski and Brook.* 3. ed. London: Routledge, 1995.

MORRISON, Hugh. *Directing in the Theatre.* 2. ed. New York: Theatre Arts Books, 1984.

MOUSSINAC, Leon. *Traité de la mise en scène.* 2. ed. Paris: Editions D'Aujourd'hui, 2000.

NELSON, Richard; JONES, David. *Making Plays: The Writer-Director Relationship in the Theatre Today.* London: Faber and Faber, 1995.

PALLAMIN, Vera M. (org.) *Cidade e Cultura: Esfera Pública e Transformação Urbana.* São Paulo: Estação Liberdade, 2002.

PANOVSKI, Naum. *Directing Poiesis.* New York: Lang, 1993.

226 A GÊNESE DA VERTIGEM

PAVIS, Patrice. *Vers une théorie de la pratique théâtrale: voix et images de la scène 3*. Villeneuve-dAscq (Nord): Presses Universitaires du Septentrion, 2000.

_____. *Dicionário de Teatro*. São Paulo: Perspectiva, 1999.

PEDRO, António. *Pequeno Tratado de Encenação*. 2. ed. Lisboa: Inatel, 1997.

ROUBINE, Jean-Jacques. *A Linguagem da Encenação Teatral*. 2. ed. Rio de Janeiro: Jorge Zahar, 1998.

SÁ, Nelson de. Paraíso Perdido e não Flor nem Fera. In: *Diversidade: Um Guia para o Teatro dos Anos 90*. São Paulo: Hucitec, 1997.

SALLES, Cecilia Almeida. *Gesto Inacabado: Processo de Criação Artística*. São Paulo: Fapesp/Annablume, 1998.

_____. *Crítica Genética: Uma (Nova) Introdução*. São Paulo: Educ, 2000.

SCHENBERG, Mário. *Pensando a Física*. São Paulo: Nova Stella, 1990.

SHAWN, Ted. *Every Little Movement*. New York: Dance Horizons, 1963.

SIEVERS, W. David; STIVER, Harry E. Jr.; KAHAN, Stanley. *Directing for the Theatre*. 3. ed. Dubuque: W.M.C. Brown, 1974.

SILVA, Armando Sérgio da. *Oficina: do Teatro ao Te-Ato*. São Paulo: Perspectiva, 1981.

SPOLIN, Viola. *O Jogo Teatral no Livro do Diretor*. São Paulo: Perspectiva, 2001.

STAUB, August W. *Creating Theatre: The Art of Theatrical Directing*. New York: Haper and Row, 1973.

TEATRO DA VERTIGEM, *Trilogia Bíblica*. São Paulo: Publifolha, 2002.

TAYLOR, Don. *Directing Plays*. New York: Routledge/Theatre Arts, 1997.

TRAVIS, Mark W. *The Director's Journey: The Creative Collaboration Between Directors, Writers and Actors*. Studio City: Michael Wiese, 1997.

VÁRIOS AUTORES. *A Bíblia de Jerusalém*. São Paulo: Paulinas, 1989.

VEINSTEIN, André. *La Mise en scène théâtrale et sa condition esthétique*. 2. ed. Paris: Librairie Théâtrale, 1992.

WERWERTH, Manfred. *Diálogo sobre a Encenação: Um Manual de Direção Teatral*. 2. ed. São Paulo: Hucitec, 1986.

WILLS, J. Robert. *Directing in the Theatre: A Casebook*. 2. ed. Metuchen: Scarecrow, 1994.

WU, Ducan. *Making Plays: Interviews with Contemporary British Dramatist and Their Directors*. New York: St. Martin's Press, 2000.

YORDON, Judy E. *Experimental Theatre: Creating and Staging Texts*. Prospect Heights: Waveland, 1997.

ZULAR, Roberto (org.). *Criação em Processo: Ensaios de Crítica Genética*. São Paulo: Iluminuras, 2002.

ESPECÍFICA
Artigos

AUTRAN, Paulo. Manifestantes não Têm Noção do que Seja Religião. *O Estado de S. Paulo*, São Paulo, p. 16, 12 nov. 1992. Geral.

CATOZZI, Adriano. Paraíso Perdido Vira um Inferno. *Diário Popular*, São Paulo, p. 1, 9 nov. 1992. Revista.

BIBLIOGRAFIA 227

COELHO, Marcelo. O Paraíso Perdido Vira Luta Política. *Folha de S. Paulo*, São Paulo, p. 4-8, 11 nov. 1992.

FILHO, Antônio Gonçalves. Antônio Araújo Luta contra o Teatro Escapista. *O Estado de S. Paulo*, São Paulo, p. D6, 2 maio 2000. Caderno 2.

KATZ, Helena. Corpo é Elemento Central de Sua Obra. *O Estado de S. Paulo*, São Paulo, p. D6, 2 maio 2000. Caderno 2.

LUIZ, Macksen. A Emoção que Faz Refletir. *Jornal do Brasil*, Rio de Janeiro, p. 2, 21 nov. 1999. Caderno B.

MACHADO, Álvaro. Teatro Paulistano Ganha Céu e Inferno. *Folha de S. Paulo*, São Paulo, p. 4-1, 3 nov. 1992.

Críticas

ERBETTA, Gabriela. Não é Herético, é Hermético. *Veja São Paulo*, São Paulo, p. 62, 27 jan. 1993.

GONÇALVES FILHO, Antonio. Diretor Tenta Resgatar O Paraíso Perdido. *Folha de S. Paulo*, São Paulo, p. 4-8, 7 nov. 1992.

GUIMARÃES, Carmelinda. Igreja da Capital é Palco de um Magnífico Espetáculo de Teatro. *Jornal A Tribuna*, São Paulo, 21 nov. 1992.

GUZIK, Alberto. Uma Ode ao Ser Humano. *Jornal da Tarde*, São Paulo, 13 nov. 1992. Divirta-se, p. 24A.

LEITE, Zeca. Quando a Igreja é o *Paraíso*. *Folha de Londrina*, Londrina, p. 4, 11 mar. 1993.

PEREIRA, Maria Lúcia. Falta Loucura a Paraíso Perdido. *O Estado de S. Paulo*, São Paulo, p. 3, 23 nov. 1992, Caderno 2.

SÁ, Nelson de. O *Paraíso* Vale a Pena. *Folha de S. Paulo*, São Paulo, p. 28, 29 nov. 1992. Revista da Folha.

SANTOS, Valmir. O Paraíso Perdido não Dá Asas ao Inferno. *O Diário*, Mogi das Cruzes, p. 1, 12 nov. 1992, Caderno A.

SOUZA, Edgar Olímpio de. O Paraíso Perdido não Subverte o Catolicismo. *Diário Popular*, São Paulo, 11 nov. 1992. Revista.

Reportagens

ANTENORE, Armando. Rezas Tentam Impedir O Paraíso Perdido. *Folha de S. Paulo*, São Paulo, p. 4-1, 7 nov. 1992.

_____. Bispos de SP Voltam Atrás em Decisão e Permitem Encenação de *Paraíso Perdido* em Igreja. *Folha de S. Paulo*, São Paulo, p. 3, 8 nov. 1992, Ilustrada.

_____. Igreja Permite O *Paraíso Perdido*. *Folha de S. Paulo*, São Paulo, p. 4-2, 9 nov. 1992.

_____. Polícia Ouve Diretor Ameaçado de Acidente. *Folha de S. Paulo*, São Paulo, p. 4-5, 13 nov. 1992.

_____. Diretor Recebe Novas Ameaças de Morte. *Folha de S. Paulo*, São Paulo, p. 4-3, 14 nov. 1992.

228 A GÊNESE DA VERTIGEM

GUZIK, Alberto. A Igreja se Torna Teatro. *Jornal da Tarde*, São Paulo, p. 18, 5 nov. 1992.

OLIVEIRA, Roberta. Rompendo as Barreiras do Palco. *O Globo*, Rio de Janeiro, p. 5, 21 dez. 1996. Segundo Caderno.

SÁ, Nelson de. Já Chegou a Nova Dramaturgia do Brasil. *Folha de S. Paulo*, São Paulo, p. 5-1; 5-3, 22 fev. 1995. Ilustrada.

_____. Em 92, Paraíso Perdido Deu um Grito Neo-Romântico. *Folha de S. Paulo*, São Paulo, p. 1, 19 dez. 1999. Acontece.

SANCHES, Pedro Alexandre. Grupos Revitalizam o Teatro em São Paulo. *Folha de S. Paulo*, São Paulo, p. 5-6, 6 abr. 1995. Ilustrada.

SANCHES, Valdir. Delegado Garante o Paraíso. *Jornal da Tarde*, São Paulo, p. 14, 13 nov. 1992.

VIANNA, Luiz Fernando. Paraíso Polêmico. *O Globo*, Rio de Janeiro, p. 2, 24 mar. 1993. Segundo Caderno.

Crédito das Imagens

CADERNO DE ABERTURA

FIG. 1: Igreja Nossa Senhora do Carmo, Belo Horizonte, MG, 2004. Foto: Guto Muniz.

FIG. 2: *Em primeiro plano*: Luciana Schwinden. *Ao fundo*: atores e músicos do Teatro da Vertigem, Catedral Anglicana de São Paulo, São Paulo, SP, 2002. Foto: Edouard Fraipont.

FIG. 3: Sergio Siviero e Luís Miranda, Catedral Anglicana de São Paulo, São Paulo, SP, 2002. Foto: Edouard Fraipont.

FIG. 4: Luís Miranda, Catedral Anglicana de São Paulo, São Paulo, SP, 2002. Foto: Edouard Fraipont.

FIG. 5: Matheus Nachtergaele, Igreja Santa Ifigênia, São Paulo, SP, 1992. Foto: Carlos Vianna.

FIG. 6: (*em destaque*) Johana Albuquerque, Evandro Amorim, Vanderlei Bernardino, Daniella Nefussi, Marcos Lobo, Igreja Santa Ifigênia, São Paulo, SP, 1992. Foto: Eduardo Knapp.

FIGS. 7, 8 e 9: Miriam Rinaldi, Basílica Nossa Senhora Aparecida, São José do Rio Preto, SP, 2003. Foto: Otavio Valle.

FIG. 10: (*à esquerda*) Lucienne Guedes, Cristina Lozano, Evandro Amorim; (*ao centro*) Matheus Nachtergaele; (*à direita*) Daniella Nefussi, Marcos Lobo, Johana Albuquerque, Vanderlei Bernardino, Catedral Metropolitana de Curitiba, PR, 1993. Foto: Valdir Cruz.

CADERNO FINAL

FIG. 11: Basílica Nossa Senhora Aparecida, São José do Rio Preto, SP, 2003. Foto: Otavio Valle.

230 A GÊNESE DA VERTIGEM

FIG. 12: (*no alto*) Lucienne Guedes e atores do Teatro da Vertigem, Catedral Anglicana de São Paulo, São Paulo, SP, 2002. Foto: Claudia Calabi.

FIG. 13: (*no meio*) Atores e músicos movimentando os bancos diante da plateia, Igreja Santa Ifigênia, São Paulo, SP, 1992. Foto: Eduardo Knapp.

FIG. 14: (*embaixo*) Luciana Schwinden, Igreja Nossa Senhora do Carmo, Belo Horizonte, MG, 2004. Foto: Guto Muniz.

FIG. 15: (*no alto*) Vanderlei B.ernardino, Luciana Schwinden, Ricardo Iazzeta, Basílica Nossa Senhora Aparecida, São José do Rio Preto, SP, 2003. Foto: Jorge Etecheber.

FIG. 16: (*no meio*) Lucienne Guedes, Vanderlei Bernardino, Mika Vinavier, Miriam Rinaldi, Roberto Audio, Igreja Nossa Senhora do Carmo, Belo Horizonte, MG, 2004. Foto: Guto Muniz.

FIG. 17: (*embaixo*) Lucienne Guedes, Mika Vinavier, Vanderlei Bernardino, Miriam Rinaldi, Ricardo Iazzeta, Basílica Nossa Senhora Aparecida, São José do Rio Preto, SP, 2003. Foto: Jorge Etecheber.

FIG. 18: Atores do Teatro da Vertigem, Igreja Nossa Senhora do Carmo, Belo Horizonte, MG, 2004. Foto: Guto Muniz.

FIG. 19: (*no alto*) Atores do Teatro da Vertigem, Igreja Nossa Senhora do Carmo, Belo Horizonte, MG, 2004. Foto: Kika Antunes.

FIG. 20: (*embaixo*) Vanderlei Bernardino, Roberto Audio, Luís Miranda, Miriam Rinaldi, Luciana Schwinden, Catedral Anglicana de São Paulo, São Paulo, SP, 2002. Foto: Claudia Calabi.

FIG. 21: (*à esquerda*) Miriam Rinaldi, Catedral Anglicana de São Paulo, São Paulo, SP, 2002. Foto: Claudia Calabi.

FIG. 22 (*à direita*) Miriam Rinaldi Basílica Nossa Senhora Aparecida, São José do Rio Preto, SP, 2003. Foto: Jorge Etecheber.

FIG. 23: Lucienne Guedes, Catedral Anglicana de São Paulo, São Paulo, SP, 2002. Foto: Claudia Calabi.

FIG. 24: Johana Albuquerque, Igreja Santa Ifigênia, São Paulo, SP, 1992. Foto: Eduardo Knapp

ANTONIO ARAÚJO

Diretor artístico do Teatro da Vertigem e professor do Departamento de Artes Cênicas da Escola de Comunicações e Artes da Universidade de São Paulo (ECA-USP)

Projetos e Espetáculos do Teatro da Vertigem

1992	*O Paraíso Perdido*
1995	*O Livro de Jó*
2000	*Apocalipse 1,11*
2006	*BR-3*
2007	*História de Amor*
2008	*A Última Palavra é a Penúltima*
	Dido e Eneas (ópera)
2010	*Kastelo*
2011	*Cidade Submersa*
2011/2012	*Bom Retiro: La Paz*

TEATRO NA PERSPECTIVA

Sentido e a Máscara
  Gerd A. Bornheim (D008)

Tragédia Grega
  Albin Lesky (D032)

Maiakóvski e o Teatro de Vanguarda
  Angelo M. Ripellino (D042)

Teatro e sua Realidade
  Bernard Dort (D127)

Semiologia do Teatro
  J. Guinsburg, J. T. Coelho Netto e Reni C.
  Cardoso (orgs.) (D138)

Teatro Moderno
  Anatol Rosenfeld (D153)

Teatro Ontem e Hoje
  Célia Berrettini (D166)

Oficina: Do Teatro ao Te-Ato
  Armando Sérgio da Silva (D175)

Mito e o Herói no Moderno Teatro
Brasileiro
  Anatol Rosenfeld (D179)

Natureza e Sentido da Improvisação Teatral
  Sandra Chacra (D183)

Jogos Teatrais
  Ingrid D. Koudela (D189)

Stanislávski e o Teatro de Arte de Moscou
  J. Guinsburg (D192)

O Teatro Épico
  Anatol Rosenfeld (D193)

Exercício Findo
  Décio de Almeida Prado (D199)

O Teatro Brasileiro Moderno
  Décio de Almeida Prado (D211)

Qorpo-Santo: Surrealismo ou Absurdo?
  Eudinyr Fraga (D212)

Performance como Linguagem
  Renato Cohen (D219)

Grupo Macunaíma: Carnavalização e Mito
  David George (D230)

Bunraku: Um Teatro de Bonecos
  Sakae M. Giroux e Tae Suzuki (D241)

No Reino da Desigualdade
  Maria Lúcia de Souza B. Pupo (D244)

A Arte do Ator
  Richard Boleslavski (D246)

Um Vôo Brechtiano
  Ingrid D. Koudela (D248)

Prismas do Teatro
  Anatol Rosenfeld (D256)

Teatro de Anchieta a Alencar
  Décio de Almeida Prado (D261)

A Cena em Sombras
  Leda Maria Martins (D267)

Texto e Jogo
Ingrid D. Koudela (D271)

O Drama Romântico Brasileiro
Décio de Almeida Prado (D273)

Para Trás e Para Frente
David Ball (D278)

Brecht na Pós-Modernidade
Ingrid D. Koudela (D281)

O Teatro É Necessário?
Denis Guénoun (D298)

O Teatro do Corpo Manifesto: Teatro Físico
Lúcia Romano (D301)

O Melodrama
Jean-Marie Thomasseau (D303)

Teatro com Meninos e Meninas de Rua
Marcia Pompeo Nogueira (D312)

O Pós-Dramático: Um conceito Operativo?
J. Guinsburg e Sílvia Fernandes (orgs.)
(D314)

Contar Histórias com o Jogo Teatral
Alessandra Ancona de Faria (D323)

João Caetano
Décio de Almeida Prado (E011)

Mestres do Teatro I
John Gassner (E036)

Mestres do Teatro II
John Gassner (E048)

Artaud e o Teatro
Alain Virmaux (E058)

Improvisação para o Teatro
Viola Spolin (E062)

Jogo, Teatro & Pensamento
Richard Courtney (E076)

Teatro: Leste & Oeste
Leonard C. Pronko (E080)

Uma Atriz: Cacilda Becker
Nanci Fernandes e Maria T. Vargas
(orgs.) (E086)

TBC: Crônica de um Sonho
Alberto Guzik (E090)

Os Processos Criativos de Robert Wilson
Luiz Roberto Galizia (E091)

Nelson Rodrigues: Dramaturgia e Encenações
Sábato Magaldi (E098)

José de Alencar e o Teatro
João Roberto Faria (E100)

Sobre o Trabalho do Ator
M. Meiches e S. Fernandes (E103)

Arthur de Azevedo: A Palavra e o Riso
Antonio Martins (E107)

O Texto no Teatro
Sábato Magaldi (E111)

Teatro da Militância
Silvana Garcia (E113)

Brecht: Um Jogo de Aprendizagem
Ingrid D. Koudela (E117)

O Ator no Século XX
Odette Aslan (E119)

Zeami: Cena e Pensamento Nô
Sakae M. Giroux (E122)

Um Teatro da Mulher
Elza Cunha de Vincenzo (E127)

Concerto Barroco às Óperas do Judeu
Francisco Maciel Silveira (E131)

Os Teatros Bunraku e Kabuki: Uma Visada Barroca
Darci Kusano (E133)

O Teatro Realista no Brasil: 1855-1865
João Roberto Faria (E136)

Antunes Filho e a Dimensão Utópica
Sebastião Milaré (E140)

O Truque e a Alma
Angelo Maria Ripellino (E145)

A Procura da Lucidez em Artaud
Vera Lúcia Felício (E148)

Memória e Invenção: Gerald Thomas em Cen
Sílvia Fernandes (E149)

O Inspetor Geral de Gógol/Meyerhold
Arlete Cavaliere (E151)

O Teatro de Heiner Müller
Ruth C. de O. Röhl (E152)

Falando de Shakespeare
Barbara Heliodora (E155)

Moderna Dramaturgia Brasileira
Sábato Magaldi (E159)

Work in Progress na Cena Contemporânea
Renato Cohen (E162)

Stanislávski, Meierhold e Cia
J. Guinsburg (E170)

Apresentação do Teatro Brasileiro Moderno
Décio de Almeida Prado (E172)

Da Cena em Cena
J. Guinsburg (E175)

Ator Compositor
Matteo Bonfitto (E177)

uggero Jacobbi
Berenice Raulino (E182)

apel do Corpo no Corpo do Ator
Sônia Machado Azevedo (E184)

Teatro em Progresso
Décio de Almeida Prado (E185)

dipo em Tebas
Bernard Knox (E186)

epois do Espetáculo
Sábato Magaldi (E192)

m Busca da Brasilidade
Claudia Braga (E194)

Análise dos Espetáculos
Patrice Pavis (E196)

s Máscaras Mutáveis do Buda Dourado
Mark Olsen (E207)

rítica da Razão Teatral
Alessandra Vannucci (E211)

aos e Dramaturgia
Rubens Rewald (E213)

ara Ler o Teatro
Anne Ubersfeld (E217)

ntre o Mediterrâneo e o Atlântico
Maria Lúcia de Souza B. Pupo (E220)

ukio Mishima: O Homem de Teatro de Cinema
Darci Kusano (E225)

Teatro da Natureza
Marta Metzler (E226)

largem e Centro
Ana Lúcia V. de Andrade (E227)

sen e o Novo Sujeito da Modernidade
Tereza Menezes (E229)

eatro Sempre
Sábato Magaldi (E232)

Ator como Xamã
Gilberto Icle (E233)

Terra de Cinzas e Diamantes
Eugenio Barba (E235)

Ostra e a Pérola
Adriana Dantas de Mariz (E237)

Crítica de um Teatro Crítico
Rosangela Patriota (E240)

Teatro no Cruzamento de Culturas
Patrice Pavis (E247)

Eisenstein Ultrateatral: Movimento Expressivo e Montagem de Atrações na Teoria do Espetáculo de Serguei Eisenstein
Vanessa Teixeira de Oliveira (E249)

Teatro em Foco
Sábato Magaldi (E252)

A Arte do Ator entre os Séculos XVI e XVIII
Ana Portich (E254)

O Teatro no Século XVIII
Renata S. Junqueira e Maria Gloria C. Mazzi (orgs.) (E256)

A Gargalhada de Ulisses
Cleise Furtado Mendes (E258)

Dramaturgia da Memória no Teatro-Dança
Lícia Maria Morais Sánchez (E259)

A Cena em Ensaios
Béatrice Picon-Vallin (E260)

Teatro da Morte
Tadeusz Kantor (E262)

Escritura Política no Texto Teatral
Hans-Thies Lehmann (E263)

Na Cena do Dr. Dapertutto
Maria Thais (E267)

A Cinética do Invisível
Matteo Bonfitto (E268)

Luigi Pirandello: Um Teatro para Marta Abba
Martha Ribeiro (E275)

Teatralidades Contemporâneas
Sílvia Fernandes (E277)

Conversas sobre a Formação do Ator
Jacques Lassalle e Jean-Loup Rivière (E278)

A Encenação Contemporânea
Patrice Pavis (E279)

As Redes dos Oprimidos
Tristan Castro-Pozo (E283)

O Espaço da Tragédia
Gilson Motta (E290)

A Cena Contaminada
José Tonezzi (E291)

Do Grotesco e do Sublime
Victor Hugo (EL05)

O Cenário no Avesso
Sábato Magaldi (EL10)

A Linguagem de Beckett
Célia Berrettini (EL23)

Idéia do Teatro
José Ortega y Gasset (EL25)

O Romance Experimental e o Naturalismo no Teatro
Emile Zola (EL35)

Duas Farsas: O Embrião do Teatro de Molière
Célia Berrettini (EL36)

Marta, A Árvore e o Relógio
Jorge Andrade (T001)

O Dibuk
Sch. An-Ski (T005)

Leone de'Sommi: Um Judeu no Teatro da Renascença Italiana
J. Guinsburg (org.) (T008)

Urgência e Ruptura
Consuelo de Castro (T010)

Pirandello do Teatro no Teatro
J. Guinsburg (org.) (T011)

Canetti: O Teatro Terrível
Elias Canetti (T014)

Idéias Teatrais: O Século XIX no Brasil
João Roberto Faria (T015)

Heiner Müller: O Espanto no Teatro
Ingrid D. Koudela (org.) (T016)

Büchner: Na Pena e na Cena
J. Guinsburg e Ingrid Dormien Koudela (orgs.) (T017)

Teatro Completo
Renata Pallottini (T018)

Barbara Heliodora: Escritos sobre Teatro
Claudia Braga (org.) (T020)

Machado de Assis: Do Teatro
João Roberto Faria (org.) (T023)

Luís Alberto de Abreu: Um Teatro de Pesquisa
Adélia Nicolete (org.) (T025)

Três Tragédias Gregas
G. de Almeida e T. Vieira (S022)

Édipo Rei de Sófocles
Trajano Vieira (S031)

As Bacantes de Eurípides
Trajano Vieira (S036)

Édipo em Colono de Sófocles
Trajano Vieira (S041)

Agamêmnon de Ésquilo
Trajano Vieira (S046)

Antígone de Sófocles
Trajano Vieira (S049)

Teatro e Sociedade: Shakespeare
Guy Boquet (K015)

Alteridade, Memória e Narrativa
Antonia Pereira Bezerra (P27)

Lisístrata e Tesmoforiantes, de Aristófanes
Trajano Vieira (S52)

Eleonora Duse: Vida e Obra
Giovanni Pontiero (PERS)

Linguagem e Vida
Antonin Artaud (PERS)

Ninguém se Livra de seus Fantasmas
Nydia Licia (PERS)

O Cotidiano de uma Lenda
Cristiane Layher Takeda (PERS)

Vsévolod Meierhold
Gérard Abensour (PERS)

História Mundial do Teatro
Margot Berthold (LSC)

O Jogo Teatral no Livro do Diretor
Viola Spolin (LSC)

Dicionário de Teatro
Patrice Pavis (LSC)

Dicionário do Teatro Brasileiro: Temas, Formas e Conceitos
J. Guinsburg, João Roberto Faria e Mariangela A. de Lima (coords.) (LSC)

Jogos Teatrais: O Fichário de Viola Spolin
Viola Spolin (LSC)

BR-3
Teatro da Vertigem (LSC)

Zé
Fernando Marques (LSC)

Últimos: Comédia Musical em Dois Atos
Fernando Marques (LSC)

Jogos Teatrais na Sala de Aula
Viola Spolin (LSC)

Uma Empresa e seus Segredos: Companhia Maria Della Costa
Tania Brandão (LSC)

O Teatro Laboratório de Jerzy Grotowski
Ludwik Flaszen e Carla Pollastrelli (cur.) (LSC)

Queimar a Casa: Origens de um Diretor
Eugenio Barba (LSC)

Este livro foi impresso em Cotia,
nas oficinas da Meta Brasil,
para a Editora Perspectiva